时代 高职 院校 清廉 校园

设的实践与思考

义乌工商职业技术学院纪委 编

XIN SHIDAI
GAOZHI YUANXIAO
QINGLIAN XIAOYUAN JIANSHE DE
SHIJIAN YU SIKAO

浙江工商大学出版社
ZHEJIANG GONGSHANG UNIVERSITY PRESS
·杭州·

图书在版编目(CIP)数据

新时代高职院校清廉校园建设的实践与思考 / 中共义乌工商职业技术学院纪委编. —杭州：浙江工商大学出版社，2022.10(2023.3 重印)

ISBN 978-7-5178-5144-8

Ⅰ. ①新… Ⅱ. ①中… Ⅲ. ①高等学校－廉政建设－研究－中国 Ⅳ. ①G647.2

中国版本图书馆 CIP 数据核字(2022)第 184454 号

新时代高职院校清廉校园建设的实践与思考
XINSHIDAI GAOZHI YUANXIAO QINGLIAN XIAOYUAN JIANSHE DE SHIJIAN YU SIKAO

中共义乌工商职业技术学院纪委 编

责任编辑	唐　红	
责任校对	何小玲	
封面设计	屈　皓	
责任印制	包建辉	
出版发行	浙江工商大学出版社	

(杭州市教工路 198 号　邮政编码 310012)

(E-mail:zjgsupress@163.com)

(网址:http://www.zjgsupress.com)

电话:0571-88904980,88831806(传真)

排　版	杭州朝曦图文设计有限公司
印　刷	浙江全能工艺美术印刷有限公司
开　本	710mm×1000mm　1/16
印　张	19.25
字　数	335 千
版 印 次	2022 年 10 月第 1 版　2023 年 3 月第 2 次印刷
书　号	ISBN 978-7-5178-5144-8
定　价	59.00 元

序

习近平总书记强调，"要把立德树人内化到大学建设和管理各领域、各方面、各环节，做到以树人为核心，以立德为根本"。建设清廉校园，是落实立德树人根本任务、培养中国特色社会主义事业合格建设者和接班人的内在要求和重要保障。青年大学生正处在世界观、人生观、价值观形成的重要时期，打造政风清明、师风清正、学风清新、校风清净的育人环境，使党风、政风、师风、学风、校风相互浸润、相得益彰，是新时代交给我们的一个重要课题。

时代是出卷人，我们是答卷人。如何打造新时代清廉教育高地是一张全新的、充满挑战的时代考卷，需要我们共同探索解答。近年来，在上级纪委和学校党委的坚强领导下，我校以"清风工程"为载体，深入开展"清明政风、清正师风、清新学风、清净校风"四大行动，推动学校权力运行机制逐步规范，师德师风水平持续提升，学生诚信守纪意识不断增强，校园廉洁文化氛围更加浓厚，清廉校园建设取得初步成效，为学校各项事业高质量发展提供了坚强的政治和纪律保障。

百年大计教育为本，育人之基清廉为要。学校充分利用高校的科研优势，结合当前清廉校园建设工作中的重点、难点、热点问题，在全校范围内开展廉政专项课题研究，取得了一些理论和实践成果，为学校党风廉政建设和反腐败斗争提供了强有力的理论支撑。这本散发着油墨清香的作品集，虽算不上是鸿篇巨制，但也凝聚了我校教师潜心研究的点滴心血，彰显了他们崇尚廉洁的价值追求，体现了他们积极推进清廉校园建设的责任担当。

本书分为党风廉政建设研究、廉洁文化建设研究、廉洁教育研究和清廉校园建设实践四个篇章。内容既涵盖了立足全面从严治党和强化"三不"一体推进对党风廉政建设、廉洁文化建设等的思考，也包含了通过教书育人、学生管理、日常监督、专项督查等工作实践不断探索形成的清廉校园建设的经验总结。

"路漫漫其修远兮,吾将上下而求索。"清廉校园建设是一项系统工程、长效工程,需要我们持之以恒、久久为功。我们将继续投身清廉校园建设研究,产出更多成果、更多精品,并努力把理论成果转化为推动清廉校园建设的实际行动,厚植"清廉因子",涵养学校清风正气,奋力打造新时代清廉教育建设高地,交出一份让人民满意的清廉教育答卷。

中共义乌工商职业技术学院纪委书记

董晓晨

2022 年 6 月 1 日

目　录

第二篇　廉洁文化建设研究

第三篇　廉洁教育研究

第四篇　清廉校园建设实践

第一篇

党风廉政建设研究

新时代高职院校"清廉校园"建设的路径探讨①

董晓晨　袁朝辉②

[摘　要]开展高职院校"清廉校园"建设既是贯彻落实全面从严治党的必然要求,也是构建新时代和谐校园的内在需要,更是培养合格人才的有力保证。在新时代应以政风、校风、师风、学风和纪风行动为抓手,大力加强高职院校"清廉校园"建设,营造风清气正的育人环境。

[关键词]新时代;高职院校;清廉校园

高校是立德树人的场所,肩负着培养社会主义事业建设者和接班人的历史使命。高校发生"不清""不廉"现象会对校风、学风和学生成长带来严重负面影响。"清廉校园"建设是学校改革与发展事业的稳定器,高校应成为全社会的道德高地。新时代高职院校如何贯彻落实全面从严治党,创造风清气正的环境和干事创业的氛围,值得深入探讨。

一、高职院校"清廉校园"建设的意义

"清廉校园"建设是高职院校推进党风廉政建设和反腐败斗争向纵深发展的有力抓手,通过"清廉校园"建设形成政风清明、校风清净、教风清正、学风清新的政治生态和以清为美、以廉为荣的价值取向,使党风、政风和学风、校风相互浸润、相得益彰。

---

①　本文获 2019 年度浙江省高等职业教育党建与思政工作研究成果二等奖。
②　董晓晨,义乌工商职业技术学院纪委书记、副研究员,研究方向为高校党建、社会治理。袁朝辉,义乌工商职业技术学院讲师,研究方向为廉洁文化建设、清廉校园建设。

(一)建设"清廉校园"是贯彻落实全面从严治党的必然要求

党的十九大把建设教育强国确定为"中华民族伟大复兴的基础工程"。教育工作历来是人民群众关心、关注的重点,教育系统清廉建设责任重大,任重道远。推进"清廉校园"建设,拓展学校党风廉政建设和反腐败斗争的范围,深化其内涵,实现对党风、政风、校风、师风、学风整体性、综合性、系统性的打造提升,才能促进学校全面从严治党各个方面相互协调、良性互动、同向发力,为教育事业优先发展战略提供有力支撑和保障。

(二)建设"清廉校园"是贯彻落实"清廉浙江"建设的具体举措

2018年是改革开放40周年,也是"八八战略"实施15周年,这一年,浙江省委通过了推进"清廉浙江"建设的决定。建设"清廉浙江"是"八八战略"再深化的实际行动,是改革开放再出发的重要保障。推进清廉学校建设是"清廉浙江"建设的重要组成部分。通过"清廉校园"建设,进一步净化政风、校风、师风、学风,发挥高校在净化社会风气中的带动和辐射作用。

(三)建设"清廉校园"是高职院校培养合格人才的有力保障

高职院校是培养技能型人才、应用型人才的阵地。青年大学生正处在世界观、人生观、价值观形成和发展的重要时期,如果所处的学校党风不正、不廉文化盛行、制度管理松散,其不良影响将不容小觑。因此,高职院校要以"清廉校园"建设为载体,加强党风廉政建设和清廉校园文化建设,净化政治生态,从而以党风促校风、师风、学风建设,帮助大学生树立正确的世界观、人生观和价值观,为社会输送廉洁公正的高素质劳动者。

二、高职院校"清廉校园"建设的问题

党的十八大以来,高职院校的廉政建设取得了明显成效,但面临的形势依然严峻复杂。干部出事、校风不正、学术不端、师德失范等情况仍时有发生,严重败坏教育的形象、影响育人的质量,损害了党和人民的利益。

(一)"清廉校园"建设面临复杂的形势

武汉大学廉政研究中心副主任李斌雄认为,"改革是打破固有利益格局的过程,改革的重点难点领域往往也是腐败现象易发高发的区域"[1]。当前中国的改

革到了一个新的历史时期,随着改革的深入,腐败现象也会以各种形式蔓延到各领域。高职院校也绝非"真空"地带,高职院校的校园也不完全是"净土",也在接受改革开放带来的经济冲击与社会舆论的影响。而且,随着互联网与高科技的广泛应用,新时期违纪违法的手段越来越隐蔽。党的十八大以来,全省高校共查处违纪违法案件190件,党纪政务处分190人,其中省管干部22人,处级干部70人,移送司法29人[2]。身为高校领导干部,本应模范遵守党的纪律,带头落实党章党规要求,却没有守住纪律底线,最终受到党纪政务处分,教训极其深刻。

(二)"清廉校园"建设缺乏正确的认识

有些高职院校对"清廉校园"建设工作认识不到位,对党风廉政建设的重要性、紧迫性认识仍然不够,"不敢腐"的震慑效果不明显,"不想腐""不愿腐"的思想觉悟还未普遍形成。有些高职院校只注重党员领导干部群体,而往往忽视了广大非党员师生群体。有些党员干部认为,高校的重点是教学、科研等业务工作,党风廉政建设工作是虚功,不应加强考核。还有些党员干部认为党风廉政建设是纪检监察部门的工作,对于本职范围内的党风廉政建设工作不想管或不愿管,以至于高校一些重点领域和关键环节腐败易发多发。

三、高职院校"清廉校园"建设的路径

"清廉校园"建设是一个系统工程,涉及学校工作的方方面面,必须树立全局观念、系统思维,紧紧围绕全面从严治党这条主线,统筹推进。以政风、校风、师风、学风和纪风建设为载体,通过开展清明政风行动、清净校风行动、清正师风行动、清新学风行动和清扬纪风行动,打造昂扬向上、风清气正的"清廉校园"。

(一)开展清明政风行动,深化权力运行的阳光工程

清明政风行动主要是规范干部行使职权,把权力关进制度的笼子里,推动学校各项工作规范、有序运行,用制度涵养清廉习惯。一是要加强民主决策制度落实。不断完善学校治理结构和治理体系,切实增强制度的约束力和执行力,严格执行"三重一大"事项集体决策制度,并强化痕迹化、过程化管理。充分发挥教职工代表大会和学术委员会的作用,探索建立校务监督委员会,保障教职工依法行使参与管理和监督的权利,加快管理和决策科学化民主化进程。二是要加强关键领域的监督管理。深入推进重点领域和关键环节的信息公

开,重点加强对职务(职称)评聘、工程项目建设、物资采购、财务管理(津补贴发放等)、科研经费使用管理、资产经营管理、招生录取、社会服务(合作办学等)等领域的监督检查,加强内部控制体系建设,确保权力在阳光下运行。三是要加强党员干部队伍管理。将"一身正气、廉洁治校"的精神融入学校的管理当中。加强对全体党员干部特别是中层干部的党风廉政教育,健全选人用人机制,严把选人用人政治关、作风关、品行关、廉洁关、形象关,严格落实"凡提四必"要求,把好党风廉政意见回复关,防止干部"带病提拔""带病上岗",匡正选人用人风气,突出政治标准、清廉导向。

(二)开展清净校风行动,营造风清气正的文化氛围

清净校风行动主要是把清廉干净作为校风的重要品质,融入学校的精神和灵魂,营造风清气正的校园文化。学校是文化的集萃地,教育是推行德治的重要途径,要突出文化导向,以文化人,使清廉意识入脑入心。一是要开展"教育+清廉"工作。结合学校特色教育和品牌文化,开展"教育+清廉"工作,如"创业+清廉""创意+清廉""国际教育+清廉"同部署同推进,努力营造清风拂面、清气满园的校园环境。二是要建好清廉文化阵地。建设好"一网、一栏、一微、一刊、一墙、一广场"等宣传载体,积极宣传清廉文化及廉政动态,大力推进清廉文化进校园、进宿舍、进课堂工作。三是要创新清廉教育模式。充分挖掘学校的特色文化以及校训校史校友中的清廉意蕴,通过开展丰富多彩的教育活动,如成立"清风社"社团组织、创办微信公众号、举办辩论赛等,引导学生认同清廉文化,解决模糊认知,形成清廉文化信仰。大学生的信仰凝聚力正是清廉社会凝聚力的基础。

(三)开展清正师风行动,建设清正廉洁的教师队伍

清正师风行动主要是加强师德师风建设,引导全校教职工廉洁从教。对教师提出高标准、严要求,既是对学生负责,也是对民族负责,教师要争做"清廉浙江"的标兵,努力成为"清正廉洁"的楷模。一是要严格教师从业标准。把"廉洁从教,为人师表"作为教师队伍建设的重要标准,全面营造清正师风,不断放大"学高为师,身正为范"的正能量。加强新进教师的政治审查工作,严把教师入口关。二是要加强师德师风建设。严格执行高校教师师德师风建设有关规定,切实加强师德师风与学术道德建设,严明师德红线,坚持把立德树人作为根本任务,做到以德立身、以德立学、以德施教,锻造"四有"好老师。三是要规范教师言行举止。教师的品德、学识、作风决定了清廉学校建设的程度和水平。要加强教

师职业行为规范建设,严格落实"学术无禁区、讲课有纪律"的要求,强化教师授课纪律和规矩,引导教师将清廉文化的思想内涵通过"传道、授业、解惑"的各个环节体现出来,传递正能量,营造清正风。

(四)开展清新学风行动,培育崇清敬廉的价值理念

清新学风行动主要是把廉洁教育贯穿学生培养全过程,形成从思政课程到课程思政的转变,加强立德树人教育,促使廉洁修身成为大学生的一种行为习惯和文化自觉。一是要加强立德树人工作。积极开展习近平新时代中国特色社会主义思想进课程、进教案、进学生头脑工作。把爱国主义、清廉文化、奉献文化、守纪文化、礼仪文化、尊师重教文化等融入德育和思想政治理论课程,使清廉理念深入学生头脑。二是要严格学业管理。突出教学中心地位,提高课堂教学质量,严格学生学业要求,严肃处理考试作弊、毕业综合实践作假以及其他校园违纪违规行为。建立健全大学生学业预警和退学制度。探索在学生毕业前开展"廉洁从业"教育。三是要强化诚信守纪教育。加强诚信守纪教育,推进诚信守纪教育进课堂、进班级、进寝室相关工作。通过新生始业教育、党团课、主题班会,引导学生树立诚信待人处事、诚信学习修身、遵守校纪校规等良好习惯,以清育美德、廉润心田。

(五)开展清扬纪风行动,强化监督问责的纪律保障

清扬纪风行动主要是严格纪律监督、深化作风监督、强化履职监督,切实增强纪检干部的履职能力,加大对"清廉校园"建设的督查力度。一是要加强作风建设。密切关注"四风"新动向,驰而不息纠正"四风"和行业不正之风,深入查找和纠正形式主义和官僚主义具体表现。认真落实教育主管部门有关纠风治乱的工作要求,严格查纠私设"小金库"、学术不端等行为以及选人用人、设岗定职、职称评定、学生入党、考试招生、物资采购等过程中的不正之风。二是要规范问题线索处置。加强信访工作过程纪实化管理,畅通信访举报渠道,建立完善的信访工作台账。加强问题线索管理,积极践行"四种形态",完善谈话函询制度。定期召开问题线索分析研判会议,对相关问题线索及时规范梳理处置。三是要深化警示预防教育。深刻剖析违纪违法案件发生的原因,积极寻找预防岗位廉政风险的途径。把纪律挺在前面,推进标本兼治,加强监督执纪问责,持之以恒抓好作风建设,营造风清气正的育人环境,激励干部改革创新、干事创业,为高校改革发展提供坚强的政治保证。

参考文献

[1] 倪星,李泉.中国廉政制度创新的新趋势[M].广州:中山大学出版社,2017:210.

[2] 谢晓晖,余修日.新形势下高校党风廉政建设的有效路径研究[J].东华理工大学学报(社会科学版),2018(1):57-60.

高职院校"清廉校园"建设的问题及对策①

华承健②

[摘　要]落实全面从严治党,营造山清水秀的校园政治生态,是高职院校"清廉校园"建设的题中之义。新时期的高职院校可从落实"两个责任"、深化制度建设、打造廉洁文化、健全监督体系等四个方面入手,深入推进党风廉政建设和反腐败工作,从而推进全面从严治党向基层延伸,有效落地,为学校有序、健康、高质量发展保驾护航。

[关键词]高职院校;清廉校园;从严治党;监督

近年来,我国高等教育经历了量的快速扩张,但质的提升方面出现了越来越突出的问题:教育重知识、轻素质的状况尚未得到根本扭转,教风、学风有待净化;党对教育领域的领导和党的建设、思想政治工作亟待加强。甚至已有学者提出,在我国反腐倡廉建设过程中占据一定地位的就是高校党风廉政建设以及反腐败工作。

习近平总书记指出,"高校立身之本在于立德树人"。由此可见,高校不仅是教书的重要场所,更是培育时代新人的关键场所。大学时期是大学生世界观、人生观、价值观形成的关键时期。当前,高职院校已进入提质培优的"双高计划"(中国特色高水平高职学校和专业建设计划)时代,这在项目审批、资金使用等方面对学校的廉政建设提出了更高要求。打造"清廉校园"成为当前高职院校实施"双高校"建设的关键稳定器。因此,高职院校必须进一步树牢"四个意识"、坚守"四个自信"、坚决做到"两个维护",从抓全面从严治党、抓正风反腐、抓精准监督、抓干事创业等方面加以落实,进而把高职院校建设成为新时期立德树人的高地。

---

① 本文为义乌工商职业技术学院科研基金项目(LZ2020001)的阶段性研究成果,已发表于2021年第2期的《温州职业技术学院学报》。

② 华承健,义乌工商职业技术学院纪委副书记、副教授,研究方向为教育行政管理。

一、高职院校"清廉校园"建设的新时代要求

(一)落实全面从严治党对"清廉校园"建设提出了新要求

"教育是国之大计、党之大计。"事实上,教育工作历来是人民群众高度关心、极为关注的重点。党的十九大报告中提出,"建设教育强国是中华民族伟大复兴的基础工程"。教育系统的清廉建设是教育强国的题中之义,高职院校作为新时代高素质技术技能人才培养的摇篮,"清廉校园"建设任重道远。当下,高职院校必须持续拓展党风廉政建设和反腐败斗争的范围,深化其内涵,进而有效带动和实现党风、政风、师风、学风、校风的有机统一,确保学校全面从严治党的各个层面相互协调、良性互动、同频共振,为教育事业优先发展战略提供坚强有力的支撑和保障。

(二)推动学校事业发展对"清廉校园"建设提出了新要求

"治其本,朝令而夕从;救其末,百世不改也。"反腐败没有选择,必须知难而进。廉政建设更是一所高校全面、健康、可持续发展的重要基础,是高校综合竞争力不断提升的重要推动力。廉政建设稍有松懈就很容易前功尽弃。建设"清廉校园",有助于梳理高职院校日常教育教学中存在的廉政风险及防控措施,理清各类"小微权力"清单;有助于规范教育、管理、服务等各个环节权力的运行,建立公正合法、系统完善的制度与程序;有助于完善现代学校制度,加快推进全面依法治校,提升师生廉洁意识,杜绝腐败现象产生。同时,也能够为高职院校全面、健康、可持续发展提供坚实的基础和强大的动力,进而有效提高全校教职员工干事创业的积极性和主动性,汇聚强大的智慧与合力,助推学校高质量发展。

(三)培养社会主义人才对"清廉校园"建设提出了新要求

青年大学生作为国家未来发展的希望,不仅是建设社会主义现代化强国的接班人,同时也是实现中华民族伟大复兴的关键一代。在高校学习成长起来的应用型技术技能学生群体,其所具备的品行素质和工匠精神必将长期影响他们日后所从事的工作。对于大学生而言,大学阶段不仅是建构专业知识体系的重要时期,也是拥有较高可塑性、集中精力提升自我的绝佳阶段,更是诚信观、守纪观、廉洁观养成和定型的关键时期。因此,一所高校是否拥有风清气正的育人大

环境,将直接关系到青年大学生是否能够扣好人生的第一颗扣子,也深刻地影响着他们世界观、人生观、价值观的形成。这就对推进"清廉校园"建设、净化校园生态、全面落实立德树人根本任务、培养社会主义优秀接班人提出了更高的要求。

二、高职"清廉校园"建设中存在的问题

(一)"两个责任"落实不够到位

党的十八大以来,高职院校对落实"两个责任"重要性的认识不断提高,但仍有个别高校的党委履行主体责任意识不强,常常表现出重业务、轻党建,基层党组织弱化等现象。而这类情况的发生,主要原因是学校党委对履行管党治党责任缺乏强烈的责任意识和使命意识,从而导致压力传导不够到位,甚至会出现层层递减的情况。还有部分党员教师游离于教书育人主业之外,存在"创业创收者"的错误心态。归根到底,这些高校党委在学校改革发展过程中,没有真正把"清廉校园"建设同立德树人根本任务有机结合,也没有及时出台有效政策引导和纠正这种不良的教风和学风;没能重点关注"一些校领导班子成员落实'一岗双责'不力,'关键人''关键事''关键处''关键时'等存在脱管、漏管"问题。有的高职学校纪委在监督执纪能力上不足、发现问题上不精准,甚至存在不敢监督、不善监督等问题,反映出来就是政治领悟力、政治判断力、政治执行力不强等更深层次问题。

(二)规章制度建设不够完善

加强制度建设是从源头上治理腐败的治本之策,但个别高职院校制度建设尚不完善。其一,有的制度在制定和修订时未能从实际需要出发,而仅仅是为应付上级考核或检查,造成制度内容过于繁杂、原则要求过多,留痕程序少、权力分解少、可操作性差等。其二,一些制度或是完全没有随社会形势和时代发展及时进行完善,或是因学校主体缺少顶层设计和统筹规划而产生矛盾,一些与实际情况不匹配的制度在腐败现象面前毫无约束力。其三,一些制度本身没有什么问题,但因执行力度不够,尤其是学校发展建设过程中一些重要领域、重点环节相关的规章制度没有真正落实,也会影响制度的完善性和有效性。如某高职院校招生考试中个别考生携带手机进入考场,相关管理人员没有严格进行考前检查,

没有再三强调考场纪律,从而导致泄题事件的发生。还有的高职院校对人才引进、招生考试、专家抽取等工作缺乏完善的制度体系保障,缺少规范化、标准化的工作流程。

(三)廉洁教育开展不够深入

很多高职院校都比较重视在校园内外开展各种形式、面向教师群体的廉洁教育,包括警示教育、理论学习、廉政纪律学习等。但是,这些活动却大多浮于表面、流于形式,未能对腐败问题背后的深层次原因进行根源性的剖析,从而导致教育效果不理想。一些学校的二级党组织功能发挥不好,民主集中制落实不到位,重形式轻内容。还有的对廉政教育宣传工作不够深入,导致不少党员教师对"清廉校园"建设的重大意义缺乏深刻系统的认识。同时,高职院校近年来抓"思政课程"向"课程思政"转变的力度还不够,未能调动绝大多数专业课教师对本专业课程中所蕴含的思政育人要素进行充分的挖掘与运用,其对教学实践中的热点、难点以及学生的兴趣点关注不足,不够接地气。此外,在推进廉政文化建设与学校特色文化建设相结合时,品牌意识和创新意识不强,致使校园廉政文化建设的氛围不够浓厚,校本特色的校园廉政文化品牌很少且不成体系。

(四)立体监督机制融合不够健全

高职院校纪委坚决履行好监督职能,一以贯之地落实全面从严治党,加快推进"清廉校园"建设具有十分特殊的重要意义。然而,通过对实际情况的分析发现,现有的学校监督力量还比较薄弱。一是很多高职院校设置的编制内专职纪检干部名额过少,而以兼职形式加入的监督人员,多数因业务不精、能力不足、经验缺乏,在实际工作当中常常处于被动应付的局面。一些基层党组织纪检委员和党风廉政建设监督员之间缺乏组织协调,思维方式、工作能力和业务水平也未能适应新形势下纪检监察工作的需要,难以形成工作合力。二是调查手段限制的原因,许多监督执纪任务都只是点到即止,无法深入开展,很难完全落实到位。这些情况正好反映出学校有效监督机制尚不完善,即使学校制定了系列规章制度,在实际操作过程中,对人才引进、财务管理、职称评审等重要环节,以及"管人、管事、管物"的关键岗位也没有开展有效的监督检查。专兼职纪委工作人员及时发现问题、制止腐败的能力,还有待进一步提高。

三、加强高职院校"清廉校园"建设的优化对策

（一）聚焦政治建设，紧盯"两个责任"落实落细

政治建设是党的根本性建设，也是"清廉校园"建设的前提和基础。第一，要提高责任担当。学校党委要坚持以习近平新时代中国特色社会主义思想为指导，不断提高政治站位，切实扛起"三地一窗口"的使命担当，深入学习贯彻习近平总书记系列重要讲话和考察浙江重要讲话精神，推动全面从严治党走向纵深。为此，学校在开展党的政治建设时，要坚决扛起管党治党的政治责任，营造"山清水秀"的政治生态。第二，要深化"四责协同"机制。强化党委主体责任、党委书记第一责任、班子成员"一岗双责"和纪委监督责任，进一步深化党委书记与班子成员谈心谈话制度、纪委书记与二级学院党委书记约谈提醒制度，以及学校和二级学院之间"两级联动"的科学工作机制。制定各级党组织"两个责任"个性清单，抓好任务分解、责任分工和监督检查，构筑起主体明晰的落实机制，压紧压实横向到边、纵向到底的责任体系。第三，要加强基层党组织建设。聚焦新时代高职院校党建"双创"工作，包括开展基层党组织标准化建设行动，探索一系列将党务干部承担的党建工作纳入总体工作量的核算办法，打造党员业绩排行榜和党支部先锋堡垒指数，可持续地完善党建工作激励机制，提高党建工作质量，发挥党员干部先锋模范作用，自觉做到思想上认同组织、政治上依靠组织、工作上服从组织、感情上依赖组织，推动基层党组织尽锐出战、善作善成。

（二）推进"全流程"化，确保权力关进制度的"笼子"

要想真正地把客观上的"不能腐"、主观上的"不想腐"落到实处，从根本上讲还是得依靠制度。第一，加强制度的建设完善。高职院校要加强对重大事项、重点领域腐败问题的规律性研究，从体制机制入手，有针对性地补齐制度短板、堵塞监管漏洞。全面梳理学校教育、管理、服务等各个环节的小微权力清单，实现制度漏洞排查常态化开展，有效健全具有可操作性、可持续性的工作制度，确保能够科学有效地配置学校内部权力，扎紧制度的笼子。第二，加强制度落实的监管。尤其是要加强对"三重一大"事项集体决策、党委议事规则等民主决策制度及职称评聘、干部选拔任用、教科研经费管理等重点领域、关键环节制度落实情况的监督，严格落实问效问责机制，努力使制度"有用""管用"起来，确保制度的

刚性约束。如制定《"三重一大"事项集体决策痕迹管理实施办法》，使领导干部权力运行制度化、科学化、民主化和责任化。第三，加强信息公开的落实。要重视全面落实信息公开制度，抓好部门和各学院信息公开专栏建设，深入推进人才引进、职称评审、项目建设、科研经费、困难师生帮扶、招生考试、评奖评优、干部任用、基建工程、后勤管理等信息公开，利用互联网技术，进一步畅通师生监督和投诉举报渠道，确保权力在正确轨道上运行，督促公正用权、依法用权、廉洁用权。

（三）实施"清风工程"，营造风清气正的廉洁校园

学校应以明政风、正师风、新学风、净校风为载体开展"清风工程"，全面帮助师生提高思想认识，营造清正廉洁的校园文化氛围。开展清明政风行动，持之以恒地结合高职院校实际开展主题教育，以学习习近平新时代中国特色社会主义思想为主要内容，引导党员干部忠诚于党，始终坚定马克思主义信仰。

教师层面，要强化党员干部理想信念教育和廉洁从业教育，每月党支部主题党日活动中，高度重视"以案说纪"的警示作用，通过剖析典型案例，教育党员教师明规矩、守底线，在思想上自觉抵制腐败行为。开展清正师风行动，严格教师从业标准，加强新进教师政治审查工作。完善教师队伍正向激励和反向约束工作制度机制，实施师德师风负面清单制度，更好地规范教师言行举止，严明师德红线。举办"守牢师德底线、争做'四有教师'"等师德师风教育活动，更好地发挥师德师风教育平台的效能，提高教师队伍思想政治素质和职业道德水平。

学生层面，要构建三年一贯制的大学生思政工作体系，积极打造具有校本特色的思政课程和思政教育品牌，有针对性地融入清廉、守纪、诚信、礼仪等内容，让"德高为范"的理念始终贯穿于学生培养的全过程。开展无监考教师的诚信考试、学生诚信创业教育、作风建设学习月等活动，树立重品德、讲诚信、守纪律、爱校园的榜样，加强自我约束，厚植廉洁根基。开展清净校风行动，利用微信、微博、宣传栏、校报校刊、一院一品等清廉阵地，积极开展"教育＋清廉"工作。一些高职院校每年开展清廉文化建设月活动，作为加强廉洁校园文化建设的重要举措，注重对区域清廉文化的深度挖掘和运用，使清廉阵地既带有地域特色，同时又能提高学生的认同感，真正做到了将清廉文化融入校园文化建设之中。清廉文化建设月活动的开展，让学生接受到沉浸式、场景化的清廉文化教育，是为营造清风拂面、清气满园的校园环境做出的有效尝试。

(四)健全立体监督,推动智慧监督力量汇聚融合

按照全员覆盖、分级负责、责任到人的要求,实行"定岗、定人、定责"制度,构建学校层级化网格,将校内所有行使公权力的教职员工和所有在校学生,按党团组织架构隶属关系,构建扁平式管理的监管网络。第一,健全完善的监督体系。把党委全面监督、纪委专责监督、支部日常监督、党员教师民主监督、学生纪检委员班级监督、党风廉政建设监督员的专项监督等结合起来,还要加强纪检监督、巡察监督、审计监督、投标方监督、师生监督等,在监督对象、监督内容、监督主体上实现全覆盖。如金华地区有两所高职院校成立了巡察办,综合运用"一听二测三谈四访五看"工作方法全面开展校内巡察,强化整改落实,着力做好巡察"后半篇文章"。第二,加强人员培训。学校可邀请纪检专家每半年或一年进行一次纪检业务专项培训,同时在提升执行力方面,必须发挥巡察前哨作用,加强对各部门、二级学院的巡察监督,强化巡察整改报告制度,推动问题整改与建章立制,健全内部治理体系,强化巡察成果运用。第三,加强审计与数字赋能。加强审计计划、组织实施和成果利用的统筹协调,提升审计人员专业水平,加快审计信息化建设,深化学校经济责任审计、科研经费审计、基建工程审计和内部控制审计等工作,发挥审计监督服务作用。加强"数字赋能",建立纪检监察网络,把大数据技术深度植入正风肃纪之中,对大数据监督的工具、模型、算法等技术不断进行迭代升级,探索构建微权力云监督平台,把党务、政务、财务、职称评审等信息在校内办公钉钉群内公开,健全监督体系和治理体系。

参考文献

[1] 习近平.习近平谈治国理政:第三卷[M].北京:外文出版社,2020(4):347-351.

[2] 郭颖.新形势下高校党风廉政建设和反腐败工作策略浅析[J].法制博览,2020(6):214-215.

[3] 吕华."清廉校园"建设益处多多[J].人民论坛,2017(S1):120-121.

[4] 高博,马春扬.浅谈新时代高校党风廉政建设工作的困境与出路[J].改革与开放,2020(Z4):43-45,53.

[5] 傅卫东.高职院校清廉校园建设现状及路径研究[J].金华职业技术学院学报,2020,20(2):13-16.

新时代高校党风廉政建设存在的问题及对策研究①

黄金亮②

[摘　要]新时代高校党风廉政建设存在全面从严治党主体责任落实不到位、制度建设不够规范、教育宣传效果有待提升等问题,为此,要明确党风廉政建设的责任主体和内容,完善反腐倡廉制度体系,大力开展反腐倡廉宣传教育,完善廉政风险防范监督体系。

[关键词]高校;新时期;存在问题;对策研究;党风廉政建设

新时代高校党风建设意义深远,本文在分析新时代高校党风廉政建设工作存在的主要问题的基础上,就其解决对策进行探讨,以期提升高校党风廉政建设的成效。

一、新时代高校党风廉政建设工作存在的主要问题

(一)高校全面从严治党主体责任落实不到位

并未完全做到相对应的主体责任到人是当前工作的一个突出问题。一方面,高校领导班子对党风廉政建设的认识比较模糊,对于上级安排的各项工作难以落实到位,导致实际工作中很难发挥作用,达不到理想的效果。另一方面,在全面从严治党主体责任落实的过程中缺乏有力的监督部门,不能对高校的党风工作进行一定的评价,相关的经验比较匮乏,一些工作缺乏科学性、专业性以及系统性。

① 本文已发表于 2021 年第 11 期《学习导刊》。
② 黄金亮,义乌工商职业技术学院助理研究员,研究方向为党建及廉政建设。

(二)高校党风廉政制度建设不够规范

社会在不断发展,高校也面临着全新的问题和挑战,导致原有的制度和体系很难符合实际情况。高校党风廉政工作的制度体系缺乏专业性以及科学性,党风廉政工作必须做到政务公开,确保每个师生都成为参与者和实践者,但在具体的工作中并未完全做到这一点,很难凸显师生的监督作用。

(三)高校党风廉政教育宣传效果有待提升

任何工作的开展都必须进行科学有效的宣传,只有宣传到位,才能保证工作顺利进行,高校党风廉政建设更是如此。但是高校并未认识到宣传教育的重要性,导致目前的宣传工作缺乏专业性、创新性以及科学性。高校将工作的重心放在表面,形式比较单一且针对性不强,导致党风廉政建设很难取得进展。

二、新时代加强高校党风廉政建设的对策

(一)明确党风廉政建设的责任主体和内容

在中国共产党各项工作的有序推进中,党风廉政建设发挥了十分重要的作用。基于党自身发展的重要性,高校也开始采取各项行动开展党风廉政建设,希望从整体上提升党的影响力。其中最重要的应从责任主体以及内容角度出发:一方面,高校党政负责人必须落实自身的责任,在系统分析中国共产党各项条例以及政策的基础上将高校党风廉政工作落实到位,既要做到部署到位,又要确保评价完美跟进,借助监督的作用确保相关制度的实施;另一方面,高校各级党政负责人应该对相关工作进行科学分类,做到任务合理分工,将不同部门以及不同领域的党政工作切实抓好。

(二)完善反腐倡廉制度体系

一个制度的产生,需要结合政府的政策文件,还需要考虑高校发展的实际,只有这样才能保证整个制度体系能够为高校党风廉政建设服务。一方面,高校在开展工作的时候必须将制度体系摆在十分重要的位置,懂得根据上级的工作部署制定切实可行的制度体系,借助制度约束干部的行为,让党员干部知晓后果,尽可能地减少腐败问题的发生。同时最大限度地发挥制度的优势,用制度管

人、管事甚至管权,逐步完善高校的反腐倡廉制度体系,落实党风廉政建设的要求,形成一个清正廉洁的环境和氛围。另一方面,高校还应该将腐败产生的危害以及后果公之于众,让广大师生进行监督,对腐败工作及时举报、及时反馈,提升高校反腐倡廉的水平。

(三)大力开展反腐倡廉宣传教育

党风廉政建设必须借助宣传教育,从意识层面让高校党员干部以及普通教师认识到廉洁奉公的重要性,同时在宣传的过程中做到科学监督,有效防范。一方面,定期开展学习工作,要求党员随时随地学习党的理论以及政策,尽可能做到内化于心、外化于行,在思想上、行动中将党风廉政建设落实到位,真正从自身出发愿意为党的发展做出努力和贡献。另一方面,加强师德师风建设,既可以通过一些讲座为教师提供学习和交流的机会,在过程中提升其道德素养,进而使其努力向廉政方面靠拢,又要将教师的职业标准放在其中,让教师在完成教书育人职责的同时,还时刻约束自己的行为,做到严格要求自己。与此同时,还应该结合现有技术不断创新宣传教育工作的方式,丰富其中的宣传内容,尽可能选择师生喜闻乐见的方式开展相关工作,改变传统单一的书本传授的模式,引进多媒体技术,将更多的内容借助视频、音频等方式进行呈现,真正确保廉政教育深入高校校园中。

(四)完善廉政风险防范监督体系

党风廉政建设工作的开展需要依托各方面的内容,除了基本的制度建设、宣传教育之外,更重要的还有风险防范监督体系以及评价机制。其一,高校必须成立相关的监察部门,依托各项专业的指标和体系,对高校党员干部以及普通教师的行为进行有效监督,时时刻刻进行反馈与评价。与此同时,部门内部的人员更应该做到自我约束,不能因为职权而做出一些有违党纪的事情。其二,从监督体系入手,借鉴相关经验,结合高校发展实际,逐步完善相关的监督管理体系,抓紧监督管理工作中的重点和关键任务,并采取相对合理的措施及时进行应对和处理。其三,高校决策必须做到科学透明、公开合理。相关人员必须对师生的实际情况有大致的了解,对一些突发情况应该做到随时解决,尽可能解决师生面临的困惑,确保每一项工作都做到合理且有序,真正将廉政建设的效果凸显出来。

三、结语

综上所述,高校党风廉政建设必须从自身实际出发,结合当前国家党风廉政建设的情况,从不同层面入手,完善现有的制度体系等,提升反腐倡廉的工作效率,推进党风廉政建设的进程,进而为高校教学创设一个良好的环境,最大限度地凸显高校对社会发展的作用。

参考文献

[1] 习近平.充分发挥全面从严治党引领保障作用　确保"十四五"时期目标任务落到实处[N].光明日报,2021-01-23(1).

[2] 卜浩然.高校落实全面从严治党主体责任研究综述[J].北京教育(高教),2020(11):69-71.

[3] 高博.新时代高校风险防控的内涵与实现路径[J].未来与发展,2020(2):93-96.

[4] 王英.新时期加强高校党风廉政建设的对策研究[J].鞍山师范学院学报,2021(1):1-4.

全面从严治党背景下加强高职院校党风廉政建设的有效措施探析①

金丽静②

[摘　要]党的十九大报告指出中国特色社会主义已经进入新时代,全面从严治党作为其重要的组成部分被纳入"四个全面"战略布局,一系列管党治党的新思想新理念新举措被相继提出,对治理高校腐败问题具有重大意义。本文以高职院校为例,阐述了加强高职院校党风廉政建设的必要性和重要意义,同时指出其中的主要问题,最后提出相应的改进策略。希望高职院校能够通过改进自身不足,减少廉政思想问题的发生,提升高校工作效率和净化校园环境。

[关键词]全面从严治党;党风廉政;高职院校

在新时代中国特色社会主义背景下,高职院校党风廉政建设应以习近平新时代中国特色社会主义思想和党的十九大精神作为指导方针,同时立足高职院校立德树人、科学研究的特点,加强高职院校廉政文化建设。其中公开、公正、公平和清正廉洁的价值观,既体现了党内政治文化的重要价值追求,也是校园文化建设的灵魂,更是全面从严治党的思想文化根基。正所谓"公生明,廉生威",公正就能产生英明,廉洁就能产生威望。只有真正地做到公正廉洁,一心一意为学生服务,才能杜绝一些基层腐败现象的发生,并对其中存在的一些廉政风险问题起到有效的预防作用,便于防控廉政风险,做到清廉则无畏,秉公则无私。常修为政之德,常怀律己之心,常思贪欲之害,探索高职院校党风廉政建设的长效机制,已成为新时代校园文化建设的首要任务,高职院校开展党风廉政建设,能有效提升师生预防基层腐败的能力,对于形成风清气正的社会氛围具有推动作用。

---

① 本文已发表于 2021 年第 12 期《美化生活》。
② 金丽静,义乌工商职业技术学院讲师,研究方向为高校党建与思想政治理论。

一、加强高职院校党风廉政建设的必要性和重要意义

从我国高校系统反腐案件查处情况来看,据不完全统计,自 2021 年以来,至少有 10 名高校领导落马,其中有 8 名是一把手;至少有 8 名高校领导受到处分,其中有 5 名是一把手。这些案件的发生反映了当前我国高校颇为紧迫的反腐形势。因此,为进一步深入学习贯彻习近平总书记系列重要讲话精神,高校要始终致力于全面从严治党,切实将全面从严治党责任落到实处,补齐全面从严治党所存在的"短板"。教育兴则国兴,教育强则国强,百年大计教育为本,育人之基清廉为要。习近平总书记指出学校是"安定团结的模范之地",在教育领域要"坚定不移推进党风廉政建设和反腐败斗争"。高职院校党风廉政建设是落实立德树人根本任务的内在要求,也是培养中国特色社会主义事业接班人的重要保障。各高职院校党委、纪委要树牢"四个意识",提高政治站位,统一思想,与党中央决策部署步调一致,彻头彻尾抓好贯彻落实,奋力打造干部清正、教师清廉、学生清纯、校风清明的教育高地。

与此同时,加强高职院校党风廉政建设有利于预防、遏制腐败,落实反腐倡廉工作。高职院校的传统教育管理制度已经不能满足当前教学活动的需要,教育工作方式落后于学校教育规模的发展。此外,社会上的一些不良价值观,诸如金钱主义、享乐主义等也在高校广泛传播。高职院校党风廉政建设能够规范师生行为,弘扬社会主义先进文化,有利于形成团结、互助的校园氛围。高素质的人才是社会稳定发展的基础,高校党风廉政机制关系到社会主义现代化建设的成败,这就要求高职院校站在为国育才的高度,全面统筹学校各方面的教育资源和力量,在思想政治工作中融入廉政教育和廉政文化建设的内容,使廉政教育能够在学科、教学以及管理体系中得到体现,为培养德智体美劳全面发展的社会主义建设者和接班人提供政治保障。

二、高职院校党风廉政建设工作存在的主要问题

(一)高校党员党风廉政意识欠缺

随着经济的高速发展,高等院校与社会各界的交流与合作日益增多,社会上某些不良风气逐渐影响到高职院校,这使得其中的部分党员干部思想上逐渐产生动摇,在政治意识和立场上不够坚定,这些都为高职院校在党风廉政建设方面

增加了难度。这些现象的产生在很大程度上是由于部分领导干部对于党风廉政建设在思想上不够重视,党风廉政建设教育往往只流于表面形式,其中的内容也过于空洞无味。也有一些领导把科研和教学视为其主要奋斗目标,同时认为高职院校职工普遍在学历上较为突出,在政治和思想方面也具有一定的水平,从而在党风廉政建设和思想教育方面产生了松懈,导致了身边腐败问题的产生。

(二)党风廉政文化建设落实不到位

各高职院校在党的十八大以来,均开展了关于党风廉政建设的学习,但高职院校实际的党风廉政建设,仅借助于学习文件、开座谈会、播放警示片等方式进行。这种学习方式表现为短期运行且缺乏新意,而不是根据相应安排按部就班地进行系统性的学习,这使得整个党风廉政教育过程过于单一,而且在思想上只是被动接受,以致党风廉政教育效果大打折扣,对于党风廉政建设的内核与本质问题没有深入探讨,从而也造成了高职院校党风廉政建设效果不佳。廉政文化教育只是各种口号和贴在墙上的标语,不能有效地把党风廉政内容融入日常的工作中去,无法引起内心的共鸣,达不到廉政建设应有的效果。

(三)高等院校的财务管理存在缺陷

新形势下,各高职院校的日常经费来源广泛且运行数额较大,目前的高职院校财务管理在职责分配、权力监管以及利益分配等环节上依然存在问题,这也导致一旦在工作中发生腐败问题就容易产生互相推卸责任的现象,从而使得监管制度无法得到很好的贯彻落实。与此同时,由于高职院校领导干部大多学历较高,其容易利用相关领域的专业知识实施违法犯罪,增加了廉政风险管理难度。虽然高职院校设置了监管岗位,但是对于处罚对象的监管职责规定不明,不仅对产生问题之后的追责环节造成了阻碍,更增加了党风廉政建设的难度。

(四)高校党风廉政建设监管机制有待完善

近年来,由于职业教育的发展越来越受重视,高职院校办学规模的扩张速度和建设速度也随之加快,而制度建设和监管机制却未能很好地跟上学校的发展速度。随着二级学院的纷纷设立,管理重心并未下移,权力也并未真正下放,只有职能上的分工,缺乏相互制约,监督缺位以及职能错位时有发生。大多数高校的纪委与学校的其他部门是平行关系,这种平行关系决定了由高校纪委主导的党风廉政监督在职能上弱化,监督者的视角容易受到限制和干扰。而且,部分高职院校将重心放到学生创业和提高学生就业上,忽视了高校党风廉政建设。在近些年频发的各类高职院校贪腐案件中可以看出,党风廉政建设仍然任重而道远。

三、构建高职院校党风廉政建设长效机制的有效策略

(一)强化党风廉政意识,丰富廉洁文化建设手段

一方面,作为高职院校党员干部,应树立牢固的党风廉政意识,发挥带头模范作用,提高政治觉悟并增强心理防范意识,自觉维护高职院校党风廉政建设,严格遵守党纪和相关法律法规,奉公执法、廉洁办公、一心一意为高职院校师生服务。习近平总书记在党的十九大报告中指出:"当前,反腐败斗争形势依然严峻复杂,巩固压倒性态势、夺取压倒性胜利的决心必须坚如磐石。"高职院校党委作为党风廉政建设的主要负责人,应该承担起肩负的使命。高职院校的党员领导干部要站在全局的高度,以先进的政治觉悟开展党风廉政建设和高职院校反腐败斗争。

另一方面,需要进一步丰富廉洁文化建设内涵和手段。充分认识廉洁文化建设是构建党风廉政建设长效机制的重要内容,是加强党风廉政建设的重要举措,也是强化反腐倡廉建设的积极动力。要建设好文化宣传阵地,不断完善宣传设施,有针对性地根据专门的方案开展廉政系列主题教育活动;对于校园网络环境要按照规定进行规范化管理,更多地引导师生学习内容积极向上的党风廉政公益资料;利用时下年轻人感兴趣的短视频以及微信公众号等平台,开展相应的党风廉政知识宣传,充分调动师生的学习积极性,充分发挥其时效性带来的教育效果,使大家能够在潜移默化中接受教育和熏陶。

(二)完善财务管理,强化监督职能

打铁还需自身硬,高职院校在财务管理方面需要以先进的政治性和科学的技术手段强化监督职能,进一步促进党风廉政建设检查工作有序开展。高职院校应根据自身实际情况发展出一套有效的内控财务管理机制,并进一步完善制度体系,促进财务管理水平有效提高,也为学校的办学效益提供相应保障。高职院校要将资金使用的监管控制安排在资金支出之前,一出钱就要对资金流向和使用数额进行了解,要废除以前那种陈旧的财务管理理念和模式。与此同时,对

于工作程序在财务管理中的权重也应该提高,程序中的各个步骤是内控管理效果能否有效提高的关键。除此之外,岗位分离和责任划分能够切实提高各岗位间的牵制作用,可以作为改进工作的基本模式,使职权行使过程中的越权行为得到有效控制,进一步提升高职院校财务管理效率。

在强化监督职能方面,学校纪委要承担主体责任,强化监督职能,让监督常在变成常态,把监督落到实处,并把"三不"体制机制贯穿于监督的各个环节。让监督体制机制产生威慑作用,使其"不敢腐";在"三不"体制机制的各个环节之中,有效地防止腐败问题的发生,使其"不能腐";让监督能够在意识形态上改变他们,使其"不想腐"。学校纪委在工作时要在查处、教育、防控等方面结合自身职能特点使"三不"机制能够高效地发展。除此之外,对于群众和舆论的力量也要加以重视,形成社会监督与舆论监督机制,进一步完善高职院校党风廉政建设体系。同时,网络也应纳入信息收集渠道之中,应充分发挥网络的力量,使校内纪委监督和社会监督更加紧密地联合在一起,使党风廉政建设监督职能有效加强。

四、结语

综上所述,在新形势下,深入推进全面从严治党责任重大,我国高职院校在党风廉政建设和反腐败道路上仍然面临诸多问题和挑战。在这项艰巨的任务中,我们要更加紧密地团结在以习近平同志为核心的党中央周围,坚定不移地推进全面从严治党和高职院校的党风廉政建设,使新形势下高职院校的党风廉政建设日趋完善。

参考文献

[1] 黄欣明.浅析廉政思想教育促进党风廉政建设[J].办公室业务,2021(5):24-25.

[2] 李婷婷.国有企业党风廉政建设现存问题分析及解决对策[J].就业与保障,2021(2):125-126.

[3] 李尉,李志鸿.试论"四位一体"的高校廉政文化建设[J].山西广播电视大学学报,2021(1):10-13.

[4] 卢成燕.如何在全面从严治党形势下推进高校党风廉政建设——本刊专访

深圳大学党委副书记、纪委书记、廉政研究院院长卢成燕[J].清风,2020
(19):8-10.

[5] 王亚坤.全面从严治党背景下河北省高校廉政风险防控研究[N].山西科技
报,2021-7-5(A06).

[6] 温晓楠.民办高校党风廉政建设长效机制的实践研究[J].辽宁经济管理干
部学院学报,2021(2):79-81.

[7] 杨春子.新形势下高校财务分析存在的问题及对策研究[J].中国管理信息
化,2020,23(14):22-23.

"后陈经验"推动高校基层廉政建设的研究①

楼巧玲②

[摘　要]高校是育人的重要场所,其基层廉政建设意义重大。通过借鉴"后陈经验",能实现对高校基层党建的有效监督,完善高校民主监督制度的组织架构,更好地发挥廉政育人效应。

[关键词]高校;"后陈经验";基层廉政

一、"后陈经验"推动高校基层廉政建设的意义

2004 年 6 月,武义县后陈村选举产生全国首个村务监督委员会,这种以村务监督委员会制度为核心的基层治理机制被称为"后陈经验"。随着"后陈经验"影响力的不断提升,其从"治村之策"发展为"治国之策"。高校是育人的重要场所,其基层廉政建设意义重大,通过借鉴"后陈经验",能实现对高校基层党建的有效监督,完善高校民主监督制度的组织架构,更好地发挥廉政育人效应。

二、"后陈经验"推动高校基层廉政建设的形式

(一)通过基层党建来实现有效监督

"后陈经验"是对乡村范围内全部工作的全程监督,这对乡村工作中的形式主义现象进行了较好遏制,实现工作中各层级的监督管理,真正通过基层党建实现了源头治理。

其一是强化基层党建引领。高校基层党组织应强化政治领导、组织领导、工

---

①　本文已发表于 2021 年第 21 期《学习导刊》。

②　楼巧玲,义乌工商职业技术学院讲师,研究方向为基层党建。

作领导等,从制度层面明确管理制度,引导基层党员干部正确履职。在执行过程中,在党的统一领导下,完成多项工作统一治理,这对高校基层廉政工作开展起到重要推进作用。若要有效实现基层的廉政,需通过成立基层监督委员会,进一步实现基层民主治理,同时制定配套监督制度,并将其作为重要载体,确保该工作的有序推进。

其二是完善基层领导方式。上级党组织在对各基层组织进行指导时,要以"领导而不包办、支持而不越位、指导而不干涉"为理念,确保在监督政治方向、监督功能发挥、监督合力发挥上的领导作用。在遵照国家治理方针的前提下,高校基层党组织应在党的统一领导下完成监督系统的构建,全程本着透明公开的宗旨,从法律层面与制度层面实现全体党员的知情权,通过构建监督系统来完善基层领导。

其三是加强基层队伍建设。要严把入口关,注重吸收年富力强且有责任心的高校党员教师到各级监督委员会队伍,尤其是基层队伍中,并加强对其业务培训。在一些专业性较强的工作领域,应尝试将专业型人才纳入基层队伍中。针对一些基建项目,可通过引入校内相关专业的人才,有效地开展相关工作。

(二)完善民主监督制度的组织架构

"后陈经验"通过地方乡村监督委员会,以民主推荐的方式,通过乡村干部带头、群众积极响应,实现了民主监督制度的相关组织架构建设。民主监督制度的组织架构包含基层组织架构的完善、基层运行机制的构建、基层重要事项的决策等三部分。

其一是基层组织架构的完善。早在2010年,浙江省在全国范围内率先完成了村党组织、村民自治组织、村经济合作组织等三个主要组织的换届工作。进行了村委干部的统一换届,并出台了相关政策,能有效避免乡村干部的职权滥用现象。高校应不断完善基层党组织架构,通过完善基层组织架构来提升基层党组织的能力,进而确保从严治党的全面落实。

其二是基层运行机制的构建。在运行机制构建上,浙江省于2011年确定需通过乡村监督委员会载体进行各类工作的整合,出台了相关党政联席制度,形成了工作的民主制管理,要求重要事项必须通过党政联席会议得到落实执行。高校基层党组织在支部会议中,要求党支部负责人、组织委员、宣传委员、纪委委员通过商议的方式来确定事项。同时,纪委委员必须对会议全部过程进行全程监督落实,通过该方式将民主落到实处。

其三是基层重要事项的决策。在监督制度中,明确规定了若遇重大事件,在通过党政联席会的基础上,还应采取多议程、全公开的方式,来确定重大事项的落实。全公开包括对全部会议的过程与会议商议的结果进行公开,该工作流程被称为"两个公开"。高校基层党支部建设也应落实"两个公开"。

(三)优化流程以强化基层履职保障

通过乡村监督委员会,后陈地方层面将全部管理制度及实施方法进行了全方位的公开管理,方便村民进行民主监督。

其一是构建立体式的监督格局。为提升监督的有效性,高校各基层组织积极探索实施各级组织部门、纪委、上级党委和学校纪委的联合监督模式。在立体式监督格局中,加强上级督查,明确相关职责,对"零报酬"的六类情形、应主动辞职的九种情况进行详细说明,确保立体式的监督格局在实际工作过程中具有可操作性。

其二是监督方式的全程优化。高校在制定制度时,不断优化监督方式,建立确保"全部工作有章可循"的工作机制。此外,还应充分发挥高校监督委员的重要工作职能,邀请教师代表参与工作全流程,并将文件通过各种形式向全体教职工公开,让全体教职员工能真正了解到各类事项的决策过程。在具体落实环节上,高校应积极探索相关事务的反馈机制,让教职员工能在第一时间进行反馈。通过该举措,能尽快了解师生对某项工作的认同度,同时还能获取各类事项的参考意见。在建立反馈机制时,注重推进数字化改革,方便师生能随时随地了解工作进程,不断适应师生的监督要求。

其三是履职保障的强化。高校全体师生员工在自己的职责范围内享有各项权利,如选举权、投票权、知情权等。管理小组在工作实施时,确保做到有记录,及时将工作进展计入档案中;还需制定相关的考核制度,通过师生的打分来确定管理小组的最终成绩。与此同时,还应建立配套的巡查机制:对表现优异的管理人员,给予一定的激励措施与晋升渠道;对表现不佳的管理人员,实行一定的惩罚措施与退出机制。

参考文献

[1] 姚激扬.探索农村基层民主的"后陈经验"[J].瞭望新闻周刊,2019(50):48-49.

［2］陈晨,李飞."后陈经验"的内涵、限度与优化［J］.金华职业技术学院学报,
　　2019(11):27-31.

［3］吴长菲,张宇华,孙刚.全面从严治党背景下高校院系落实党风廉政建设主
　　体责任的路径研究［J］.党建工作,2018(10):14-18.

［4］史顺良,王刚.监督执纪"四种形态"视角下的高校党风廉政建设责任制研究
　　［J］.决策探索,2017(10):31-32.

［5］王呈琛.十九大以来进一步推进高校党风廉政建设的思考［J］.党建研究,
　　2019(1):118-119.

习近平新时代中国特色社会主义思想指导下高校廉政建设的探索与对策①

王宇佳②

[摘　要]现阶段,廉政建设已成为党和国家建设的重要内容,而高职院校占据了我国教育事业的很大比例,大部分学生即将步入社会,投身于中华民族的建设事业当中,所以如何引导这类高校学生在校期间了解党的廉政建设,培养他们清廉正气的生活工作作风,使他们成为合格的社会主义接班人,肩负起建设国家的重要使命就显得尤其迫切和重要。

[关键词]高校;廉政建设;探索与对策

在党的十九大报告中,习近平总书记把党的政治建设纳入党的总体建设布局,这是对习近平新时代中国特色社会主义思想的进一步深入贯彻。其中,习近平总书记党风廉政建设思想是其中的一项重要内容。所以,作为直接为社会培养输送一批优秀综合性复合型人才的高校,内部的廉政建设显得尤其重要。因为廉洁正直的良好品格、清廉尽责的思想觉悟,是一个人在社会的立身之本,是人才的基本要求,这对学生们将来步入社会,进入政府单位或是其他公司工作,都是有百利而无一害的。

一、高校内部廉政建设现状及所遇瓶颈

(一)高校内部廉政建设已取得成效

首先,各大高校针对内部的廉政文化建设,都已建立明确清晰的短期目标和长期目标。在学习领悟中央文件精神和部署的基础上,各高校积极探索和实践

---

①　本文已发表于 2020 年第 21 期《时代人物》。
②　王宇佳,义乌工商职业技术学院副教授,研究方向为高校教育管理。

针对教师和学生的廉政建设活动,结合本校内部实际的建设情况,因地制宜,开展了许多有建设性的普及性的活动。比如开展丰富的课程内容和实践探索,举办典型的案例学习进行以案教学,从而调动了高校师生对于廉政文化建设的积极性和能动性,把廉政文化的教学理念充分融入师生的教学和学习中。

其次,现阶段的高校廉政建设基本接种在文化建设上,通过在基础设施、课程设计、课后活动、校外实践等场所和内容的廉政文化建设和升华,高校已成为传播思想文化的重要场所。从短期来看,高校已经在老师和学生的日常管理、教学、科研、寝室生活等方面建立了较为完善的保障制度,这能够无形中提升师生的道德水平和政治素养,让他们自发地参与到廉政校园的建设中。从长远来看,清廉公正等优秀品质的培养,对师生的未来发展是有极其积极的作用的。这能保证学生们在未来的社会岗位上以更加严格的标准规范自己的言行,从而更好地投入为人民服务、为祖国做贡献的建设中去。

(二)高校廉政建设所遇瓶颈

现阶段,高校的廉政建设虽已取得一定进展,但也遇到了一些问题。第一,作风建设仍需不断加强。部分高校仍存在学校师德师风欠缺的问题,比如:服务师生、解决师生关心的问题的常态化机制仍需要进一步完善;高校的机关部门在改进工作作风、切实便利师生方面需要一些创新;个别干部存在行动少、落实不力和推诿扯皮问题,需要进一步加强教育、限令改进。

同时,高校廉政建设中责任落实仍需持续发力。在实际工作中,高校在对照新时代党的建设总要求,结合高校党风廉政建设具体业务工作上还不够主动,并且在推进党风廉政建设与专业建设、课程建设的联动发展上依然有所欠缺。尤其在监督干部作风、提升师德师风、监管内部运行管理上离"真管真严、敢管敢严、长管长严"仍存在较大差距。

二、高校内部廉政建设对策

(一)加强高校基层党组织建设

基层党组织应组织全体党员,特别是党员干部加强理论学习,锲而不舍地把党的政治建设摆在首位,持续抓好习近平新时代中国特色社会主义思想和党的十九大精神学习,以"四个意识"为政治标杆,进一步坚定"四个自信",坚决做到

"两个维护"。坚持并完善两级理论学习中心组制度,加强意识形态工作,不断推进"两学一做"学习教育常态化、制度化;可以整顿高校学生软弱涣散的学风问题,培养他们清廉正直的高尚品格,从而让中国整个高校基层党组织充满战斗力。

(二)加强高校教师师德师风建设

新时期,在高校廉政建设工作中,尽快提高高校全体教师的师德师风刻不容缓。针对此项目标,应确保为教师们树立起"四强四模范"的行为导向,严守法纪法规,严明纪律规矩,百分百遵守党章党规和党纪;同时应该时刻提醒自己,始终保持政治上的清醒觉悟;以更高标准和更严尺度要求自我、监督大家,做一个新时期有理想信念、道德情操、扎实学识和仁爱之心的"四有"好老师。

高校教师应将思想政治提高到与专业教学、科研任务同等重要的位置。这就需要高校通过一系列廉政讲座活动,以及提高民主生活会、组织生活会和"三会一课"质量,引导教师树立起正确的价值观、文化观、民族观和国家观;坚定中国特色社会主义"道路自信、理论自信、制度自信、文化自信"四大自信;学习并坚守社会主义核心价值观,着力打造一支忠诚、清廉、正直、担当的高校教师队伍,让他们可以做新时代学生锤炼品格的引路人、学习知识的引路人、创新思维的引路人和奉献祖国的引路人。

(三)有效履行管党治党办学治校主体责任

党在高校的地位是不容置疑的,所以高校在整个教学过程中,需加强思政教育和正确的舆论引导,将思政教育穿插到所有的学科建设、教学过程和教学反思中,在培养学生专业技能的同时,润物细无声地培养学生的廉洁意识、清廉作风,最终打造一个风清气正的高校校园。这就需要高校领导班子坚定落实全国教育大会的"立德树人"精神,坚定推进高校整体廉政改革发展的进程,强化以身作则、带领师生奋斗前行的政治担当;最终,确保高校成为一个坚持党的领导的坚强后盾。

参考文献

[1] 李清岩.新形势下高校廉政文化建设面临的问题与对策[J].现代职业教育,2020(36):178-179.

［2］王玉刚,唐志远.全面从严治党视域下高校廉政建设实践路径[J].廉政瞭望,2020(17):84.

［3］刘小夕.高校廉政风险防控研究[J].对外经贸,2020(8):108-110.

［4］冯慧.全面从严治党背景下高校纪委履行"监督责任"探析[J].法制与社会,2020(26):92-94.

新形势下高校党风廉政建设和反腐败工作研究①

郭瑜佳②

[摘　要]近几年来,我国进行了全面的深化改革,由于政治新常态化逐渐明显,处在教育领域的高校也面临着新形势下进行党风廉政建设和反腐败工作研究的各种问题与挑战。该文章主要论述了如何开展新形势下的高校党风廉政建设和解决反腐败问题,如何运用正确的解决方法与解决途径去更好地推进各所高校的高质量发展。

[关键词]高等院校;党风廉政建设;反腐败;工作研究

关于知识的传播、文化的传承、人才的培养,高校承担着极其重要的责任和义务。目前来看,各个地区的高校根据党中央的安排和要求,积极认真地开展党风廉政建设和反腐败工作研究,严格执行规范办学标准,已经取得了显著的成效,这对高校改革任务的进行起到了推动作用。但是同时我们也应注意到,新形势下高校的党风建设和反腐败工作研究依旧存在一些问题。因此,高校的工作不能懈怠,应时刻保持高度警惕的状态,也应寻找一些正确的方法来解决这些发展中出现的问题。

一、新形势下加强高校党风廉政建设和反腐败工作研究的重要意义

(一)高校党风廉政建设和反腐败工作可以推动学校发展

在一个青春洋溢的校园中,严格执行反腐清廉更能为国家培养优秀的人才。坚定不移地加强反腐败建设,不仅能调动领导干部、教师的工作积极性,培养他

---

①　本文已发表于 2021 年第 11 期《中国教工》。
②　郭瑜佳,义乌工商职业技术学院讲师,研究方向为思想政治理论。

们的党性修养,同时也能促进学生身心健康的全面发展,还可以营造出更加廉洁高尚的校园环境,推动学校发展的进程。

(二)高校党风廉政建设和反腐败工作可以推动干部队伍建设

想要完成学校的发展目标,完成更加理想化校园的转型,这一庞大的工程更加与加强党风廉政建设和反腐败工作的研究密不可分。由此,就需要一支坚强有力、想干事、能干事、不出事的干部队伍。提高党风建设的标准,不仅有利于加强干部队伍的政治观念和意识,而且可以为其思想统一提供强有力的保障,为学校的发展奠定坚实有力的政治基础。党风廉政建设对于提高干部队伍的责任意识起到了重要作用,能够促进高校各项工作方方面面的落实。与此同时,增强干部队伍的服务意识,使他们能够敢于克服自己安于现状的思想,也可以提高他们的工作效率,加快党风廉政建设和反腐败工作的进程。

(三)高校党风廉政建设和反腐败工作为提高教学质量提供动力

党风在目前复杂的社会风气中具有重要的领导意义,其中最为突出的是引导性和示范性。在现代社会的发展中,引起社会腐败现象的种种因素长期存在人们的身边,每时每刻都在侵蚀着我们的党员。这些形形色色的腐败因素如果不及时进行清除,在后期对高校的影响则会不堪设想,且对学生的影响也较为深远。由此,我们应不断地对这些腐败因素加以克制,并一直持续地加强党风廉政建设,把党员干部的良好作风发扬光大,不断地传播。这样可以引导学生树立正确的世界观、人生观、价值观,同时提高高校的拒腐防变能力。党员应树立一个良好的榜样,促进党风廉政工作的建设。

二、对新形势下高校党风建设和反腐败工作中存在的问题进行反思和解决

(一)高校违纪违法案件众多且较为集中

这些年来,很多高校在不断且大力地进行党风廉政建设,在这个过程中,高校积累了有效且丰富的经验,并且取得了较为明显的成果。但是,在反腐败斗争中,且在形势越来越严峻的情况下,全国各所高校也无法从中脱身,并不能成为单独的一方净土,腐败现象依旧存在于部分高校。从高校以前发生过的违法违

纪案件来看,现在进行的党风廉政建设和反腐败的研究工作进程依旧十分缓慢。从数据统计中可以看出,最近这几年在高校中发生的违法犯罪案件不在少数,其中有一部分就是由于学校有些党员教授经不住利益的诱惑从而犯下错误。从不少新闻中我们也经常看到一些教师的私生活存在混乱现象,这严重影响了高校的声誉。

(二)高校违纪违法案件中团伙作案十分常见

从近几年的情况来看,高校中不管是学生还是教职工,总会有那么几个人贪污受贿,最为明显的是团伙作案。这种群体案件具有明显的特征,即一般只要能查出其中的一个人或者一小部分人,然后再通过对案件线索的进一步搜寻查找,其他的人也会不断涌现。

(三)高校违纪违法案件涉及各个领域

从以往情况来看,招生、基建和采购这三方面一直被当作高校发生腐败的"重灾区",但在高等教育的不断推进中,高校的腐败现象也发生了翻天覆地的变化。从以前的少数领域向更为宽广的领域发展,并且这些领域都是一些关键的领域。比如说教学科研方面,在高校中有一种特别明显的现象,有些思想不端正的老师利用职位便利为学生开后门,在提供便利服务的同时收取高额的费用,而且有的科研老师以搞科研为由向学校申请科研基金,并把这些科研基金用于个人消费。这些所谓的科研经费成了他们可以随便支配的提款机,有的跟着老师做科研的学生都没有见过基金的一分一毛,那些钱就成了老师的私房钱。他们将其用于自己的生活中,小到柴米油盐酱醋茶,大到高档奢侈品。有的老师还剽窃其他老师的成果,对数据进行胡编乱造,有的甚至去违法犯罪,这些行为将对高校的发展产生不良的影响。

三、结束语

对于一所高校来说,进行大规模的反腐倡廉行动是学校长久发展的必要之举。加强对党员干部的管理力度,成立专项小组来进行具体工作调查,可以更快地推动高校党风建设和反腐败研究工作的进程,为高校营造一个良好的教育环境,让学生的身心健康得到全面发展。

参考文献

[1] 戴井岗.新时代高校纪检工作高质量发展的实践探索[J].北京教育(高教)，2021(8):35-39.

[2] 温晓楠.民办高校党风廉政建设长效机制的实践研究[J].辽宁经济职业技术学院.辽宁经济管理干部学院学报,2021(2):79-81.

[3] 陈德昆.构建高校党风廉政建设监督机制的几点思考[J].沈阳工程学院学报(社会科学版),2020,16(4):29-32.

[4] 刘丹凤.从严治党要求下高校基层党风廉政建设的探索与实践[J].现代商贸工业,2020,41(13):132-133.

[5] 袁仁广,陈嘉俊.习近平家风观下新时代高校党风廉政建设研究[J].现代商贸工业,2020,41(4):105-106.

以家风建设推进高校党风廉政建设的路径分析①

陈 青②

[摘 要]习近平总书记曾经多次强调家风建设的重要性和必要性,并且着重提出家风建设是高校党风廉政建设的导入点。因此,本文结合相关实例,简明扼要地介绍了以家风建设推进高校党风廉政建设的具体策略。希望可以给相关工作者提供一定的帮助。

[关键词]高校党风;家风建设;廉政建设;路径分析

家风,是一个家庭在精神层面代代相传的宝贵财富,内化为家庭成员的品德信仰,外化为规范家庭成员的行为举止。家风不仅是一个家庭的优秀传统精神,而且是中华民族传统美德的继承。因此,家风建设成为落实高校立德树人根本任务的基石,也是高校党风廉政建设的重要内容。

一、积极营造高校家风建设的学习氛围

积极营造高校家风建设的学习氛围,是实现家风建设,推进高校党风廉政建设的重要保证。高校作为各类思想文化交流冲突的阵地,一直处于意识形态的前沿。因此,掌握家风建设的宣传权与主导权,积极营造高校家风建设的学习氛围,才能够更加切实可行地实现高校党风廉政建设。高校要切实把握家风建设的主导权,积极引导高校干部和教师学习习近平总书记家风观的重要内容和时代价值,更好地促进以家风建设推进党风廉政建设作用的发挥。

在高校中营造浓厚的家风建设的学习氛围,高校需要利用传统媒体和新媒体,共同对高校家风建设的优势价值进行良好的宣传。一方面,高校要利用传统

---

① 本文已发表于 2021 年第 14 期《学习与科普》。

② 陈青,义乌工商职业技术学院讲师,研究方向为党风廉政建设。

媒体做好优质内容的家风建设。高校一定要对传统媒体有关家风建设的信息内容严格把控，积极宣传家风建设的时代意义和重要部署，在高校树立一大批好家风、好家训的典型范例，树立优秀的家风传承的榜样，充分发挥典型的示范带头作用，更好地促进高校的家风建设。例如，可以在校园期刊、校园广播电台、校园宣传栏等传统媒体开创"家风建设"专栏，及时更新家风建设和党风廉政建设的最新情况；或者在报纸上开展"家风建设之星"的活动，评选出最优秀的家风传承者。另一方面，利用新媒体深入年轻一代的思想建设。高校要充分利用现代信息化技术，扩大家风建设和党风廉政建设的宣传范围和宣传力度，完善高校家风建设的宣传内容，切实做好家风建设和党风廉政建设的宣传工作。例如，高校可以利用校园公众号、校园微博、相关学习 App 等，来加强家风建设和党风廉政建设知识的学习，不断创新宣传学习的方式，进一步拓展高校党风廉政建设的宣传覆盖面。

二、切实加强高校干部和教师的家风意识

切实加强高校干部和教师的家风建设意识，是不断促进以家风建设推进党风廉政建设的必要组成部分。高校承担着培养社会主义建设者和接班人的重要职责，而领导干部和教师的作风问题会直接作用于高校的教学环境。因此，要更加重视领导干部和教师的家风建设问题，使他们充分认识家风建设的重要性和意义。充分发挥领导干部的带头作用，切实落实家风建设和党风廉政建设的政策，保证以家风建设推进党风廉政建设的成效。

正确贯彻落实高校家风建设和党风廉政建设，势必要从四个方面着手。第一，要加强党章党规的学习。党章党规是中国共产党党内的最高法规，高校领导干部和教师们要严格用党章党规对自身的家庭行为进行自觉规范和约束，促进家风建设和党风廉政建设。第二，领导干部和教师要发挥带头作用。领导干部和教师的言行举止影响着家风建设的效果。因此，高校领导干部要自觉接受上级各层党委的监督指导，充分发挥领导带头作用，带头建设良好的家风。第三，加强党组织的关怀意识。党组织领导要时常与领导干部和教师进行交流和谈心，通过交流发现家风建设的问题所在，及时进行帮助或者批评，切实可行地贯彻落实党组织的关怀。第四，领导干部和教师要及时约束子女的行为。家风建设首先要从自身和下一代抓起，要对亲属子女的不良行为进行约束，及时引导子女行为，抵制不良作风，加强家风建设。

三、强化高校党组织关于家风建设的职责

强化高校党组织关于家风建设的主体职责,是切实落实以家风建设推进党风廉政建设的首要保证。各级基层党组织主体职责与高校家风建设密切相关,因此要把领导干部和教师的家风建设,作为党组织关注的重要内容,切实落实党风廉政建设。党组织相关负责人要切实关注习近平总书记关于家风建设的相关内容,大力抓好"两个责任和规定",实现以家风建设推进党风廉政建设。

一方面,高校党组织要贯彻落实家风建设责任和党风廉政建设责任。高校党组织的负责人承担着家风建设和党风廉政建设的监督职责和管理职责。高校党组织要逐级逐层施加压力,催促高校领导干部和教师更加自觉和严格地承担起家风建设和党风廉政建设的主体职责,从实处、从细节方面把握家风建设的各项工作,从而形成合力推进高校党风廉政建设的工作进程。另一方面,高校党组织负责人要严格要求各级党组织明确有关家风建设的规定。高校党组织要切实做好针对个人的事项报告工作,监督高校领导干部和教师详细报备家产和家事。与此同时更加严格地进行抽查考核工作,及时发现问题,并且出现问题必须追究。这样的话,可以让高校领导干部和教师更加重视对家产家事的报告工作,推进以家风建设促进党风廉政建设的进程。

四、建立健全相关的家风建设监督制度

建立健全相关的家风建设监督考核制度体系,是实现家风建设促进党风建设的有效手段。只有在切实可行、行之有效的监督考核制度体系的约束下,才能够保证建设优良的家风和廉政的党风。建立健全家风建设监督考核制度,运用紧密的监督网络,结合广大人民群众,加强监督管理的力度,扩大监督管理的范围,对于高校领导干部实行多角度、全方位的监督考核,更好地以家风建设促进党风廉政建设。

一是要建立从人民群众中来的监督网络。充分发挥人民群众的能动性,对高校领导干部及其亲属子女做到实时的监督。对于人民群众的举报,认真听取,切实调查,发现问题,严格处理,消除不良家风的负面影响。二是要建立切实可行、科学合理的家风建设考核体系,将高校领导干部的家风建设情况纳入考核体系,有针对性、全面、详细地对其进行考核,敦促高校领导干部和教师重视家风建

设,更加有利于党风廉政建设。三是高校领导干部及其亲属子女的相关信息要透明化。尤其是关于经商、国籍状况、出国(境)证照等信息,要做到层层监督,进行约束规范,从"家"到"国",更好地实现以家风建设促进党风廉政建设。

五、结　语

总而言之,把家风建设摆在高校建设的首要位置,有着重要意义。要积极营造高校家风建设的学习氛围,切实加强高校领导干部和教师的家风意识,强化高校党组织关于家风建设的职责,建立健全相关的家风建设监督制度等等,都有利于家风建设取得一定成效,并且推进高校党风廉政建设工作。

参考文献

[1] 孙毓蔓,乔木.以家风建设推进高校党风廉政建设的路径探索[J].西南石油大学学报(社会科学版),2017(4):58-63.

[2] 杜壮.新时代家风建设推进高校党风廉政建设的实践路径研究[J].教育现代化,2019(60):139-140.

[3] 裴晓敏.新时代党员领导干部家风推进党风廉政建设的路径研究[J].决策探索(下),2020(3):18-20.

基于新时期廉洁型政党的理论创新和逻辑透视①

朱 简②

[摘 要]新时期面临新的党情、国情与世情,在构建廉洁型政党的过程中,加强理论创新与逻辑透视研究,是中国共产党巩固执政地位的必然要求。从理论层面看,廉洁型政党是马克思主义政治学的政治期待,也是构建良性政治生态的应然诉求,更是社会主义廉洁政治的本质所在。从逻辑层面看,党史历程的选择验证、从严治党的主线延伸和廉政党风的党建布局充分展示了廉洁型政党打造的历史逻辑、现实逻辑以及未来逻辑。将廉洁型政党构建纳入党风建设中,能够有效化解党内消极腐败危险的问题。

[关键词]廉洁型政党;理论创新;廉洁政府

加强党的廉政建设,是夯实党的执政地位的必然要求。在新时期,以习近平同志为核心的党中央高度重视党的廉政建设,坚定实行全面从严治党战略,将构建廉洁型政党工作推进到了一个新的历史阶段。党的十八大报告提出了建设学习型、服务型和创新型的"三型"政党要求,很大程度上提高了党员关于理论学习、人民服务与执政创新方面的认知,廉政建设作为党建工作的核心得以强化。2015年10月,中共中央印发《中国共产党廉洁自律准则》,明确指出党员领导干部要坚持"廉洁从政、廉洁用权、廉洁修身、廉洁齐家"的准则。在2016年1月召开的十八届中央纪委六次全会上,习近平总书记提出把纪律建设摆在更加突出的位置,用纪律管住全体党员,突出"五个决不允许"的党风廉政建设;在2017年10月召开的党的十九大上,明确提出了"全面从严治党永远在路上"的新论断,体现了我党深入推进反腐败斗争的决心。在党的廉政建设不断深化的同时,也需要从党和国家工作的大局和全局出发,进一步加强新时期廉洁型政党的理论创新和逻辑透视研究。

---

① 本文已发表于 2021 年 5 月《商情》。
② 朱简,义乌工商职业技术学院副教授,研究方向为党建与廉政教育。

一、廉洁型政党的主要内涵

在现代社会,政党作为一种政治体,只有具备廉洁品质并在其全部活动中得到体现,才能得到最广大人民的认同。一个政党只有是廉洁型政党,才能以党的内部廉洁性增强外部正当性,并且执政党又可以通过党的执政地位使党的内部廉洁性产生溢出效应,对国家和社会的廉洁性发挥带动和示范作用,从而不断增强政党被人民所认可、认同的程度。那么廉洁型政党具有哪些内涵和特征呢?什么样的党才可以被称为廉洁型政党?怎样建设廉洁型政党?回答这三个基本理论和实践问题,需要进一步厘清廉洁型政党的内涵并分析其特征。就总体而言,廉洁型政党,是指这样一种政党,即全体党员和党的各级组织牢固树立廉洁理念,不断完善廉政体制,自觉加强党风廉政建设,坚决开展反腐败斗争,同一切弱化先进性、损害纯洁性的问题做斗争,敢于祛病疗伤,善于激浊扬清,倡导全民廉洁,以政党自身廉洁不断引领廉洁型政府、廉洁型社会和廉洁型国家建设,党作为有机体在体质和气质上都具有廉洁特质,全党体内充盈廉洁正气,各级党组织和全体党员持续释放廉洁能量。

二、新时期廉洁型政党的理论依据

(一)马克思主义政治学的政治期待

廉洁反映的是一种德性伦理,中国自古有之,公正廉明、明镜高悬等都是政务廉洁的表现。廉洁型政党则是清廉与政治的结合体,反映的是执政党的党建路线与执政水平,是基于政治角度的复合型伦理文化形式。马克思在长期的工人运动中对私有制社会的统治模式展开研究,表明专制下的政权代表的是统治阶级少数人的利益,容易导致权力的滥用与腐化。这一观点与社会主义代表的无产阶级大多数人的利益相悖,正因如此,遂形成了马克思政治学中有关廉洁政治观的论述,即廉洁的工人阶级政党能重点凸显民主掌权与公仆意识。马克思从无产阶级的利益代表出发,阐明共产党人为民谋利与公仆意识的重要性,提出"防止国家机关由社会公仆变成社会主人"的政治期盼,由此奠定了廉洁型政党构建的理论思想。此外,清正廉明是马克思政治学中提出的执政党的政治本色,中国共产党作为代表人民利益的政党,清正廉明是永葆党的先进性的前提与保障,构建新时期廉洁型政党成为马克思主义政治学的伟大实践。

(二)构建良性政治生态的应然诉求

在中国共产党的领导下,将反腐斗争进行到底,坚定不移地建设廉洁型政党成为"打铁还需自身硬"的真实写照,是新时期良性政治生态环境构建的政治追求。中国共产党无论处于哪一历史时期,始终以自身的党风廉政建设为核心,高举廉洁旗帜,显示出与腐败水火不容的党性。根据社会主义政党的性质,中国共产党代表最广大人民的根本利益,这一广泛的群众基础使其得以在洁身自好与党风砥砺中最终带领无产阶级赢得新民主主义革命的胜利,成功过渡到社会主义,步入社会主义建设的历史征程。这一纵向的历史演变验证了良性政治的成功关键在于党风建设,基于良性政治生态的必然诉求,中国共产党一方面不断健全和完善党内反腐机制,加强党风建设,推行从严治党,遏制不正之风,促进了良性政治生态环境的营造。尤其是自党的十八大以来,《中国共产党廉洁自律准则》以及《中国共产党问责条例》等的出台,对于党员廉洁与党内反腐起到不可替代的作用。另一方面,以执政党的身份不断组织推动国家政治和社会层面的廉政建设,尤其是依托自身在依法治党和民主执政方面取得的成就,推而广之,为社会主义民主政治的发展提供保障。

(三)社会主义廉洁政治的本质所在

党的十八届六中全会提出,建设廉洁政治是加强和规范党内政治的重要任务,在此基调下,打造社会主义廉洁政治的出发点在于执政党的廉洁性塑造。社会主义是迎向共产主义的必要阶段,在社会主义建设中,廉洁政治不仅是人类最高的政治追求目标,也是保证国家与社会层面能够依法有序建设的基础,因此,社会主义廉洁政治具备了公共性、法治性与为民性等本质属性。公共性以最广大人民的根本利益为出发点,迎合权力来源于人民的事实,讲究权力委托与职能代行,因此,公共性可以作为廉洁政治的逻辑起点。法律是规范社会运行的基本准则,在公共性下,委托权力的集中必然产生腐败,而廉洁政治的法治性便在于为这种委托下的相对权力限定一个范围,助力相互制约协调的法治体系成型。而廉洁政治为民性的本质属性又与政党代表最广大人民的根本利益的性质不谋而合,从而更易将其发扬光大。总之,廉洁政治表现出来的公共性、法治性与为民性等属性昭示了与廉洁型政党构建的关系,二者殊途同归,都是营造并实现社会主义建设的廉洁性。

三、新时期廉洁型政党的逻辑透视

(一)历史逻辑:党史历程的选择验证

在历史的标尺上,党的光辉历程成为构建廉洁型政党的唯一检验,也向世人证明了建设廉洁型政党的必要性。1926年,中国共产党公布了《关于坚决清洗贪污腐化分子的通告》,从而开启了党内廉洁政治的大门;1941年延安整风运动中,毛泽东同志做了《改造我们的学习》的报告,使全党范围受到了马克思主义教育运动的洗礼,是一次伟大的思想解放运动,扩宽了党风建设与廉政思想的成长空间。中华人民共和国成立后,党中央领导人高度重视党风廉政建设,邓小平提出要刹住腐败这股猛风;江泽民强调要善于总结经验,反对腐败;胡锦涛则将反腐与廉洁政治上升到党的政治立场高度,提出反腐是人民关注的重大政治问题。习近平总书记在浙江考察时也强调,围绕地区清廉主题的历史文化资源,大力探索清廉文化与廉洁型政党建设的举措,以此葆有政党生机。由此可以看出,无论处于哪一时期,紧贴时代潮流与实践经验,中国共产党从未放弃过党内廉政建设,从本质上看,正是党的光辉历程,向世人展示了新时期廉洁型政党建设的必要性,并验证了只有加强党的廉政建设,才能成为历史的最终选择。

(二)现实逻辑:全面从严治党的主线延伸

进入21世纪,中国社会主义事业建设取得了突破性进展,经济社会活力的散发,腐蚀了相当部分的党内干部,党内腐败问题随之滋生,以2019年为例,至少有19个省部级官员因腐化落马。日渐突出的腐败问题引起了党中央的高度重视,在此情况下,党中央及时做出全面从严治党的战略决策。全面从严治党"基础在全,关键在严,要害在治"的核心要义保证了廉洁型政党的纯洁性。尤其是在马克思主义中国化的加深实践进程中,"创业难,守业更难"客观上彰显了和平年代执政党执政能力的突变,由创业变为守业,执政能力是中国共产党开展党建的主线,围绕这一主线开展的从严治党延伸,在一定程度上反映了新时期对廉洁型政党建设的呼应。党的十八大以来,以习近平同志为核心的新一代党中央领导人又提出"把权力关进制度笼子"的口号,落实"苍蝇"与"老虎"一起打的基本方针,辅以全面从严治党的决心与毅力,从而始终铭记"不反腐败确实要亡党"的告诫。而且,时刻不忘党风廉政建设的习近平总书记在浙江考察时发表了全面从严治党的系列重要讲话,进而发展成为廉洁型政党建设的主线延伸内容。

(三)未来逻辑:廉政党风的党建布局

实践证明,中国共产党执政能力随着时间的推移不断增强,在未来全球政治经济一体化的发展中,中国要想在激烈的角逐中脱颖而出,一个睿智而廉洁的执政党领导极为必要。无论是立足于未来中国全球政治地位的崛起需要,还是中国特色社会主义的发展需要,廉政党风都是构建廉洁型政党布局的重要内容。从宏观层面上看,执政地位的巩固必然需要拥有一个与之对应的能赢得最广大人民群众拥护的政党,因此,根据民众需要打造廉洁型政党,把全面从严治党纳入"四个全面"的战略趋势正是廉政党风的党建布局形式。从微观层面上看,新时期党内反腐败斗争所形成的"5+2"布局将党的政治建设、思想建设等串联在一起,在不断地强化履行中,可以为未来营造出一个拥有良性政治生态的体系。经历了党的十八大和十九大的洗礼,以习近平总书记为代表的党中央领导人将纪律建设作为从严治党的治本之策,依照当前的发展速度,在不久的将来,廉政党建工作将取得更大的成就,正风反腐成效更加显著。

四、结　语

综上所述,马克思主义政治学的政治期待、构建良性政治生态的应然诉求和社会主义廉洁政治的本质所在是新时期廉洁型政党构建的理论创新所在。党史历程的选择验证、从严治党的主线延伸和廉政党风的党建布局充分展示了廉洁型政党打造的历史逻辑、现实逻辑以及未来逻辑。2012年11月,党的十八大报告将党建布局内容的次序做出新安排,反腐倡廉建设与制度建设换位,从原来的第五位调整到第四位,表明了中国共产党坚决反对腐败、建设廉洁政治的强烈意志和坚定决心。尤其值得关注的是,党的十八大报告在"五位一体"党建布局的基础上,第一次明确提出"党的纪律建设"的概念。党的十八大以来,习近平总书记将加强纪律建设视作全面从严治党的治本之策,党建布局获得深入拓展,正风反腐成效显著。党建布局内容的逐步丰满,特别是党风廉政建设和反腐败斗争分量加重,意味着中国共产党具有建设廉洁型政党的高度政治自觉。

参考文献

[1] 习近平.关于《中共中央关于坚持和完善中国特色社会主义制度　推进国家治理体系和治理能力现代化若干重大问题的决定》的说明[N].人民日报,2019-11-06(1).

[2] 习近平.决胜全面建成小康社会　夺取新时代中国特色社会主义伟大胜利[N].人民日报,2017-10-28(1).

[3] 习近平.关于《中共中央关于全面推进依法治国若干重大问题的决定》的说明[N].人民日报,2014-10-29(1).

[5] 齐卫平.建设廉洁型执政党的中国意义[J].社会科学研究,2012(5):1-3.

[6] 孙乐艳.廉洁型政党的内涵及其建设[J].中国特色社会主义研究,2016(6):103-107.

关于高校廉政建设的思考①

吴家炜②

[摘　要]高校承担着立德树人的根本使命,在行使教育职能时,各个部门及二级学院都存在廉政风险。本文首先介绍高校推进廉政建设的意义,随后指出目前高校廉政建设存在的问题,最后根据问题提出相应的高校廉政建设对策。

[关键词]高校;廉政建设;纪检监察

2017 年,中央纪委曾对数十所中管高校开展过专项巡视,分析巡视组对各高校做出的反馈情况可以发现,高校在运转过程中普遍存在廉政风险,且暴露出的风险点主要集中于基建项目建设、科研经费使用以及财务管理等领域。在高等院校扩大招生规模的大趋势下,牢牢把握高校廉政建设的必要性、准确识别高校廉政建设存在的问题、科学提出推进高校廉政建设的主要对策是新时代高校更好地履行教育职能的关键。

一、高校廉政建设的重要意义

高校廉政建设最重要的意义在于落实立德树人的根本任务。全国教育大会上明确提出高校的根本任务是立德树人,高校社会主义的办学方向就决定了党对高等教育的全面领导。因此,推进高校廉政建设,落实全面从严治党的要求,增强"四个意识"和"四个自信",同时对高校及教师群体中存在的廉洁问题依法依规严惩,就是高校保持教育先进性的根本要求。

除了人才培养之外,高校还肩负着科研成果孵化及转化、国际交流、服务社会等重要职能。这些职能的正常开展和不断改进均可能涉及行政审批、资金往

---

①　本文已发表于 2020 年第 23 期《文存阅刊》。
②　吴家炜,义乌工商职业技术学院助教,研究方向为党风廉政建设。

来等步骤,而这些正是腐败风险的高发领域。总而言之,推进高等院校全领域的廉政建设,是坚决杜绝高校廉政隐患、推动一批一流大学走向世界、建设社会主义教育强国的基本保障。

二、高校廉政建设存在的问题

综合分析各级纪委披露的高校违法违纪案例以及已有文献对高校廉政建设的研究,本文将高校廉政建设存在的问题分为三个方面:一是高校领导干部思想站位不高;二是高校廉政制度不完善、不健全;三是高校纪检监察工作不够有力。

(一)高校领导干部思想站位不高

党的十八大以来,全党从顶层设计的高度全力推进全面从严治党,以壮士断腕的勇气和定力惩治了一批腐败人员,在全党、全国范围内形成了不敢腐、不能腐的廉政之风。分析纪委披露的严重违法违纪案件可以发现,高等院校落马的官员不在少数。高校各级领导干部政治站位不高、党性觉悟不深、廉政意识淡薄是高校廉政案例屡见不鲜的重要原因之一。例如2020年1月,中国传媒大学原副校长因严重违法违纪被双开,审查报告中提到该领导丧失初心使命,严重违反廉洁纪律,挪用公款用于消费及违规发放各种名目的补贴;浙江大学某教授利用课题负责人的身份谋取不当利益,贪污专项科研经费近1000万元,于2014年被判处徒刑;中国人民大学招生就业处处长在任职期间利用职务便利,收受2000余万元贿赂为他人在招生录取和专业调整上提供帮助,受到法律制裁。

高校领导干部负责把握学校的战略布局和发展方向,往往把持着基建、财务、招生等高校正常运转的核心环节,而一些领导干部定力不足,被利益和人情等因素冲破了心理防线,一步步滑向腐败的深渊,使得高校廉政建设流于形式。

(二)高校廉政制度不完善、不健全

设计科学、执行有效的制度是一个组织正常运行的必要保障。本文借用管理学中内部控制的概念来对高校廉政制度存在的问题进行分析。内部控制是指企业内部设计的使得自身各项业务活动相互制衡、相互联系的一整套方法、规范和措施。具体到高校内部来看,就是学校内各个行政职能部门和二级学院的各项业务部门有清晰的职责划分和审批流程。分析近年来的高校廉政案件不难发现,在招生、基建、科研等领域的决策、审批制度设计不完善,落实环节分工不明

确、监督不及时是廉政风险频繁暴露的一个重要原因。

另外,高校财务管理环节存在制度缺陷。财务管理虽然不是高校的基本职能,但资金流是存在于高校每个业务环节中的核心因素,因此财务管理也是廉政风险建设的重要一环。高校的财务管理主要涉及各项业务资金的筹集、分配、核算以及监管,挪用公款、资金侵占等廉政风险时常出现的原因主要有财务核算体系不匹配、职责分离原则落实不彻底以及内部审计松懈等,这些原因给高校和国家造成了不可挽回的财产损失。

(三)高校纪检监察工作不够有力

除了牢固的廉政思想意识和完备的日常工作制度约束外,对高校各部门及时、全面的监督也是高校廉政建设的重要环节。这就需要高校的纪检监察部门主动作为,贯彻落实从严治党、从严治校的各项规定,坚决履行纪检监察各项职责。但从各高校干部落马事件来看,高校的纪检监察部门存在履职不充分、不到位的问题,具体可以从以下两个方面分析。

一是纪检监察部门的工作界限比较模糊。高校纪检监察部门在廉政建设方面的主要职责是加强上下协调、完善监督考核体系、履行专责监督、执行问责及教育等,但一些高校的纪检监察部门的名称设置、人员组成比较混乱,各项基础工作不规范。此外,部门内各领导和成员的职责分工不明确、主体责任清单不完备的问题同样存在,比如纪检监察部门和二级学院纪委的具体分工不清楚,人才引进、招生考试、招标采购等重点领域的风险点识别不充分等。

二是纪检监察部门专业胜任能力不足。基于部门的工作性质,纪检监察人员应该具备专业的法律、财务、党政知识,并且有较丰富的纪检工作经历。而目前高校纪检监察部门的人员配备主要从二级学院及其他行政部门中选择,其人际关系丰富,从事纪检监察工作的独立性会受到影响,而且先前的工作履历可能与纪检工作并不匹配,会造成专业能力不足的问题。

三、高校廉政建设的主要对策

(一)加强对学校干部的廉政教育

对学校各级干部的廉政教育要聚焦于政治站位的提高和廉政思想底线的牢固构筑。要充分运用各种教育形式、探索各类教育内容,学校干部要带头坚定立德树人的根本理想,不断提升政治素质,持续推动从严治党、廉洁校园建设纵深推进。

要以习近平新时代中国特色社会主义思想作为廉政教育的根本指引,深入学习习近平总书记一系列讲话精神,学习中央纪委各届全会的会议精神,学习党的基本理论、方针和政策,学习各项巡察巡视要求和处分条例,从顶层设计的角度把握高校廉政建设的基本要求。

此外,要通过廉政建设会、专题学习会及座谈会等各种形式及时传达全面从严治党的各项精神,研究讨论学校廉政建设的具体政策,为学校各级领导干部忠实做到"四个自信""两个维护",营造良好的校园政治生态。

(二)打造一支素质优良的纪检监察队伍

纪检监察队伍的培养需从整个职业发展链条上着眼。首先要把好选人的入口关,要选择政治可靠、作风过硬、工作能力强的纪检监察干事或干部。若通过公开招考引进纪检监察人员,则要通过专业限定、学历要求、工作履历要求等方式框定高素质门槛。若要遴选纪检监察干部,则要制定好选人标准、严格的考察程序,确保纪检监察干部队伍忠诚可靠、能力匹配。

此外,在纪检监察人员职业发展过程中,要做好培训及上升渠道管理。纪检监察部门要针对业务范畴,紧跟党中央及学校层次的各项廉政政策、规则和方案,制定一套科学完善的培养体系。同时,将培训体系常态化落实落地,积极与其他高校对接,加强相互交流学习。最后,还需要建立并完善考核体系,针对纪检监察部门工作职能的特殊性,明确考核指标,制定考核具体方法,精准设置激励机制。

(三)营造高校廉政文化

除了针对领导干部和纪检监察部门的教育和约束,还需要在全校范围内营造并建立稳定、厚重的廉政文化。针对除领导干部外的教职工,要紧扣近些年出台的《中华人民共和国监察法》,向其传递作为公职人员的廉政要求,侧重熏陶并培养其正确行使公权力的意识,让广大教职工适应在廉政制度约束下的工作氛围,让廉政工作警钟长鸣。此外,作为学校的培养对象,学生群体也要注重廉政文化的培养。学校学工部、团委等职能部门应主动作为,通过思政教育、团学活动等载体,如编写廉政警示录,举办廉政月、廉政周系列活动等,将廉洁公正的思想传达给学生,让学生的廉政思想在大学阶段就得到培养。

参考文献

［1］浦东方.我国高校廉政体系建设研究［D］.合肥：安徽大学，2020.

［2］刘小夕.高校廉政风险防控研究［J］.对外经贸，2020(8)：108-110.

［3］邓建柠，周湘璟，雷桢.基于内部审计的高职院校廉政风险防控对策思考［J］.产业与科技论坛，2020，19(14)：287-288.

［4］章思.监察体制改革背景下职业院校纪检干部队伍建设的思考［J］.法制与社会，2020(14)：155-156.

［5］孙永超.对新时代推进高校廉政教育的思考［J］.学校党建与思想教育，2020(14)：21-23.

高职院校廉政建设初探①

蒋琳珍②

[摘　要]高职院校作为廉政建设的主要战场之一，需要从三方面做好廉政工作：一是党员领导干部的表率作用；二是普通教职工的榜样力量；三是广大学生的学习热情。如此可以使得如社会缩影的学校成为廉政建设的堡垒之一。

[关键词]高职院校；廉政建设

国家鼓励积极发展职业教育，大学阶段是树立正确价值观的关键时期，而廉洁思想教育是防止大学生走向工作岗位后误入歧途的重要手段，所以在高职院校开展廉政建设与教育不仅是必然，也是推进社会进步的重要组成部分。本文将从党员领导干部、普通教职工、广大学生三方面、三维度建议实施廉政建设，为进一步加快全社会的廉政文化建设贡献一份力量。

一、高职院校党员领导干部做表率实施廉政建设

高职院校中，廉政文化建设关系着学校的未来与发展，因为学校一旦发生腐败，尤其是领导干部，学校的基本生存就会存在威胁。

院校领导需要对廉政相关的内容与内涵进行深刻解读，且依据学校的现状，建设良好的校风，持续推进廉洁文化走进课堂，同时要求教师与党员领导干部都要廉洁自律，不滥用职权，完善廉洁文化校园，并将廉政文化建设纳入学校发展的整体发展规划与布局，使校园成为积聚正能量的场所，具备风清气正的育人环境。

同时，领导干部应该站在新角度、新高度提高自身的防腐拒腐能力，使党风

---

① 本文已发表于 2021 年 11 月《学习导刊》。

② 蒋琳珍，义乌工商职业技术学院讲师，研究方向为高校思想政治教育。

廉政教育做到入心入肺,全面营造"不敢腐、不能腐、不想腐"的校园环境,让教职工安心于日常教学、科研或行政工作,让学生安心于学业或社团活动,学会做人。

此外,学校要结合自身的办学特色与职业文化统一开展相关的廉洁教育活动,同时要求各级学院或职能部门结合专业特点与职业要求、工作特点展开专题讲座、汇报、反例教学等,帮助师生进一步夯实廉洁思想。

作为学校的管理者,领导干部需要体现清明廉洁,并根据党的方针政策全面落实廉政建设,采用民主的方式,接受全校师生的监督,时刻具备廉政作风。此外,为了确保廉政教育得到广大师生的支持与认可,符合师生的认知规律,且体现与时俱进性,需要对校园文化进行合理的建设,组织的活动能让师生都参与其中,乐在其中,同时接受廉政文化的熏陶,充分发挥应有的作用。

现在校园里经常有学生被骗,且是网络诈骗,说明高职学生缺乏一定的依法自我保护意识,且极有可能抱有"暴富"的心理,所以廉政建设势在必行,否则对学生来说不仅会有一定的经济损失,而且法治意识薄弱,将来走入社会有一定的隐患。学院领导要加强对师生员工的教育和引导,通过各种师生日常使用的媒体与 App,加大宣传力度,让全体人员对于廉政文化建设有一个更加全面、深刻的了解与认识,同时让廉政文化能够在校园当中长期、有效地延续下去,结合优秀的传统文化,使廉政文化建设在校园里开花、结果。

合理、合适的制度建设是廉政文化建设顺利开展的保障,所以学校领导干部要多听取广大师生员工的意见,制定相关的廉政规则,对违反相关规定的人员采取一定的惩罚措施,让所有行为或制度行走在阳光下,让人人心里都有一杆公平秤。

二、高职院校普通教职员工做榜样实施廉政建设

普通教职员工是学校里上接领导、下衔学生的中坚力量,也是跟学生接触最多的人,所以做好教职工的廉政建设不仅可以为学校的可持续发展夯实坚实的基础,而且对学生的健康成长起到不可磨灭的榜样作用。

日常教学中,教师应以身作则,不仅在课堂上营造公平、公正的良好学习氛围,丰富校园廉洁文化,而且需要知行合一,自觉抵制不良作风问题,坚定廉洁的理想与信念,保持廉洁自律的好习惯,形成"治学严谨,学术端正"的校园氛围,成为学生心目中的好榜样,毕竟榜样的力量是伟大的。同时,老师应帮助学生明确自己的学习目标、了解自己的学习动机,激发学生的学习积极性,提升学生的自控能力,让学生严格要求自己,或专升本或兼职或直接全职工作,以课堂为阵地

指导学生的学习与日常行为,培养学生成为德智体全面发展的社会人。

除了教学工作以外,大学教师的另一个主要职责是学术研究,所以加强学术道德规范,既是对知识本身的尊重,也是对教师职业的尊重,这对学院自身与教师本身的发展至关重要。一旦发现学术不端的行为,不仅会在社会上形成象牙塔不再纯洁的印象,而且人们对教师的神圣感不再抱有期待,这不仅仅是社会道德观的损失,而且会让学生对教师失去应有的尊重,也因此失去对教师教授知识的尊重。

"传道授业解惑"一直是教师的职责,而三者之中首先且最重要的是"传道"。教师是学生的镜子,只有教师遵循廉政原则,立德树人、一视同仁地对待所有学生,学生才会耳濡目染,养成良好的道德修养与个人品质。

三、高职院校广大学生爱学习参与廉政建设

学生作为学校的主体,廉政建设可以帮助其提升素养,树立正确的价值观,发挥其社会主义接班人的作用。

高职院校的学生思想活跃,好奇心重,但意志较为薄弱,很容易受到不良思想的影响,想走捷径,所以对学生的廉政文化教育非常重要。而廉洁校园是廉洁社会的基础,所以良好的校风建设至关重要,用廉政宣传专栏、网络(比如抖音、快手、直播)、主题演讲比赛、廉洁主题影视片等学生喜欢并容易接受的形式组织学生学习廉政相关的党史,培养并夯实学生的廉政观念,帮助学生以廉洁的态度步入社会,成为社会未来的栋梁之材。

除了理论学习以外,可以充分利用学生的活力、热情与积极性,让学生积极参与廉政建设相关的校园文化活动,比如画廉政板报、参观廉政基地、演绎廉政故事,让学生充分认识到廉政的重要性与腐败的危害性,防患于未然,学以致用,坚定廉洁的信念,并保持廉洁的习惯,从学生会干部到班级干部再到班级学生都遵从诚实、守信的原则参与所有考试,保证校园环境的廉洁自律。

四、结　语

总而言之,高职院校开展廉政文化建设关乎学校的可持续发展,关乎广大教职员工的心理建设,关乎学生的道德培养,所以开展廉政建设必须从上至下,每个人都认识到廉政建设的重要性,从自身出发,坚守初心,牢记使命。

参考文献

[1] 王桂英.提升高职院校廉政文化教育针对性实效性对策分析[J].情感读本，2020(11):110.

[2] 彭志华.新时代高职院校党风廉政教育的实践探索[J].文化创新比较研究，2018,2(27):3,5.

[3] 王英.廉政文化在高职院校思想政治教育中的应用与实践[J].青年与社会，2019(16):188-189.

基于大数据背景的高校廉政建设分析①

汪鹏飞②

[摘　要]大数据时代给高校廉政建设工作提供了新思路和助力,同时也带来了一定的挑战。本文主要研究了在大数据背景下高校廉政建设可能存在的唯数据论、数据获取难、数据可信度低等问题,以及通过培养大数据思维、大数据研究团队,加大数据平台投入等方法充分发挥大数据在高校廉政建设中的优势。

[关键词]廉政建设;大数据;挑战;方法

坚持反腐败无禁区、全覆盖、零容忍,是党的十八大以来全面从严治党成效卓著的重要原因。对于高校来说,加强党风廉政建设和反腐败斗争,营造风清气正的良好政治生态,是保持正确发展方向,更好地履行职能使命的必然要求。在大数据的背景下,大数据的有效利用给党内廉政建设工作带来了很大的促进作用,同时也带来了一系列挑战。如何跟上时代步伐,让大数据分析在高校廉政建设工作中得到充分利用,至关重要。

一、大数据时代基本特点综述

大数据其实就是巨量资料,这些巨量资料来源于世界各地随时产生的数据,在大数据时代,广泛的数据来源决定了大数据形式的多样性,并且任何微小的数据都可能产生不容小觑的价值。大数据是人们获取新知识、创造新价值的源泉,也是改变市场、组织机构、政府部门和公民关系的方法。大数据的核心价值就是预测,我们可以通过分析更多的数据,甚至可以分析跟某一现象相关的所有数据,从而对某一事物的内在规律进行分析。

---

①　本文已发表于 2021 年第 6 期《科技新时代》。
②　汪鹏飞,义乌工商职业技术学院讲师,研究方向为党建与思想政治教育。

基于大数据的强大作用,大数据廉政建设应运而生。大数据技术的不断发展和运用,无疑给高校纪检监察部门安上了一双准确发现问题、线索的"千里眼"和一对全面、有效掌握各类公务活动和公共政策落实情况的"顺风耳"。由于廉政的人本特性,其需要的数据涉及方方面面,工作、生活、学习、娱乐、社交等各个方面的信息数据都有可能成为廉政考察的证据。而且,随着新数据产生的速度越来越快,原有数据又可以较长时间地保留,廉政建设领域的数据体量非常庞大。以上的种种特征都为高校党风廉政建设提供了新思路。

二、大数据背景下高校廉政建设存在的挑战

大数据作为一种新生的事物,将大数据分析的方法用于推动高校党风廉政建设并没有太多的实践经验。因此,大数据本身存在的易受异常流量攻击、价值密度低、传输安全隐患、数据崇拜等问题,导致将大数据方法用于高校廉政建设同样存在着一系列挑战。

(一)廉政分析唯数据论,忽视人的主体性

大数据时代,人们对于数据的依赖与崇拜度日益提高,很多社交软件的使用也在慢慢改变人们的思维方式,例如微信、支付宝、抖音等热门 App 的用户都在潜移默化中养成了大数据思维。可以说,大数据对人的思维模式的冲击是巨大的。

将大数据分析方法用于高校党风廉政建设同样也要警惕唯数据论的思想。如果一味地依赖数据来分析高校廉政相关问题,任何事情的决策都依赖于数据分析的结果,就会让廉政建设工作者们忽视大数据背后存在的风险,例如数据的真实性、安全性等,从而在做决断时忽略掉很多数据无法体现的和人相关的因素。所以,在将大数据技术应用到高校廉政建设过程中时,要以科学的思想为指导,确定建设思路。要明确大数据分析只是高校党风廉政建设中的一个工具,始终牢记廉政建设的核心基础是人,切勿陷入数据主导一切的风险之中。

(二)党风廉政工作敏感,数据获取难度大

将大数据分析方法用于高校党风廉政建设还存在一个比较大的问题是数据的获取存在一定难度。第一,大数据分析需要能够顺畅地获得海量的、真实的数据,但是由于廉政工作的特殊性,分析需要的很多数据是敏感且私密的,数据的

获取以及数据的真实性都很难保证；第二，各高校、各地职能单位廉政信息共享意识不够，极大地影响了各高校之间协助共建党风廉政，没能很好地实现相关数据的全面性；第三，目前国内缺少廉政资源数据平台，要实现廉政数据资源的检索、保存、分析等都需要靠人工实现，完成这一系列工作需要相关工作人员掌握过硬的大数据分析技术并且耗费大量时间。因此，想要通过大数据技术更好地帮助高校党风廉政建设，需要一个专业的平台来解决廉政信息的共享与分析问题。

（三）廉政基础工作不到位，大数据结果缺乏可信度

目前高校党风廉政建设工作中，存在着部分基层党组织基础工作不到位的问题。部分高校基层党组织工作者廉政意识淡薄，日常监督工作不到位，甚至存在对违纪干部进行保护并且虚假上报日常工作数据的情况。由于廉政基础工作不到位，人们对于廉政数据的信任度下降，因此党风廉政领域大数据分析的结果在很多情况下不能让所有人都信服。所以，要想让大数据在党风廉政工作中真正发挥作用，需要先抓好廉政基础工作。当基础工作环节都做到位了，大数据分析的结果才具有科学性。

三、大数据时代高校廉政建设方法分析

大数据已经全面地影响且改变了人们的思维方式，借助大数据的力量不断推进党风廉政建设的发展具有较高的实际意义。如何应对大数据给高校廉政建设带来的挑战，通过大数据分析取得高校党风廉政建设实质性效果，是本文研究的主要目标。

（一）养成大数据思维习惯，时刻保持数据敏感性

养成大数据思维习惯，关键要做好数据的整理、挖掘、分析、保管等多个环节的工作。高校党风廉政建设涉及师德师风、学生管理、校园建设等多个方面，数据来源多样化。高校党风廉政建设工作小组务必形成完善的数据分析模式，做好大数据党建每一个环节的安排，抓好数据源头、做好数据分析、强化数据管理，不漏掉每一个有用的数据、不放过每一组数据背后隐藏的风险点。同时要培养每一位廉政建设工作者对数据的敏感度，时刻保持洞察力，将数据工作作为党风廉政建设工作的重要一环。

（二）掌握大数据分析方法，科学评判数据意义

大数据技术是将一组组客观数据通过科学的分析方法转化为党风廉政建设的线索，甚至是未来发展规划的"转换器"。想要恰当高效地使用这一武器，廉政工作者不仅要熟知高校党风廉政的基本规律，更重要的是要掌握数据分析的基本方法。高校是培养人才的地方，比其他单位或者部门更容易培养出专业性强的党务工作者。因此，高校党风廉政建设工作小组可以且必须包含一支能熟练运用各种数据分析方法和软件，能对高校党风廉政相关数据进行整理分析的专业队伍，能不断从数据中找到对高校党风廉政建设有用的信息。可以说，培养一支擅长大数据分析的专业队伍是高校党风廉政建设工作的基础。

（三）培养信息共享理念，加强高校之间数据互通

利用大数据开展廉政建设工作的一个较大的挑战就是基础数据很难互通。为解决这一问题，各高校之间有必要在数据共享方面加大投入，可以共同创建专业的党风廉政建设数据平台，解决数据共享问题。只有数据实现共享，才能真正体现大数据的"大"；保证了基础数据的体量，数据分析才能更具有科学性，才可以真正描绘出适合高校廉政建设的规划图。

总的来说，大数据背景给高校党风廉政工作提供了新的思路，也带来了一些挑战。通过党风廉政建设制度完善、专业人才培养、加大数据平台投入等方法解决大数据给高校廉政工作带来的问题，充分发挥大数据的巨大优势，是未来高校党风廉政建设的基本策略。

参考文献

[1] 刘亚.大数据时代下党内廉政建设研究[J].潍坊学院学报,2019(1):72-73.

[2] 林世芳,封泉明.互联网思维与高校廉政文化建设[J].南京医科大学学报（社会科学版）,2019,19(2):151-154.

[3] 陈丽晖.当前高校腐败现象的表现、成因及治理对策[J].华北理工大学学报（社会科学版）,2016,16(5):124-130.

新时期高校党风廉政建设需预防隐性腐败的侵蚀①

楼越升　杨小锋②

[摘　要]如果把显性腐败比喻成毒瘤,那隐性腐败就是亚健康,而党风廉政建设就是治疗亚健康的药方。在当前高校腐败案件频发的背后,必然有许多高校存在着亚健康状态,这说明当前的药方还有所欠缺。本文重点关注高校中的隐性腐败,通过深入分析当前党风廉政建设问题存在的原因,提出了预防隐性腐败的实现途径。

[关键字]高校;党风廉政建设;隐性腐败;原因分析;实现途径

反腐倡廉是一个千年命题,"在中国改朝换代的历史更迭中,腐败始终像一个巨大的幽灵,挥之不去、如影随形"。腐败同样也是我党执政的最大风险,党的十八大以来,全面从严治党作为"四个全面"战略布局的重要组成部分,被提到了非常高的战略位置。习近平总书记指出,党的执政地位和领导地位并不是自然而然就能长期保持下去的,不管党、不抓党就有可能出问题甚至出大问题,结果不只是党的事业不能成功,还有亡党亡国的危险。腐败不仅侵蚀政府部门,也向教育系统逐渐蔓延,高校担负着培养中国特色社会主义事业接班人的伟大使命,本应是一座象牙塔,但在新时期不断深化的体制机制改革、国家对教育资源的大力投入以及经济活动加剧等众多因素的影响下,高校逐渐成了腐败的高发区,仅2020年中央纪委国家监委网站就先后通报查处了30多起,其中高校党委书记、校长(院长)占比超七成。因此,加强高校党风廉政建设意义重大。

---

①　本文已发表于2021年第29期《中国教工》。

②　楼越升,义乌工商职业技术学院副教授,研究方向为基层党建。杨小锋,义乌工商职业技术学院副教授,研究方向为高校党建、计算机应用。

一、高校中的显性腐败与隐性腐败

腐败从狭义上说是指公职人员为其特殊利益而滥用权力的权力蜕变现象，从广义上说则是指行为主体为其特殊利益而滥用职权或偏离公共职责的权力变异现象。前者比较好界定，直接违反了党纪国法，需要受到法律法规的制裁，且称之为显性腐败。后者边界比较模糊，通常不直接违反党纪国法，而是体现为有限度地违背公平公正等原则，不作为、慢作为、乱作为，不妨称之为隐性腐败。如果把显性腐败比喻成毒瘤，那么隐性腐败就相当于是亚健康，亚健康久了，难免会有毒瘤发作的时候。

高校的腐败现象既具有政府机构的一般性，也有教育行业的特殊性，比如腐败人员层次较高，隐蔽性强；腐败形式多样，行政权力腐败与学术权力腐败并存；腐败的群体性、被动性比较突出等。但除了已披露的腐败案件外，高校中更普遍存在的是大量的隐性腐败。由于高校具有相对的独立性与特殊性，因此有相当大的自主权，部分领导干部利用制订规章制度的便利，合法合规地在利益分配上进行倾斜，更借为公之名暗藏利己之心，对制度规章进行了扭曲，从根本上侵蚀了公平性，助推了官僚文化的滋长，这对校园政治氛围造成的影响虽缓慢但足够深远。显性腐败的发生，往往是从隐性腐败开始的，因此预防腐败就要从防止隐性腐败着手，防微杜渐，消除腐败的温床。

二、当前党风廉政建设存在的问题

（一）体制机制建设存在短板

目前体制机制建设存在的短板最主要体现在制度设计的科学性不够以及执行力度不足两个方面，归根究底是制度还不够完善，主要体现在：一是针对性差，没有针对关键的人员、事物或者环节，欠缺可操作性；二是系统性差，各职能部门各自为政，缺乏统筹，制度相互之间缺少联系制约，甚至出现制度"打架"现象；三是公平性有待加强，制度中的规定存在要求不合理、权力责任失衡等情况，可能导致一些消极后果，如被动性的学术不端行为；四是制度制订过程不规范，发布施行前未经过教职工（代表）大会表决通过，无法从流程上制止隐性腐败发生，从而也无法从根本上保障教职工的合法权益；五是制度落实不力的责任追究不明确甚至缺乏,容易导致阳奉阴违,执行不及时、不彻底甚至干脆不执行。

(二)党风廉政教育不够深刻

目前的党风廉政教育形式多样,有正面的理论学习、反面的以案说纪、现场的参观体验等方式,有一定的腐败警示作用,但对于教育效果缺乏一个客观的衡量和评估,对腐败的本质没有进行深刻的揭示,对腐败与人、社会及制度等因素之间的关系没有深入探讨,党员群众对腐败的认知水平也没有显著提升。重案大案的背后都有着其发生的土壤和发展过程,消除腐败的土壤、遏止腐败的发展需要整个社会的共识共担,然而多数人对某些不良社会风气及市场经济的一些错误认知对政治生态的负面影响缺乏清晰认识,对隐性腐败缺乏足够的警惕,对发现腐败缺乏相应的方法,这些都是党风廉政建设需要重点解决的问题。

(三)反腐斗争能力决心不足

首先,随着反腐斗争的不断进行,腐败的形式越来越多样化,手段也越来越隐蔽,特别是一些隐性腐败,大多数人缺乏发现和阻止的能力。其次,即使发现了腐败,出于担心打击报复或者事不关己等心态,也有很多人可能选择视而不见。再次,虽然大家对很多隐性腐败心知肚明,但因为缺乏对隐性腐败的惩治依据,或者隐性腐败由来已久成了一种潜规则或者惯例,在无法改变现状的前提下,战胜不了那就加入,于是多数人转为顺应现实,甚至想办法利用它来为自己获取利益,导致该潜规则或者惯例愈演愈烈。

三、党风廉政建设问题原因分析

高校党风廉政建设问题的出现,原因是多方面的,大致归纳为以下三点。

(一)隐性腐败难以界定

隐性腐败本身的特性决定了它很难被界定或发现证据,但人们又能切实感受到它的存在,有点像自由心证,因为确实存在着一定程度的不公平导致的利益损失。这种不公平不至于触犯党纪国法,也难以量化其危害程度,更不知道是有心还是无心造成的,但能长期存在的通常是不利于普通师生的,是很难被改变的一种既成事实。随着这类不公平现象的日积月累,会逐渐侵蚀普通师生对党组织的信任,使得校园政治生态逐渐恶化,导致隐性腐败慢慢滋长,甚至发展成为显性腐败。

(二)部分干部信念滑坡

部分党员特别是领导干部淡忘了为人民服务的初衷,丢失了服务者的本色,而逐渐以管理者自居,特别是受到社会上权力崇拜、金钱崇拜的风气以及封建传统官本位等文化的消极影响,从本应向人民、向师生负责,变成了只向上面领导负责;从以做一个好领导为目标,变成以升官捞好处为目标。他们不敢明目张胆地贪腐但在党纪国法允许的范围内使政策制度向自己倾斜。正是这种私心,成为现实中各种不公顽疾的根源。

(三)行政部门机构臃肿

想升官的人那么多怎么办?多设领导岗位。领导多了怎么办?多设行政部门。行政部门干什么?多布置考核任务,多开展各类活动和项目。因此,学校领导多、职能部门多、考核指标多成了很多高校的普遍情况。有的学校光校级领导就有八九个甚至十多个,行政岗位占了全部教师的一大半,剩下一小半专任教师既要完成教学、科研和社会服务任务,还要想尽办法完成各行政部门布置的各种任务指标,提供各种材料,疲于应付。上级行政部门的增加必然会导致下级行政部门以及层级也增加,不如此不足以应付日益繁杂的行政事务。最后的结果就是专业教研室成了各级行政部门的"材料"制造生产线。另外,过多的行政部门和层级设置大大增加了事务复杂度和信息链长度,使官僚之风日盛,领导权威渐重,加上工会、教职工(代表)大会、党员(代表)大会等本应发挥民主监督作用的机构机制功能逐渐弱化,民主监督名存实亡。

四、加强党风廉政建设的举措

(一)将党风廉政教育提升到理论高度

提升党风廉政教育的理论高度,可以使得广大党员干部和师生对腐败的本质,腐败的危害,腐败的表现形式,腐败与社会、文化、制度及个人等因素的相互作用关系,反腐斗争我们可以怎么做等等有一个较深刻和清醒的认识,可以提高广大党员干部和师生对腐败特别是隐性腐败的警惕程度和反腐斗争能力,坚定中国特色社会主义制度下反腐斗争必将胜利的信心和底气,真正在内心深处奉清廉为信条、视贪腐如仇寇,形成风清气正的校园环境。

(二)尽量消除滋生隐性腐败的环境和土壤

首先,要削弱官僚主义滋生的体制因素。通过调整和整顿各行政部门,使得整个校园行政体系结构扁平化、精简化,职能上回归服务与协调,淡化管理概念,从而实现去行政化、官僚化的目的。其次,要减小环境中的利益诱因。可通过改革分配制度,缩小职级间收入差距,弱化升职的利益驱动,大力推行荣誉价值观,让真正想服务师生、发展教育的人成为领导干部。再次,要改变自上而下的绩效主义现状。在高校施行绩效主义的实质是利用权力进行利益胁迫,因为高校是非营利性质的,这点有别于企业,教职工的薪酬总量基本上固定,不会因为教师的努力而额外增加,在这种情况下施行绩效主义导致的必然是内卷以及权力的不断滋长,最后成为隐性腐败的温床。而且施行绩效主义必然牵扯较多的人力资源,事实上是对整体效率的拖累。虽然从效果上看,最初施行绩效主义的高校确实排名飙升,政绩斐然,但这在很大程度上是以牺牲师生利益为代价的,且从宏观上看会引起劣币驱逐良币的结果,不利于教育事业的长远健康发展。

因此,高校管理要以公平优先而非指标优先为原则,充分保障师生权益,以内在驱动为主,让使命感、荣誉感、求知欲、兴趣等成为教师教学、科研的动力,使教师在平凡中实现价值升华,在日积月累中做出突破性工作,成为科技巨匠。

(三)优化权力的配置、使用和监督

腐败的核心要素是权力,真正消除腐败还得从权力上想办法。但权力的约束不能依赖于人性的自律,"滥用权力的往往是那些手中掌握权力的人,这些掌握权力者在没有碰到界限之前会肆意使用它们"。因此,外部对权力的约束是至关重要的。

首先,在配置上避免权力过于集中。如通过科学的机构设计合理分割权力,通过推行师生自治部分下放权力,通过实行民主机制有效制约权力。其次,在流程上实现权力规范使用。如规章制度制定流程要规范,重大事项决策流程要规范,各类项目实施过程要规范,通过规范的流程避免权力的滥用。特别是规章制度的制定,应该获得利益相关教师的表决通过才能生效,因为制度的精髓不在于强制,而在于对被执行者利益的拉动,只有达成制度执行者和被执行者之间的利益平衡,才能最大限度地保证制度的公平性、合理性以及可行性。再次,在体制上强化权力外部监督。切实发挥高校工会、教职工(代表)大会、党员(代表)大会等组织机构的功能作用,组织教师有效参与和监督学校的各项管理工作,特别是要避免学校领导兼任这些组织机构的领导,或者开会搞形式主义,选举搞"组织意图"等。另外,也要警惕以更集中的权力来监督权力,这犹如抱薪救火,容易导致新的腐败。

五、结束语

高校反腐重在预防,而预防腐败需要从消除隐性腐败开始。当前的党风廉政建设在制度建设、思想教育、执法追责方面存在的问题,大致可归结为理想信念、体制机制以及决心能力三方面原因,其中关键的是体制机制,所以党风廉政建设的重心应是通过体制机制的完善消除滋生隐性腐败的环境因素以及实现对权力配置、使用和监督的优化,在此过程中,必然阻力重重,因此党风廉政建设是一项长期的系统工程。我们要坚定中国特色社会主义制度下反腐斗争必将胜利的信心和底气,坚持不懈地做好党风廉政建设,为国家高等教育事业发展和人才培养提供强有力的政治保障。

参考文献

[1] 万银峰.治理体系现代化与反腐倡廉[M].北京:社会科学文献出版社,2016:19.

[2] 习近平.在党的群众路线教育实践活动总结大会上的讲话[N].人民日报,2014-10-09(2).

[3] 马付才.高校腐败案频发:清除"象牙塔"内蛀虫刻不容缓[N].民主与法制网,2020-10-29. http://www.mzyfz.com/html/1293/2020-10-29/content-1445051.html

[4] 许东升,魏爱卿,刘培基.高校党风廉政风险防控堤坝的构筑——以郑州大学实践探索为例[J].党团建设,2020(11):27-31.

[5] 刀锋1927.中国高校腐败现象的三大特点[EB/OL].(2020-12-03).https://www.163.com/dy/article/FSRJCDCB0515DPP5.html

［6］高博,马春扬.浅谈新时代高校党风廉政建设工作的困境与出路［J］.改革与开放,2020(7/8):43-45.

［7］刘妍.高校党风廉政建设现状与对策分析［J］.社科纵横,2020(中):245-246.

［8］孟德斯鸠.论法的精神:上册［M］.张雁深,译.北京:商务印书馆,1997:154.

论新时代下廉政生态建设的主要表现形式①

王耀燕②

[摘　要]国有企业反腐倡廉工作是党的反腐倡廉建设的重要组成部分,加强国有企业反腐倡廉工作,对于促进国有企业健康发展具有重要意义和重大作用。企业各级党组织和纪检部门,应始终坚持全面从严治党,坚定不移推进党风廉政建设和反腐败工作,为推动企业高质量发展提供坚强保证。基于此,本文对新时代下廉政生态建设的主要表现形式进行了探讨。

[关键词]廉政生态建设;主要表现形式;分析

国有企业的发展需要有良好的环境,需要充满正能量,党风廉政建设是重要的途径。在党的建设中,要切实地完成新的伟大工程,党风廉政建设是重要内容。国有企业强化党风廉政建设工作,对生产经营起到了重要作用。党的执政能力用这种方式体现出来,与基层员工密切联系,使企业的党员领导干部作风发生了转变,以满足企业发展需要。

一、国有企业党风廉政建设中存在的问题

(一)政治敏锐度不高

经济体制改革步伐不断加快,促进了改革工作的进一步深化。国有企业的生产经营中,利润是重要的指标,但不是唯一的指标。随着国有企业的政企分开,一些管理人员错误地认为党政机关需要承担廉政建设的责任,廉政建设与企业没有直接相关性,也不愿意在这方面投入时间和精力。于是除了生产经营之

---

①　本文已发表于 2021 年第 18 期《时代教育》。
②　王耀燕,义乌工商职业技术学院副教授,研究方向为高职教育研究、供应链物流管理。

外,其他方面就放松了,导致违法违纪行为时有发生。在经营手段上采用了一些不良做法,诸如吃、拿、送、玩等。对于部分企业领导而言,供应商以及分包商送礼是理所当然的事情,吃喝以及各种娱乐活动都是工作中的一部分。一些管理人员受到利益观的驱使,行为不再受正确价值观的引导,政治敏锐度下降,这对国有企业的长远发展非常不利。

(二)制度建设不规范

由于基层职工群众民主意识淡薄,缺乏参事议事决事能力,"民主议事会"形同虚设。加上个别领导干部工作专断、个人说了算现象严重,导致民主决策程度不够。在"三重一大"及各种惠农政策性补贴使用等群众关注的重大事项上,缺少规范的操作制度和必要的制约手段。即便有制度,真管用的却很少,更谈不上实施责任追究。

(三)廉政教育力度不够

国有企业非常重视各项经营指标的考核,却常常忽视党风廉政建设工作。虽然国有企业也开展教育工作,但由于采用了呆板过时的方式,诸如学习文件等,不能激发管理人员和员工的学习兴趣,无法获得良好的效果。国有企业在开展廉政教育工作中,不能有计划地展开,而且教育内容缺乏针对性。要通过教育的方式提高管理人员和员工的觉悟,需要循序渐进,不能急于求成。由于廉政教育没有与企业的党风廉政问题建立关联性,因此效果不佳。另外,国有企业纪委过于关注企业的生产经营,在廉政教育方面不能很好地发挥作用,也不能实施有效监督。

二、新时代下廉政生态建设的主要表现形式

(一)健全、完善的廉政机制制度

制度问题更带有根本性、全局性、稳定性和长期性。全面深化改革的总目标就是要完善和发展中国特色社会主义制度,廉政制度是中国特色社会主义制度的有机组成部分,廉政建设也需要制度的健全和完善。我国古代虽然对官吏的管理有严格的规定,但是由于封建社会的局限性,仍然无法摆脱贪腐的情况。国外也制定了许多廉政制度,但是由于资本主义私有制固有的社会矛盾,廉政建设只是资产阶级的政治游戏。只有摆脱了阶级的剥削本质、把实现人类解放作为政党目标,才能制定健全完善的廉政制度。

(二)科技提升"廉洁文化＋"力量

充分运用企业"电"和"网"的优势,搭建"廉洁文化＋"应用管理平台这一管理措施,推动廉洁文化与业务内嵌融入。在"廉洁文化＋党建"维度,通过廉洁文化建设,提升党员的先锋模范引领作用。在"廉洁文化＋电网建设"维度,在电力工程建设中,通过实时数据分析,提高廉政风险防控能力。在"廉洁文化＋安全运行"维度,通过加强推进运行监控,提高廉政风险防控能力,真正提升安全防控系数,进一步贯彻"大安全"理念。在"廉洁文化＋企业治理"维度,加强企业对内与对外、工作8小时内外的廉政自律建设。

(三)科学进步的廉政思想意识

任何政权都面临着"兴勃亡忽"的困境,如果没有廉政思想意识作为治国理政的根本,也就难以摆脱这一历史周期率。产生科学进步的廉政思想,一是要有优秀的文化积淀,二是要有先进的政治思想引领。在现实中,物质第一、功利至上的思想意识,以及金钱决定个人成功的价值观仍不同程度地存在,这些错误思想很容易向政府公职人员的思想意识渗透,成为妨碍廉政建设的思想阻碍。因而提倡廉政思想、将廉政意识贯彻到行动中,可以提升党政部门公职人员的廉洁修养水平。

(四)智慧管理注入廉洁"生命"力

以"数字纪检"作为切入点,试点开展智慧型廉洁文化宣教工作,打造针对全人群、全岗位、全流程的"廉洁文化数字档案",建立针对全体员工的系统化、规范化的考评系统,配备廉政教育题库,对员工的廉政教育情况进行记录,实现对全体职工廉洁文化素养生命体征的"一网统管"。可研判、可展示、可应用的廉政工作数字治理智慧转型解决方案,为廉洁文化、廉政管理提质增效。在已有的考评基础上,扩大考评机制覆盖的员工范围,从新员工的入职教育到老员工的深化教育,形成员工的全生命周期管理轨迹,并对全体员工的考评结果进行大数据分析,其结果可作为推优选新的量化依据之一。廉洁文化建设要与业务内嵌充分融合,根据不同群体对廉洁文化多层次的需求,充分利用各种文化设施、活动载体,将廉洁文化内生动力外化为员工生产力,引导人、凝聚人、鼓舞人。

(五)优化监督体系,推动各类监督融会贯通

国有企业党组织履行的是集体领导监督,纪委是专责监督,只有将监督形成体系,才能实现监督互联互通、压力传导通畅,形成齐抓共管的良好局面。

发挥专责监督作用。纪委要立足监督这个首要职责,围绕权力运行的各个环节,创新监督方式方法,扎实做好日常监督的"基本功",发现苗头性、倾向性问题或者轻微违纪问题,及时通过"约谈提醒、批评教育、责令检查、诫勉谈话"等多种形式咬耳扯袖,防止小隐患演变成大问题,真正把好监督第一道关口,将权力关进制度的笼子。

发挥巡察监督作用。巡察既体现党内监督,又体现群众监督,能更好地发挥组织优势和群众优势,加强上级党委对下级党组织的巡察力度,确保巡察全覆盖,推动广大党员干部严格按照制度履行职责、行使权力。

发挥社会监督作用。拓宽社会监督的渠道,充分发挥党风廉政监督员、职工群众的监督作用,保证群众的知情权,让权力在阳光下运行。

三、结束语

廉政建设与廉政生态具有内在的统一性,二者互为条件。有了廉政建设的具体措施,但是没有廉政生态,廉政建设就没有生长土壤;有了廉政生态,但是没有廉政建设的具体措施,廉政生态就难以持续发展。在新时代背景下,我国在廉政生态观念转变以及廉政制度、组织机构、行为规范建设等方面都取得了显著成效,实现了廉政生态与廉政建设的良性互动,从而极大地优化了从政环境和干事创业环境。

参考文献

[1] 丁瑞,高祖林.新时代中国共产党党风廉政建设的"四清"目标及其实现路径[J].江苏第二师范学院学报,2021,37(2):11-14.

[2] 杨锦程.以廉政文化建设促进全面从严治党的思考[J].法制与社会,2021(9):92-93.

[3] 刘继忠.基层生态环境部门如何推进党风廉政建设[N].四川科技报,2020-08-07(2).

[4] 宋明顺.加强党风廉政建设实现政治生态清朗[N].邢台日报,2020-06-11(7).

[5] 李行.党风廉政下的政治生态探讨研究[J].青春岁月,2018(17):195.

《周礼》的阴阳思想对党风廉政建设的启示①

王飞明②

[摘　要]《周礼》通过官制来表达治国方案,内容完备,哲理丰富,操作性强。《周礼》蕴含的阴阳思想,刚柔相济,对于完善如今的党风廉政建设,同样具有非常高的参考价值。

[关键词]官制;阴阳;廉政建设

一、仁为阳,礼为阴,仁为其渊,礼为其表

《周礼》充分体现了民本思想,在天官宰冢中,提出大宰之职是"掌建邦之六典,以佐王治邦国:一曰治典;二曰教典;三曰礼典;四曰政典;五曰刑典;六曰事典"。从纪万民,扰万民,谐万民到均万民,纠万民,生万民,无不是把老百姓放在第一位,把老百姓的利益摆在中心位置,充分体现了治国理政的仁爱思想。

2015 年,习近平总书记与中央党校县委书记研修班学员座谈时引用郑板桥的名句"衙斋卧听萧萧竹,疑是民间疾苦声。些小吾曹州县吏,一枝一叶总关情",并说,"睡卧不安,总是想到百姓过得怎么样"!所谓的仁政,就是思百姓所思,想百姓所想,这样治国理政才有其坚实的群众基础。所以习近平总书记进一步提出想要办成事情首先要把心立起来的思想。2017 年,习近平总书记在党的十八届六中全会第二次全体会议上的讲话中指出,"欲事立,须是心立。加强思想教育和理论武装,是党内政治生活的首要任务,是保证全党步调一致的前提"。只有内心真正以仁为本,真正把老百姓装在心里的党员干部,所做的一切事情才

---

①　本文已发表于 2020 年 183 期《时代人物》。
②　王飞明,义乌工商职业技术学院讲师,研究方向为高校思想政治教育。

能符合人民的根本利益，才能获得老百姓的根本拥护。

只有在仁爱的基础上，礼才有其灵魂和内涵。所谓礼，就是社会的一切制度规范。《周礼》中春官宗伯的职责是"使帅其属而掌邦礼，以佐王和邦国"。《周礼》中春官宗伯的设立是充分以天官为基础的，这样仁和礼才能和谐统一。习近平总书记强调抓好六个方面，从高举中国特色社会主义伟大旗帜到着力保障和改善民生，正是仁和礼相结合的集中体现，是以不断提高人民物质文化生活水平、促进人的全面发展的仁爱思想为前提。

二、人性为阳，规则为阴，人性为本，制定规则

人性中都希望得到实惠，生活得到改善，都有向善的一面，但是人性中也有不和谐的一面，贪欲嫉妒嗔恚。所以天官冢宰开宗明义："惟王建国，辨方正位，体国经野，设官分职，以为民极。"在人性的基础上，来辨方正位，以为民极。所谓上行下效，是指只有当权者做出良好的行为表率，才能形成良好的民风。

2013年习近平总书记在坚定不移地把反腐倡廉建设引向深入的讲话中指出，反腐倡廉必须常抓不懈，拒腐防变必须警钟长鸣，关键就在"常""长"二字，一个是要经常抓，一个是要长期抓。我们要坚定决心，有腐必反、有贪必肃，不断铲除腐败现象滋生蔓延的土壤，以实际成效取信于民。所以如果形成制度规范，让党员干部成为老百姓心中的榜样，除了思想引导，也需要制度约束。历史经验表明，良好的制度约束有其重大的效果和意义。

那人性如果没有制度约束，就会产生各种问题，具有哪些表现呢？2016年10月习近平总书记在关于新形势下党内政治生活的若干准则的讲话中指出，一个时期以来，党内政治生活中也出现了一些突出问题，主要是……形式主义、官僚主义、享乐主义和奢靡之风问题突出，任人唯亲、跑官要官、买官卖官、拉票贿选现象屡禁不止，滥用权力、贪污受贿、腐化堕落、违法乱纪等现象滋生蔓延。

人性如果没有制度的缰绳，就会犯人苗稼。所以习近平总书记指出，"绳墨之起，为不直也。这次全会抓住加强和规范党内政治生活、加强党内监督这两个问题，就是坚持问题导向"。所以，人性如果没有制度的良好约束，就会往不好的一面发展，反之，则能激发人性中良善的一面。可见，在充分认识人性的前提下，制定制度规范，是何其重要。

三、儒为阳,法为阴,儒法兼容,德才兼备

《周礼》的地官司徒中强调以三德教国子:"一曰至德,以为道本;二曰敏德,以为行本;三曰孝德,以知逆恶。教三行:一曰孝行,以亲父母;二曰友行,以尊贤良;三曰顺行,以事师长。"从至德、敏德到孝德,从孝行、友行到顺行,无不体现了修身的重要性,就如树木,只要树根健康苗壮,就会枝繁叶茂,也如孔子所说"君子务本,本立而道生"。但《周礼》中又不忘强调刑罚的重要作用,在天官冢宰强调"各修乃职,考乃法,待乃事,以听王命。其有不共,则国有大刑"。在地官司徒中强调"旬终,则令正日成,而以考其治。治不以时举者,以告而诛之。正岁,则以法警戒群吏,令修宫中之职事,书其能者与其良者,而以告于上"。

习近平总书记在 2016 年庆祝中国共产党成立 95 周年大会上讲话时指出,以德修身、以德立威、以德服众,是干部成长成才的重要因素。这充分强调了德作为立身处世之根本的重要作用,以德修身、以德立威、以德服众和《周礼》的至德、敏德和孝德思想何其相似,所以中央也不断强调思想教育和理论武装的重要性。

是不是只要以德服人就可以了呢?正如《周礼》里所揭示的,其有不共,则国有大刑。必须是赏罚分明,德刑兼备。2013 年 1 月,习近平总书记发表重要讲话强调更加科学有效地防治腐败,坚定不移把党风廉政建设和反腐败斗争引向深入,指出从严治党,惩治这一手决不能放松。要坚持"老虎""苍蝇"一起打,既坚决查处领导干部违纪违法案件,又切实解决发生在群众身边的不正之风和腐败问题。要坚持党纪国法面前没有例外,不管涉及谁,都要一查到底,决不姑息。习近平总书记进一步提出,对违规违纪、破坏法规制度踩"红线"、越"底线"、闯"雷区"的,要坚决严肃查处,不以权势大而破规,不以问题小而姑息,不以违者众而放任,不留"暗门"、不开"天窗",坚决防止"破窗效应"。正是通过刑罚的震慑作用,党风廉政建设顺利推进。习近平总书记在 2017 年党的十八届六中全会第二次全体会议上的讲话中指出,正所谓"事辍者无功,耕怠者无获。"所以,全党一定要保持战略定力,坚持严字当头、真管真严、敢管敢严、长管长严,把严的要求贯彻到管党治党全过程、落实到党的建设各方面。

那么德刑兼备的效果有没有体现出来,习近平总书记在党的群众路线教育实践活动总结大会上的讲话中指出:"不少党员、干部表示,反'四风'治好了自己的'亚健康',把自己从不胜其烦的应酬中解脱出来,有更多精力考虑工作、服务

群众了。一些同志表示,这次活动教育了干部,也保护和挽救了一批干部。"

儒法兼容,是《周礼》的典型思想特征,只有在强调思想建设的同时,德刑兼备,不忘惩治腐败的雷霆手段,才能达到标本兼治的效果。

四、正为阳,用为阴,正为之基,因地制宜

《周礼》的地官司徒中明确提出"以均地守,以均地事,以均地贡"。只有"以正为基",那么夏官在"制畿封国"时,才能"以正邦国"。秋官司寇才能在"掌建邦之三典,以五刑纠万民"中发挥更好的作用。

2014年习近平总书记在党的群众路线教育实践活动总结大会上的讲话中指出,以正风肃纪先声夺人、以专项整治寻求突破。伤其十指,不如断其一指。风清则气正,气正则心齐,心齐则事成。这次活动进一步树立了党在群众中的威信和形象,党心民心进一步凝聚,形成了推动改革发展的强大正能量。对此,群众充分认同,党内外积极评价。实践证明,党的十八大作出的在全党深入开展党的群众路线教育实践活动的战略决策是完全正确的,党中央关于这次活动的一系列部署是完全正确的。

法与时转则治,治与世宜则有功。新形势下加强和规范党内政治生活,既要坚持过去行之有效的制度和规定,也要结合新的时代特点与时俱进,拿出新的办法和规定。这充分体现了我党在治国理政中与时俱进、因地制宜的思想。

总之,在现阶段的形势之下,在党风廉政建设方面,一方面,要吸收优秀传统文化中有关廉政建设的精髓,为我所用,因地制宜;另一方面,要真正把思想落到实处,见到实效。从近年来的实践来看,廉政之风越吹越浓,廉政意识越来越强,让我们继续挖掘《周礼》中的廉政思想,为风清气正的社会贡献力量。

参考文献

[1] 余淼.新时期高校党风廉政文化培育研究[J].船舶职业教育,2019(7):79-81.

[2] 胡洪春.浅析我国高等教育中廉政文化建设[J].教育现代化,2019(12):62-64.

[3] 刘妍.高校党风廉政建设现状与对策分析[J].社科纵横,2020(6):245-246.

[4] 葛志毅.中和与儒、道及阴阳思想发展关系考论[J].河北学刊,2020,40(1):56-67.

第二篇

廉洁文化建设研究

清廉金华视域下清廉文化融入高校校园文化建设路径研究①

谢拙政②

[摘　要]本文梳理了清廉校园文化建设的发展脉络,总结分析了清廉文化融入高校校园文化建设的金华经验,在此基础之上,提出高校清廉文化建设要坚持"立德树人"的价值取向、"继承创新"的辩证思路、"扎根本土"的务实精神,充分发挥高校清廉校园文化在育人中的独特作用。

[关键词]清廉文化;校园文化;清廉金华

一、清廉校园文化建设的提出和发展

　　党的十八大以来,党中央深入推进全面从严治党。党的十九大报告7次出现"全面从严治党",为新时代坚定不移全面从严治党确立了行动纲领。2017年,在浙江省第十四次党代会上,原浙江省委书记车俊在报告中提出"六个浙江"概念,"清廉浙江"目标得到明确。2018年7月20日,浙江省委十四届三次全体(扩大)会议审议通过《中共浙江省委关于推进清廉浙江建设的决定》,提出推进"清廉学校"建设。2018年7月27日,金华市委七届三次全会审议通过《中共金华市委关于推进清廉金华建设的决定》,要求金华全市推进"清廉学校"建设。

　　在此进程中,教育系统同频共振、同向发力。2018年以来,浙江省教育厅制定出台《关于全面推进"清廉教育"建设的实施意见》《关于加快建设"清廉学校"的指导意见》等文件,金华市教育局印发《关于开展"清廉学校"创建工作的指导

---

　　①　本文在2020年金华市社科联组织开展的"弘扬清风正气·建设清廉文化"征文活动中被评为优秀征文,并已发表于2020年第46期《魅力中国》。

　　②　谢拙政,义乌工商职业技术学院助理研究员,研究方向为党风廉政建设。

意见》,逐级明确"积极营造清廉校园文化"具体要求,为高校推进清廉校园文化建设提供了遵循。浙江师范大学、浙江广厦建设职业技术大学、金华职业技术学院、义乌工商职业技术学院等金华高校认真贯彻落实上级决策部署,积极推动清廉文化进校园,建设清廉校园文化。

二、清廉文化融入高校校园文化建设的金华经验

经长期实践,金华高校在清廉校园文化建设方面取得了较为显著的成效。笔者以组织文化理论为指引,通过文献分析和实地调研相结合的研究方法,从校园文化载体形态视角对清廉文化融入金华高校校园文化建设经验进行了总结梳理。

(一)精神文化建设方面

高校校园精神文化是校园精神面貌的集中体现,它包含师生的意识形态,承担着高校校园文化建设的价值导向作用。实践中,浙江师范大学围绕"清廉浙师"品牌,持续推进"一院一品牌、一线一方案、一类一特色"校园廉政文化建设,以清廉文化进课堂、进班级、进学科、进科室等为抓手,推进清廉文化融入师生心中。上海财经大学浙江学院围绕"以清为美、以廉为荣"价值取向,坚持纠"四风"和构建清廉校园并举。义乌工商职业技术学院打造"清风社"学生社团品牌,运用同龄人话语引导大学生树立诚实守信、懂规守纪、崇廉尚洁的价值理念。

(二)物质文化建设方面

校园物质文化主要包含校园环境和硬件设施。将清廉元素融入校园物质文化建设中,使师生在思想、行为等方面受到熏陶。在实践中,金华职业技术学院开辟了清廉文化墙,上海财经大学浙江学院在1号学生公寓东侧"廉政林"内设置了实体监督举报信箱,浙江广厦建设职业技术大学在"文明办公室"创建工作中开展墙绘,促使清廉元素融入学习工作环境。义乌工商职业技术学院命名校图书馆为"徐侨图书馆",致敬义乌南宋廉吏徐侨。金华教育学院等多所高校紧密连接"八婺"廉政教育资源,组织师生赴金华市档案馆廉政教育基地、金华监狱、浦江郑义门、兰溪杨东海纪念馆、武义徐英烈士纪念馆等,利用周边丰富的清廉物质文化开展清廉教育活动。

（三）制度文化建设方面

校园制度文化包括学校的一整套规则体系及其实现机制。建立一套蕴含清廉元素的制度文化体系，能有效约束、规范、引导师生将外在的清廉要求转化为内在的行为自觉、思想自觉。实践中，浙江师范大学以机构改革、干部换届为契机，对重点领域职能部门的小微权力清单进行了梳理。上海财经大学浙江学院要求中层干部（含副职）、系（部）综合办主任、学工办主任，每年填报个人岗位廉政风险点防控表，强化对廉政风险的预警防控。金华职业技术学院于 2020 年 6月出台《关于建立科职干部廉政档案的通知》，在已经建立处级干部廉政档案的基础上，将建档对象扩展至科长、专业主任和副主任。义乌工商职业技术学院将"以案说纪"融入每月的主题党日活动，并作为一项长效机制固定下来，强化以身边案例警示身边人的功能。

（四）行为文化建设方面

校园行为文化指以高校、教师、学生为主体，以管理、教学、实践等为方式的文化活动。实践中，浙江师范大学将清廉文化建设与二级学院专业优势有机结合：工学院组织开展了"清廉浙师"主题工业设计创作，美术学院组织开展了主题书画展，人文学院组织开展了廉政小说创作比赛，音乐学院组织开展了廉洁主题舞蹈表演。浙江广厦建设职业技术大学推行主体责任落实、监督考评机制、良好氛围营造三大行动，编印《广厦廉洁自律警示教育读本》，组织教职工学习。浙江横店影视职业学院与当地法院开展共建，选聘多名师生为"法官督察员"，对法官行为进行评价与监督。义乌工商职业技术学院举办"清风五月"党风廉政建设警示教育，开展师德师风读书会、"清风颂"主题朗诵会、"信义"大讲堂等系列活动。浙江科贸职业技术学院组建"依法治国宣讲实践队"，为外来务工人员、下山移民等提供法律宣讲咨询服务。

（五）网络文化建设方面

校园网络文化是校园文化生活向互联网的延伸。将清廉文化融入校园网络文化，能在抢占舆论阵地中进一步增强意识形态的网络引领力，扩大清廉教育的覆盖面和影响力。近年来，"浙师清风""浙财清风""清廉义乌工商"等高校纪委主导的官方微信公众号纷纷推出。依托官网、微信、抖音等自媒体平台，上海财经大学浙江学院推出了系列漫画"清廉校园，你我同行"；浙江师范大学推出了微广告和微电影《拾腐弃腐》《端正，不染，尚素》等；浙江横店影视职业学院推出了多部反腐倡廉题材短视频、动画短片，如《局长楼前的垃圾桶》《噩梦成真》《公家报销》；义乌工商职业技术学院马克思主义学院直属党支部推出了系列夜读栏目——"家风"。

三、清廉校园文化建设的启示

总结经验，把握规律。在高校清廉文化建设过程中，要坚持"立德树人"的价值取向、"继承创新"的辩证思路、"扎根本土"的务实精神，找准契合点，充分发挥高校清廉校园文化在育人中的独特作用。

（一）要坚持"立德树人"的价值取向

现在的大学生20岁左右，到2035年约35岁；到21世纪中叶建成社会主义现代化强国时，约50岁。当代大学生的价值取向决定着未来社会的价值取向。将清廉文化融入高校校园文化，要紧紧围绕高校"立德树人"的根本任务，坚持从价值观的角度出发，在建设过程中回答好"培养什么人、怎么培养人、为谁培养人"这个根本问题。要将清廉文化建设与大学生价值观培养整合起来，发挥校园文化的价值引领作用，课内课外、线上线下全方位渗透，帮助大学生树立清正廉洁的价值理念，把清廉文化转化为大学生的情感认同和行为习惯。

（二）要坚持"继承创新"的辩证思路

学校现有的校园文化，是这所学校一代代师生思想观念、价值取向和行为方式的积淀，是学校最深厚的文化"软实力"。将清廉文化融入高校校园文化，要将弘扬传统和与时俱进结合起来创新思路，既要传承好现有校园文化的宝贵积淀，又要注重融入新时代清廉文化的新内涵新要求，找到两者的交点，以此开创清廉校园文化建设新境界。例如，对于创业型高校，可以着力在法制教育上做文章，促进大学生守法经营，并逐渐形成道德自律和反腐倡廉意识。

（三）要坚持"扎根本土"的务实精神

高校校园文化是社会文化的子系统，学校与城市发展相辅相成。将清廉文化融入高校校园文化，要注重"引进来"，吸收所在省市优秀传统文化中的清廉基因，以规章制度、师生活动、校园建筑等为载体找到当地传统清廉文化与校园文化的契合点。同时又要"走出去",将科研成果、影视作品、活动案例、先进典型等清廉校园文化建设成果推向社会,反哺地方清廉文化建设,努力形成校园文化与地域文化互促互进的良好态势。

参考文献

[1] 中共浙江省委关于推进清廉浙江建设的决定[N].浙江日报,2018-7-24(1).

[2] 中共金华市委关于推进清廉金华建设的决定[N].金华日报,2018-8-2(1).

[3] 贾立平,郭跃军,祝大勇,等.校园文化建设与社会主义核心价值观实践教育研究[M].北京:人民出版社,2019.

高校廉洁文化建设路径研究[①]

苏　曼[②]

[摘　要]高校作为人才高地,必须重视廉洁文化的培养。针对目前高校廉洁文化建设还不够深入的现状,本文提出从建立校园廉洁文化教育机制、加强教职工廉政风险防范意识、提高学生廉洁自律意识三个方面,构建"三位一体"的高校廉洁文化建设路径。

[关键词]高校;廉洁文化;路径

高校担当为党育人、为国育才的重任,作为培养人才和发展党员的主要阵地,高校需要把廉洁教育和廉洁文化建设融入高校思想政治工作全过程,在"三全育人"大背景下,全员、全过程、全方位实施廉洁文化建设,培养风清气正的校园文化,为培养德智体美劳全面发展的社会主义建设者和接班人提供政治保障。

一、高校廉洁文化建设的必要性

高校是廉洁教育的引领者。在人才培养和党员发展的过程中,高校是主要阵地。高校需要探索营造廉洁的校园氛围与环境,打造师生共同参与廉洁文化建设的局面,培养全体师生的廉洁意识。

教师是廉洁意识的传播者。师德师风建设是廉洁教育不可或缺的一环,立德树人是教师教书育人的神圣使命。树人先正己,教师的廉洁意识和廉政思想也需要通过各种途径予以加强和提升,让自身有所警醒。

学生是廉洁教育的主要受众。大学生是社会未来的建设者和接班人,需要

---

① 本文已发表于 2021 年第 28 期《科学与生活》。
② 苏曼,义乌工商职业技术学院副教授,研究方向为基层党建、国际经济与贸易。

在世界观、人生观、价值观形成的大学时期，树立深刻的廉洁意识，并与所学专业及工作岗位相结合，剖析其中的廉政风险点，在专业学习中融入廉洁意识。

二、高校廉洁文化建设现状

(一)高校开展廉政建设还不够深入

大多数高校虽设立了纪委监督部门，但在开展廉政建设方面还不够深入。一些校园廉政文化建设，只是一时性地开展，并没有与专业教育、思政教育等结合起来形成常态化的廉政教育机制。因此，仍屡屡出现高校违规或腐败现象。

(二)作为教育主体的教职工对廉洁教育的认识还有待提升

一方面，大多数教师、辅导员本身廉洁意识薄弱，又缺乏引导，在工作中遇到各类经费使用问题时，无法正确认识和梳理其中的廉政风险点，容易无意识"踩雷"；部分教师思想认识不够，在工作中公私不分、公为私用，容易产生违规违纪、行为失范等问题。另一方面，教师对于廉洁教育的开展也没有理出头绪，不能很好地将相关廉洁问题融入专业教育或思政教育，无法很好地找到廉政意识培养切入点。

(三)学生作为教育对象也需要加强廉洁意识的培养

大学生普遍认为腐败问题离自身很远，从而忽略了关于廉政教育的内容学习，部分学生在走入社会后较易产生各种腐败行为，比如中饱私囊、滥用权力或利用岗位便利拿回扣、做假账等一些违法违规行为。

三、高校廉洁文化建设路径

(一)建立廉洁文化教育机制

高校教育根本任务是立德树人，而廉洁文化建设是高校落实立德树人的校园文化建设的重要内容之一。校园廉洁文化建设是践行社会主义核心价值观的体现，也是全面加强思想政治工作的必然要求。针对廉洁文化建设，要不断提高认知、丰富其内涵。把廉洁教育融入校园文化建设、德育工作、师德师风建设,把廉洁教育与课程开发、学科教学、主题实践活动等相结合。从管理者、教职工、学生三个方面加强廉洁教育,积极构建"三位一体"的廉洁文化教育机制。首先要规范高校管理者,加强监管和督查,营造风清气正的整体校园环境;其次要规范教职工行为,宣扬廉洁奉公的职业道德,通过主题教育、警示教育提高廉洁意识;再次要引导广大大学生结合学科、专业特点,培养廉洁自律、爱岗敬业的职业观。

(二)加强教职工风险防范培训

教师教书育人,是学生学习和效仿的榜样。高校教师的廉政建设直接影响大学生的廉洁价值观形成和道德品质的提升。目前高校教师大多是从高等学校毕业后直接入校从事教育工作的,本身并没有接受正规的廉政风险防范教育,廉洁意识较为薄弱,尤其是非党员教师,得到的警示教育更是较少,思想认识上和工作行为上都没有产生足够的重视,以致部分教师往往会有一些违规行为,从而导致廉政错误的发生。因此,需要加强对教师自身廉洁意识培训和廉政风险防范的相关主题培训和警示教育。只有将教师的廉洁自律意识提升到一定高度,才能更好地促进教师以清风正气的面貌去教育和培养学生。

(三)引导学生树立廉洁意识

大学生应提高道德自律意识,形成廉洁自律、爱岗敬业的职业观。但由于学科专业不同、学生生源地存在差异、家庭背景不同等各方面原因,要塑造和引导大学生的廉洁价值观,并不能一蹴而就,仅靠一两次警示宣传教育不可能取得显著成效,需要结合目前大思政背景下的思政课程教育,寻求廉洁教育与专业教育的融合。高校教育要求学生远离腐败和抵制腐败,设立与廉洁教育相关的课程,开发专门的廉洁教育教材,对此可以把预防职务犯罪作为主要内容。除了在目前思政课程中设立专门的廉洁教育专题,还可根据专业特点,结合职业岗位特质,在专业课程中融入廉洁教育思想,引导学生思考和分析工作岗位中的廉政风险点,让学生牢固树立廉洁自律职业观。

参考文献

[1] 山丹."互联网＋"背景下高校廉政风险预警机制的建设[J].法制与社会,
    2021(12):100-101.

[2] 胡文蔚,徐建伟.高等学校廉政教育现状分析及对策建议——以浙江高校为主[J].湖州师范学院学报,2021(6):65-69.

[3] 樊文霞.高校廉政教育助推人才培养的实施路径探析[J].就业与保障,2021(2):77-78.

[4] 朱钰晖,张茂林.高校廉政文化建设的实践路径[J].林区教学,2021(5):44-47.

高职院校廉政文化建设中的问题及对策研究①

宗一智②

[摘　要]高职院校廉政文化建设是新时期党风廉政建设在高职院校的延展,对于高职院校解决腐败问题,实现健康发展有着重要的意义。本文结合高职院校的实际情况,分析了当前高职院校在廉政文化建设中存在的主要问题,包括制度建设缺乏层次性与针对性、教育内容单一、缺乏监管惩戒机制等。针对这些问题,本文提出了加强制度建设、提供组织保障、探索多元化的廉政文化教育方式、构建有效的监管惩戒机制等对策。

[关键词]高职院校;廉政文化;对策

近年来,随着我国高职院校改革不断深化,高职院校对于各种资金与资源使用的自主权不断提升,这给高职院校的发展带来了新的活力。但是自主权的增加也给腐败问题提供了温床,贪污腐败、科研作假等问题逐渐出现,不利于高职院校的健康发展。在这样的背景下,廉政文化建设成为高职院校建设的重要组成部分。

廉政文化建设是在党风廉政建设以及反腐工作不断推进的背景下提出来的。高职院校廉政文化建设是廉政文化建设在高职院校的延展。高职院校廉政文化建设有利于校内反腐倡廉舆论氛围的形成,能够对高职院校师生以及管理者的各种行为起到一定的约束作用,减少贪腐行为的发生。

一、高职院校廉政文化建设中存在的主要问题

加强廉政文化建设是国内各大高职院校的共识,但是在高职院校廉政文化建设中,存在着诸多问题,影响着高校廉政文化建设的推进。本文分别从制度建

---

① 本文已发表于 2020 年第 13 期《教学与研究》。

② 宗一智,义乌工商职业技术学院研究实习员,研究方向为高职教育管理。

设、教育方式、惩戒机制等几个方面对高职院校廉政文化建设中存在的主要问题进行分析。

（一）高职院校廉政制度建设缺乏层次性与针对性

高职院校廉政文化建设要有效开展，制度建设是基本保障，只有将廉政文化建设制度化，才能够让廉政教育成为高职院校教育的常态。

高职院校廉政文化建设的对象包括高职院校的领导班子、高职院校的教师群体以及学生群体。高职院校领导班子是制度的实施者与监督者。实际上各级领导所掌握的资源与权力越大，出现腐败问题的可能性也更大，一旦出现问题，也都是较为严重的问题。高职院校领导班子的领导观、利益观以及个人修养等对于廉政文化建设十分重要。教师是高职院校的核心，是廉政文化的主要传播者，也是廉政文化制度最重要的被管理者之一。教师在工作过程中遵守职业操守，将廉政文化融入其日常教学中，对于廉政文化的建设至关重要。学生是廉政文化建设的主要受众，高职院校的学生在年龄上处于三观形成的关键节点。不管是廉洁的思想还是腐败的思想都容易对其产生重大的影响，因此，廉政文化建设对于学生形成正确的人生观也是至关重要的。而高职院校的学生在毕业之后会进入各行各业工作，其人生观会在后续的工作中对各行业产生相应的影响。从上述分析可以得知，高职院校廉政文化建设的主体包括院校管理人员、教师以及学生三个层次。但是当前绝大部分高职院校并没有进行层次化的制度建设。相关廉政文化建设制度难以对不同层次的人员进行较为严格的规范。

根据研究，基建、采购、后勤、招生等是高职院校最容易出现腐败现象的几个部门。但是从大部分高职院校廉政文化建设的管理制度来看，并没有针对这些不同部门的廉政管理需要制订相应的规定，大多数高校廉政文化建设制度都是笼统的制度。没有针对不同部门的人员实际工作情况进行制度的调整，因此使得制度上存在一定的漏洞。

（二）高职院校廉政文化教育内容单一

根据调查了解，当前大部分高职院校在廉政文化教育过程中主要采用传统的教育方式。以廉政文化教育相关的大课堂为主，辅以廉政文化建设的相关工作会议与典型形象塑造。廉政教育的表现形式极为单一，廉政文化教育浮于表面，没有根据高职院校各类人员的实际情况进行多元化的教育。

廉政文化教育相关活动的主要参与者大都是党员领导干部，高职院校增加了以党员领导干部为主要参与者的廉政文化建设主题课堂与廉政文化建设相关会议,但是忽视了在日常管理工作与教学过程中的廉政文化建设。在以往的廉政文化建设中,单一的、表面化的廉政文化教育方式让高职院校人数最多的教师与学生群体较少参与进来,学校没有重视对广大师生的廉政文化教育,也没有在廉政文化教育中充分地利用各种新媒体进行多元化的教育。

大部分的高职院校对于廉政文化教育缺乏重视,只有在上级领导有相应的安排时才开展相关活动,组织相关课堂。很多廉政文化教育课堂都是临时性的,难以起到其应有的作用。高职院校的管理层人员没有意识到廉政文化教育的重要性,应付式的工作让廉政文化教育工作浮于表面,没有真正落到实处。

(三)缺乏监管惩戒机制

首先,大部分高职院校并没有将廉政文化建设作为长期的、系统化的工作,没有有效的管理体系与惩戒机制,应付式的工作情况普遍存在。其次,廉政文化建设没有健全的组织结构与明确的主管部门,大部分高校是由纪检监察部门来兼管廉政文化建设。在高职院校的内部考察与评估过程中,大都没有将廉政文化建设作为相关部门与人员绩效考核的指标之一。

高职院校的自主办学权在近年来不断扩大,学校相关部门管理人员的各项权力也随之扩大。虽然很多高职院校在教育部与纪委的倡导下,对廉政文化建设进行了相应的规定,但是与之相对应的监管惩戒机制却没有得到完善与加强。高职院校对于人的管理、资金管理、具体事务管理等没有彻底分割开来,没有形成权力均衡与相互制约,因此让部分腐败分子有机可乘。在缺乏监管惩戒机制的情况下,相关规定也成了一纸空文,难以真正有效地得到落实。

二、高职院校廉政文化建设的对策

(一)加强制度建设提供组织保障

高职院校廉政文化建设是一个系统化、长期化的工作,加强廉政文化制度建设,是廉政文化建设工作顺利开展的基础。高职院校廉政工作的管理对象涉及高职院校各个部门各个层级的人员,同时相关工作关系到纪检、行政以及教学等各个领域的日常工作,因此传统的组织机构难以满足廉政文化建设的管理需求。在后续的工作中,可以通过跨部门领导小组的构建,让廉政文化建设工作得以系统化地、有序地开展。在人员构成方面,则可以参照教育部的相关规定进行领导小组的建设。

在制度建设过程中,要结合高职院校实际的人员情况,分别规范好领导班子、教职工以及学生的廉政文化建设制度。为不同层次的廉政文化建设提供制度保障,各学院工会以及学工部同样需要起到其应有的作用,进行相应的活动组织与学习安排,让整个高职院校各个层次各种类型的人员都能够积极参与到廉政文化建设中来。

针对基建、采购、后勤、招生等容易出问题的部门,高职院校应该进一步将廉政文化工作规范与落实。针对这些部门实际工作中容易出现腐败的节点进行制度改革,将具体事务管理、资金管理以及人事管理相分离;对敏感部门的相关岗位实施责任制,并制定有效的监管机制。财务管理制度的完善是高职院校制度完善的重点,财务的预算与执行都应该进一步完善,对各种收支实施统一的管理与核算,对各种收支项目实施层次化的审批方案,做到其他部门与财务部门之间的相互制约与监督。

(二)探索多元化的廉政文化教育方式

前文已指出,高职院校普遍存在廉政文化教育内容单一不够深入的问题。要改变这种现状,就必须要根据高职院校师生们的实际情况,以及当前的时代特征,充分利用多种媒体与方式探索多元化的廉政文化教育方式。要让高校各种类型的人员都接受廉政文化思想,必须要加大廉政文化教育宣传,通过宣传使得廉政文化教育在高职院校的影响力得以提升。

首先,不能忽视传统媒介的作用,高职院校各个部门的领导人员以及教师可以通过专题会议、培训、工作报告等各种形式开展廉政文化教育。针对学生群体可以开展各种廉政主题活动进行教育。校内的广播、刊物等都可以充分地利用起来,利用一定的版面来进行廉政文化宣传。各种学生社团也可以通过社团主题活动进行廉政文化活动的组织。

其次,充分利用互联网与新媒体,以网络平台为基础进行廉政文化建设,在校园门户网开设廉政文化建设专栏,利用公众号、微信、微博等进行廉政文化相关知识的传播,使得相关知识能够得到广泛传播,更加具有渗透力与影响力。

再次,高职院校还可以增加体验式的廉政文化教育方式。加强与校外相关组织的沟通与协作,参观一些具有廉政文化教育意义的展览,旁听一些腐败处罚报告等。高职院校很多专业的实习时间较长,学校可以将廉政素养及一些相关表现加入学生实习考核的成绩。总之,采用多元化的廉政文化教育方式,让各级管理人员与广大师生都参与到廉政文化建设中来,才能够让廉政文化教育更为深入,更加具备影响力。

(三)构建有效的监管惩戒机制

首先,要加强民主集中制,将相关部门负责人过分集中的权力进行分散。通过将各部门权力分散,使不同部门、不同岗位之间的人员能够相互制衡相互监督。根据教育体制改革的相关规定,将高职院校各关键部门的决策、执行以及监督等不同的权力进行分离,同时形成相互独立的体系,减少腐败产生的可能性。在进行相关决策时,根据不同的事项采用相应的集体讨论方案,充分听取相关人员的意见,避免由某一个人来做出决策的缺陷。

其次,要完善高职院校信息公开机制,加强广大师生对校内各种事项进行民主监督的权力。将各种决策结果甚至决策产生的各个环节在全校或者是整个组织内部进行公开,能够在最大程度上确保相关决策的公平与公正,减少腐败的滋生。

再次,还需要构建系统全面的奖惩机制。奖惩机制是建立在完善的考核方案的基础之上的,因此高职院校需要将廉政文化建设加入绩效考核中,考核人员可以通过问卷、访谈等方式对廉政文化建设的开展情况进行了解,再制定相应的评价机制与考核标准,对各个部门的廉政文化建设情况进行评分。将评分结果与相关人员的绩效、奖金等挂钩,对于表现好的,在物质与精神上进行奖励,并在职位晋升时给予一定的优先权。对于有问题的部门与岗位,则应该进行严肃查处,根据相关规定进行惩罚,情节严重的应该上报司法机关进行处理。

三、结　语

总之,廉政文化建设对于高职院校健康发展有着重要的意义,是高职院校精神文明建设的重要组成部分。本文根据高职院校廉政文化建设中存在的主要问题,分别从制度建设与组织保障、多元化的廉政文化教育方式以及有效的监管惩戒机制等几个方面着手,探讨了加强高职院校廉政文化建设的对策。时代在不断进步,社会环境也在不断变化,廉政文化建设需要结合时代及高职院校的实际情况,不断地改进与完善。

参考文献

[1] 张红霞,王少峰,李冬艳.高职院校廉政文化培育——以承德石油高等专科学校廉政文化建设为例[J].承德石油高等专科学校学报,2014,16(6):105-108.

[2] 李文娜,刘洪新.新媒体环境下高职院校廉政文化建设研究[J].当代教育实践与教学研究,2017(4):273.

[3] 向冰冰,王军.以道德教育为先导构筑高职院校廉政文化建设创新机制[J].文学教育(中),2014(4):52.

[4] 李彭.高职院校廉政文化建设的理性思考[J].中国职工教育,2014(6):111.

[5] 苏国晖.新形势下高职院校廉政文化建设探析——评《中华廉政文化读本》[J].教育评论,2016(4):4.

[6] 汪猛.高职院校廉政文化教育体系的研究与实践[J].教育与职业,2015(29):37-39.

新时代高校廉政文化建设的内涵、价值与途径探究①

陈晓霞②

[摘　要]廉政文化是中华优秀传统文化的重要组成部分,是中华民族永不枯竭的廉政建设教育资源,是我国社会主义核心价值体系构建的重要内容。而高校是高级知识分子的主要汇聚地,也是引导当代青年大学生进行思想道德建设的主战场。在加强校园文化建设的同时,把廉政文化也作为其重要组成部分,围绕"两学一做"深入开展廉政文化建设是贯彻党的方针政策的重要举措。

[关键词]廉政文化;高校;内涵

廉政文化是中华优秀传统文化的重要组成部分,是中华民族永不枯竭的廉政教育资源。本文将从廉政文化的内涵、意义及建设途径三个方面对高校廉政文化建设进行论述。

一、廉政文化的科学内涵

首先看"廉政"的含义,"廉之言敛也","政"的本意为"正也"。中国传统文化中廉政的含义就是指廉洁公正的政治,自"廉政"概念形成后,也就产生了廉政文化。我们可以把中国传统廉政文化概括为:中国古代的思想家和政治家为了实现从修身、齐家、治国、平天下所提炼出来的廉政思想,逐渐形成的崇尚廉洁的社会氛围和道德追求。廉政文化,是关于廉洁从政的思想、信仰、知识、行为规范和与之相适应的社会评价和生活方式,反映了一个政党的执政理念、执政方式。

廉政文化在我国有着非常悠久的历史传统,是中华优秀传统文化的重要组成部分,主要内涵包括从政的思想和道德、从政的社会文化氛围、从政人员的职

---

①　本文已发表于 2020 年第 30 期《商情》。
②　陈晓霞,义乌工商职业技术学院讲师,研究方向为高校教育管理研究。

业道德和社会公德。廉政文化建设,是社会主义先进文化建设理论和思想的新发展、新探索。

二、加强高校廉政文化建设的意义

高校是人才培养、文化传承和知识创新的重要场所。推进高校廉政文化建设应以人为本,加强方法指引,着力构建高校和社会互动的有效机制,只有以社会主义核心价值观为指导,明确建设路径,才能真正提升高校廉政文化建设的成效。只有加强高校廉政文化建设才能保证高校培养出高素质人才。廉政文化建设是大学生思想道德建设的重要组成部分和思想道德教育的内在要求。

高校廉政文化建设是以"廉政"为主题开展的文化教育活动,是高校校园文化建设重要内容之一。建设好高校廉政文化,对良好校风、教风、学风的形成有促进作用,更对培养具有正义、正气等高尚品质的优秀大学生有重要意义。

(一)高校的廉政建设,是构建和谐社会中廉政建设的社会示范

榜样的力量是无穷的,这是"人往高处走,水往低处流"的规则决定的。高校是文化圣地和文化净土,教师拥有"人类灵魂工程师"的美誉,使得家长们不约而同地把自己的孩子送进高校,这既是知识力量无穷的威力,又是人们对社会未来趋势把握的内心期待,高校这种被社会广泛关注的现象,说明人们把高校定位为社会的示范。在廉政建设中,人们对高校的社会示范作用同样有着真诚的看法和期待,因此,做好高校的廉政建设,无疑会大大地推动构建和谐社会,高校廉政建设一旦滑坡,无疑会给社会的廉政建设带来负面的影响。

(二)高校廉政文化建设是培养高素质人才的保证

高校是培养未来建设者和接班人的摇篮。廉政文化建设是大学生思想道德建设的重要组成部分和思想道德教育的内在要求。弘扬廉政文化、培育廉政理念,是加强大学生思想政治教育的重要举措,是帮助大学生树立正确的世界观、人生观和价值观的有力保障,也是培养大学生内在修养的唯一途径。

(三)加强高校廉政文化建设,促进高校正常运转和健康发展

狭义的高校廉政文化建设针对的是高校的领导,开展高校廉政文化建设是加强领导干部廉政教育的必然要求。广义的高校廉政文化建设则针对全体高校

教师和学生。实现教育公平,推进廉洁自律,让校园成为思想道德建设的主阵地,为自身的发展和高校的改革提供必要的思想保障和精神动力。干群平等,师生平等,通过廉政文化建设,形成校园和谐统一的氛围,促进高校的正常运转和健康发展。

(四)加强高校廉政文化建设是进一步提高党员干部和师生员工思想道德素质的重要保障

廉政文化思想在个人行为规范中起着举足轻重的指引作用,廉政文化思想和个人的价值观紧密联系在一起。高校教师的师德师风建设就应从廉政文化建设开始,在教学研究中不为利益驱使,本着对知识的尊重和钻研的精神,平等对待学生,把"做人"和"育人"合二为一,共同发展;而高校学生作为民族的希望、祖国的未来,在开展日常知识文化学习的同时,更要坚定正确的价值追求和人生目标,在学习文化的同时,促进自身素质的全面发展。

三、加强高校廉政文化建设的途径

(一)以党建为引领,扎实推进党风廉政建设

在党的领导下,高校应以党建为引领,打造个性鲜明、科学先进的廉政文化建设。高校要不断强化内部党组织的核心作用,以党建廉政工作来引领高校文化发展,将党建廉政文化的理念结合学校文化理念,营造出党员有风范、干部有担当、组织有力量、师生有奉献的校园文化氛围。

(二)加强廉政文化的制度建设与落实

制度的建设拥有长期、稳定和根本的特性,是切实推动廉政建设的重要保证。从制度的层面解决矛盾与问题,是深化文化廉政建设的根本途径。党风廉政建设制度的建设,是高校的一项基础性工作,它关系到高校反腐体系的建设,关系到高校办学水平和办学能力的提高,关系到广大师生的切身利益。

(三)明确廉政教育的范畴

首先,廉政教育的关键对象是高校领导干部。高校良好廉政风气的形成与党政一把手自身的廉政状态和对廉政工作的重视程度密切相关。高校领导干部

要在廉政教育中身体力行,带头学习理论知识,加强自身修养。

其次,高校廉政教育的重点是高校教师。高校教师的职业道德和学术道德都是不容忽视的内容。随着市场经济的发展,高校中出现唯利是图、急功近利的不良现象。因此,进一步加强教师的职业道德教育,纠正不良之风,是校园廉政文化建设的重要组成部分。同时,教师党员群体是廉政文化建设的核心,只有加强了党员教师的廉政教育,才能起到以点带面、事半功倍的良好成效。

再次,提高学生的道德廉政教育。当前由于多媒体文化的迅猛发展,部分大学生急功近利,缺乏政治信仰和社会责任感,不断攀比,甚至出现了抵触社会的心理。因此,高校必须进一步加强大学生的道德廉政教育,不断引领学生的思想信仰,不断提高学生的道德认知和判断能力,把学生培养成为一名真正合格的新时代大学生。同时,大学生党员群体是大学生群体中的精华,提升学生党员的再教育,充分发挥大学生党员的先锋作用,是高校廉政文化建设中的新课题和新目标。高校廉政文化建设应与教学相结合,推动廉政教育进课堂、进大学生头脑,侧重于从"知"到"信"的教育,从而使廉政文化建设与思想道德建设、素质教育紧密相结合。

(四)重视校风建设

校风建设主要包括教风建设、学风建设、管理作风建设等三大块内容,三者有机结合,缺一不可。校风是指教师的作风,是通过教师所特有的精神和行为表现出来的,教风对学生产生重要的影响,是整个学校校风建设的核心。学风是学生和教师学习的作风,学风是凝聚在教与学过程中的精神动力、态度作风、方法措施等。它是高校所独有的特点和丰富的内涵通过学校全体成员的意志与行动表现出来的一种风格。这种风格对校园的发展和建设产生深远的影响。管理作风则是学校领导在实施管理工作过程中所应遵守的行为规范和制度。制度是确保一切决议顺利执行的重要保障。完善的管理制度是高校廉政文化建设的基本保障。

(五)运用"互联网+"助力廉政文化建设

良好的校园氛围在高校廉政文化建设中起着极为重要的作用,只有形成良好的廉政氛围,才能使学生、教师、领导干部都得到良好的熏陶,才更加有利于高校廉政文化的建设。高校在廉政文化宣传与建设上不仅要充分利用校园广播、报刊、黑板报等传统媒介,更应将微博、微信、直播等新兴媒体作为廉政建设宣传和建设的主阵地。据统计,高校学生中 70% 拥有笔记本电脑,手机几乎是人手一部,其中 95% 拥有智能手机。

　　学校应利用自己的互联网发展优势,办好融思想性、知识性、趣味性、服务性于一体的校园廉政教育平台,通过开设符合师生员工兴趣爱好的专栏、专题、网页、廉政论坛等手段,广泛宣传廉政文化、传播廉政知识、弘扬廉政精神,使互联网成为廉政教育的重要文化阵地、思想阵地,构建校园廉政文化的网络舞台。

　　通过"互联网+"进行廉政教育,既可以扩大宣传建设的范围、提高效率,同时可以加强学校各级人员之间的互动交流,使全校师生共同参与校园廉政文化建设。

四、结　语

　　树立"以廉为荣,以贪为耻"的良好风尚,构建"和谐、健康、向上"的校园廉政文化,让校园真正成为全校师生的精神家园。

参考文献

[1] 孙付伟,刘念.浅论高校廉政文化建设[J].科教导刊,2018(4):16-17.

[2] 廖晓华.浅论高校廉政文化建设对大学生素质教育的影响[J].福建商业高等专科学校学报,2012(1):71-75.

[3] 崔金玉,陈勇,王英栋.关于开展廉政文化进校园活动的思考[J].党史博采(理论版),2009(8):49,53.

新时期高校廉政文化建设探究①

叶悦青②

[摘　要]新时期高校廉政文化建设是社会主义廉政文化建设的重要组成部分,虽建设多年,但仍存在着一些问题,如:高校廉政文化建设缺乏对大学生的廉政教育,大学生参与廉政文化建设的积极性不高,廉政文化建设渠道单一、缺乏多样性等。因此,可以从加强对大学生廉洁意识的培育、丰富廉洁教育内容、增加宣传和传播途径等方面进行改进提升。

[关键词]高校;廉政文化;建设

一、廉政文化的内涵

廉政文化,是中华优秀传统文化的重要组成部分,具有十分悠久的历史。廉政文化的主要内涵是指从政的思想和道德、从政的社会文化氛围、从政人员的职业道德和社会公德。廉政文化建设,是社会主义先进文化建设理论和思想的新发展、新探索。

当前,我国社会主义建设已进入新时代,高校作为党的意识形态建设的前沿阵地和培养国家各行各业人才的重要基地,高校的廉政文化建设是极其重要的,是社会主义廉政文化建设的重要组成部分。廉政文化建设,是加强大学生党性修养的必然要求,是弘扬社会主义先进文化的重要手段,也是构建和谐校园的必然要求,能够有效促进大学生的健康成长及成才,为国家未来反腐倡廉工作取得关键性的胜利奠定一个良好的基础。

---

①　本文已发表于 2020 年第 21 期《时代人物》。
②　叶悦青,义乌工商职业技术学院讲师,研究方向为党建与廉政教育研究。

二、高校廉政文化建设现状分析

党的十八大以来,习近平总书记在各重要场合不断提到反腐倡廉建设,并指出新形势下,我们党面临着许多严峻挑战,党内存在着许多亟待解决的问题。同时,党的十八大、十九大报告中也不断提出要坚定文化自信,大力推进廉政文化宣传与建设。高校廉政文化建设作为其中的重要组成部分,在这一建设过程中也取得了相应的成绩,有了一定的效果。但不可否认的是,仍存在一些问题,具体表现为如下几方面。

(一)高校廉政文化建设更多面向教职员工,缺乏对大学生的廉政教育

从廉政文化建设的对象而言,还不够明确,大多数高校的重点放在了教职工身上,尤其是党员领导干部身上。但大学生才是高校数量最多、最广泛的群体,他们是未来社会的中坚力量,将肩负起社会主义建设的重担。而大学正是他们塑造正确的世界观、人生观、价值观的重要阶段,在这一时期对他们进行廉政教育,将会更加有效和有针对性。未来他们将走向社会,在各个岗位承担工作任务,那时大学时代廉政文化建设的意义将凸显出来。可以说未来的社会是否会更加廉洁,在一定程度上与大学的培养和教育息息相关。

(二)大学生参与廉政文化建设的积极性不高,认知不够

高校廉政文化的建设,需要大学生这一主体的积极参与。但当前的现状并不理想,有相当一部分学生对廉政文化建设及廉政教育的认识不充分,认为这与自己关系不大,只有学生党员和学生干部才需要进行廉政教育,而对普通学生而言没有什么参与必要,缺乏主人翁精神。因此,在学校组织的各类廉政文化建设活动中,学生积极性不高,参与度不够,或是在参与活动的过程中,带有较强的功利心,没有清晰地认识到活动的本质和初心。因此,带来的最直接的影响是大学生群体只是在形式上参与了廉政文化建设,但没有从思想上重视起来。

(三)廉政文化建设渠道单一,缺乏多样性

当前,高校廉政文化建设往往流于简单的形式,更多的是将其与思政课程结合起来,希望利用第一课堂的学习来提高学生的廉洁意识,完成廉政文化的建设。但这一做法有一个明显的缺陷,即传统的课堂不管在内容上还是形式上都

显得过于单一,侧重点不够,并不能满足当前大学生这一群体多样化的需求,导致建设效果不尽如人意。

三、高校廉政文化建设对策建议

(一)进一步重视廉政文化建设,加强对大学生廉洁意识的培育

高校应进一步重视廉政文化建设的内涵,明确建设的主体和对象,从教师这一群体逐渐向大学生这一群体延伸,既要重视教师的队伍建设,也要强化学生队伍建设,两者相互促进,实现全员覆盖,而不是集中在个别群体。对高校大学生而言,廉政文化的建设核心就是要培育他们的廉洁意识。而廉洁意识的培养并不是一朝一夕就能完成的,需要融入大学生的学习和生活中。因此,高校应在课程的设置、内容等方面多下功夫,重视思政课程,在潜移默化中体现社会主义核心价值观、职业道德等方面的教育,引导大学生进行自我学习和教育,促进大学生廉洁意识的培养和提升。

(二)丰富廉洁教育内容,端正大学生廉洁态度,提高廉政文化建设积极性

对高校大学生的廉洁教育,除了在传统的第一课堂开展之外,还应重视第二课堂的建设。第一课堂的内容相对而言比较单一,外延性不够,往往更适合作为廉洁教育的基础,需要进一步地支撑和补充,因此要切实做好两个课堂教学的衔接性和关联性,达到丰富廉洁教育内容的目的。除此之外,高校也可以因地制宜,让廉洁教育从校内走向校外。以笔者所在学校为例,带领大学生到江南第一家廉政教育基地等参观学习,激发学生对廉政文化的思考,进行自省,端正廉洁态度,以更积极向上的态度参与到校园廉政文化的建设中。

(三)增加宣传和传播途径,创新廉政文化建设渠道

在宣传和传播途径方面,高校应做到与时俱进,选择更适合学生的方式方法。学生处、团委、图书馆等各部门应加强合作,学生会、大学生社团等组织,在校园内通过校园广播、宣传栏、公众号等进行多方面的宣传。同时,借助当前流行的网络短视频、直播等方式,创新渠道,进一步丰富宣传途径,让学生在日常的校园生活中获得廉洁和廉政教育,引导学生主动融入廉政文化的建设中。

参考文献

[1] 葛勇义.以大学生廉洁教育促进校园廉政文化的建设探究[J].湖南人文科技学院学报,2019,36(6):24-29.

[2] 陈斌,任沁.论廉政文化建设下大学生廉洁品质养成教育的开展[J].宁波职业技术学院学报,2020,24(1):70-74.

[3] 时昌桂.新时代大学生廉洁观培育路径探析[J].高教论坛,2020(7):1-3.

[4] 刘蕊.新时期大学生廉洁意识培育现状研究[J].文化创新比较研究,2020(6):184-185.

传承金华红色文化　打造高校廉政文化①

王剑钢　金航军②

[摘　要]文章阐述了金华红色文化的精神内涵,探讨了地方高校廉政文化建设的现实意义:它是国家推进全面从严治党,实现中华民族伟大复兴的现实需要;是弘扬社会主义核心价值观的现实需要;是保障大学生能够成长成才的现实需要。最后提出了传承金华红色基因、打造高校特色廉政文化的价值实现途径,即"整合—传承—创新—统筹"的发展脉络。

[关键词]金华地区;红色文化;高校廉政文化

习近平总书记指出:"红色基因就是要传承。中华民族从站起来、富起来到强起来,经历了多少坎坷、创造了多少奇迹,要让后代牢记,我们要不忘初心,永远不可迷失了方向和道路。"金华有重要历史事件的机构遗址、重要人物活动纪念地、重要人物故居、烈士陵园以及纪念设施等红色旅游资源63处,且均属于人文旅游资源,如横店红军长征博览城、陈望道故居、磐安县革命烈士纪念碑、台湾义勇队纪念馆、浙西特委纪念馆、中共东阳县"一大"会址等。这些故居、遗址遗迹和纪念馆承载着无私奉献、廉洁奉公、艰苦奋斗、矢志不渝的红色基因,是高校廉政文化建设不可多得的宝贵财富,是高校打造特色廉政文化的重要抓手。

一、问题的提出

李丹(2019)通过阐析红色廉政文化的内涵,深挖红色廉政文化的当代价值:为新时代反腐倡廉建设提供文化助力;在现代化进程中肩负重要的文化使命;是

---

①　本文已发表于2021年第5期《文存阅刊》。
②　王剑钢,义乌工商职业技术学院讲师,研究方向为廉政文化建设与思想政治理论研究。金航军,义乌工商职业技术学院助教,研究方向为高校思想政治教育研究。

增强中国特色社会主义文化自信的重要力量源泉;为新时代立德树人提供重要教育资源。最后提出了传承与创新红色廉政文化的有效路径。龚燕、赵骏等(2012)提出通过探索构建领导决策机制、组织运行机制、支持保障机制、监督考评机制和品牌创建机制等创建高效廉政文化长效机制。洪家敏(2014)以信阳红色文化、红廉文化为例,阐析红色廉政文化的思想内涵和历史影响,总结了红色廉政文化对党的建设、反腐倡廉建设等工作的重大影响及实践意义,最后得出了红色廉政文化视域下的我国廉政建设的基本路径。

现有研究红色文化结合廉政文化建设的文献极少,且极少涉猎地域红色文化结合高校廉政文化建设的研究。高校廉政文化建设结合所在地红色文化内涵可以极大地丰富高校的廉政文化建设内容,使高校廉政文化建设更接地气。

二、金华红色文化的精神内涵

金华红色基因是指革命斗争期间金华人民群众或在金华大地孕育出的伟大红色文化,这是一种非常重要的文化资源,它包括望道精神、童玉堂精神、张新锦精神等非物质文化,也包括横店红军长征博览城、陈望道故居、磐安县革命烈士纪念碑、台湾义勇队纪念馆等物质文化。红色基因蕴含着丰富的精神内涵和历史价值,对实现中华民族伟大复兴的中国梦具有重要意义,其精神内涵主要有以下几个方面。

(一)金华红色文化是革命过程中在金华地区孕育出的先进文化

首先,金华地区的革命同祖国其他地区的革命一样都是以新的进步的社会制度取代旧的落后的社会制度,以一个新的社会形态代替旧的社会形态的革命,这种革命过程孕育产生的文化具有先进性;其次,中国共产党是马克思主义政党,马克思主义政党的本质特征就是先进性,由其带领下在金华地区开展的革命孕育产生的文化必然也具有先进性。

(二)金华红色文化是在金华革命实践中孕育出的具有革命特征的文化

金华红色文化是中国共产党在民族独立和人民解放的革命运动中,在金华地区孕育出的具有革命特征的文化。在金华地区革命实践中,先后创造了勇于担当、勤于学问、革故鼎新的望道精神,对党忠诚、坚贞不屈、矢志不渝的童玉堂精神,坚定信念、不怕牺牲、敢于斗争的浙武红军精神,充分彰显了红色文化中特有的革命特征。

(三)金华红色文化是传承中华优秀传统文化基因的具有思政意义的文化

金华红色文化是金华地区革命和解放运动中传承了中华优秀传统文化基因形成的一种具有思政意义的文化。金华红色文化传承了中华优秀传统文化中的坚忍不拔、自力更生、吃苦耐劳、不怕牺牲的精神。比如望道精神蕴含着勇于担当、勤于学问、革故鼎新的精神,所以在金华红色文化的影响下,可以培养学生的求学意识、责任意识、创新意识,具有很强的思政教育意义。

(四)金华红色文化是助推实现中华民族伟大复兴的具有丰富精神品格的文化

中华民族伟大复兴的实现既要有强大的经济和军事实力,更需要思想、理论、制度、文化等软实力。习近平总书记指出:"我们要坚持道路自信、理论自信、制度自信,最根本的还有一个文化自信。"金华红色文化具有丰富的精神品格,通过对金华红色文化的学习可以增强我们的文化自信,对助推中华民族实现伟大复兴有着重大而深远的意义。

三、地方高校廉政文化建设的现实意义

(一)国家层面:是国家推进全面从严治党,实现中华民族伟大复兴的现实需要

全面从严治党是党的十八大以来党中央作出的重大战略部署,是"四个全面"战略布局的重要组成部分,也是中华民族伟大复兴能够早日实现的根本保证。地方高校廉政文化建设,就是要通过校园廉政文化引导大学生养成正确的"三观",这是地方高校建设和谐校园、文明校园的保障,也是地方高校推进全面从严治党的需要,更是国家推进全面从严治党,实现中华民族伟大复兴的现实需要。

(二)社会层面:是弘扬社会主义核心价值观的现实需要

由于市场经济的冲击,尤其是改革开放后中国加入 WTO,西方思想文化大量涌入,在这样的社会背景下,"三观"尚未成熟的在校大学生需要社会主义核心

价值观的引导。因此,加强地方高校廉政文化建设,提高大学生辨别是非、处理问题的能力,拓展大学生看问题的角度,是建设具有中国特色社会主义先进文化的重要内容,更是弘扬社会主义核心价值观的现实需要。高校廉政文化教育可以帮助大学生毕业后更好地融入社会。

(三)个人层面:是保障大学生能够成长成才的现实需要

大学生是国家的建设者和接班人,大学生是否能够健康成长关系着我们社会主义建设事业的未来。地方高校廉政文化建设是使大学生学习如何做人的重要内容,学习知识、掌握知识只是创造价值、服务社会的手段,廉政品德是大学生今后学习、生活、工作的立身之本。美国品德教育联合会主席麦克唐纳说,光有品德没有知识是脆弱的,但没有品德光有知识是最危险的,会对个人生涯发展产生严重的不利影响。因此,地方高校开展廉政文化建设,是保障大学生能够成长成才的现实需要。

四、传承金华红色文化,打造高校特色廉政文化的思路和建议

(一)整合资源,深入挖掘,建立金华红色廉政文化资源体系

金华地区拥有丰富的红色文化资源,中国共产党在民族独立和人民解放的革命运动中,在金华地区留下了大量珍贵的革命历史遗迹和感人的革命历史故事。金华有重要历史事件的机构遗址、重要人物活动纪念地、重要人物故居、烈士陵园以及纪念设施等红色旅游资源 63 处,且均属于人文旅游资源,如横店红军长征博览城、陈望道故居、磐安县革命烈士纪念碑、台湾义勇队纪念馆、浙西特委纪念馆、中共东阳县"一大"会址等。这些故居、遗址遗迹和纪念馆承载着无私奉献、廉洁奉公、艰苦奋斗、矢志不渝的红色基因,我们应通过资源整合,深入挖掘背后的精神品质,丰富廉政文化内容,建立金华特有的红色廉政文化资源体系。我们应尽力收集、理顺,整合革命历史照片、遗物和廉政事迹等资料,逐步建立起一段时区、一处景点、一位人物、一则故事的资料库,打造出时、景、人、事为一体的红色廉政文化资源体系,让红色廉政文化教育进高校,成为高校思想政治教育的固定课堂内容。

(二)传承和发展金华红色文化

大学生是国家的未来,是中国特色社会主义建设事业的接班人,红色文化是否能得到好的传承和发展很大程度上取决于大学生对红色文化的认同程度。高

校应坚持"古为今用",从实际出发。金华高校廉政文化建设不仅应从金华优秀廉政建设成果中进行有益的借鉴,如整合借鉴望道精神、童玉堂精神、张新锦精神等,更应传承金华红色文化,取其精华,去其糟粕。高校廉政文化建设还应将制度、组织、队伍等的建设有机结合,更好地发展金华红色廉政文化,使红色廉政文化教育在大学生思想政治教育中常态化,从而推动红色廉政文化教育入脑入心,使红色文化得到更好地传承和发展。

(三)创新形式和载体,探索高校廉政教育多维路径

高校应在廉政教育进教材、进课堂等基础上,创新形式和载体,探索高校廉政教育多维路径。首先,在"互联网+"背景下,探索建立"两微一端"的廉政文化宣传路径。"两微一端"的出现,为大学生提供了信息的高速公路,这使高校廉政教育具有更快的传递速度,多彩的虚拟世界使高校廉政教育图文并茂、易于接受,"两微一端"的互动性也使高校廉政教育工作具有更强的吸引力。其次,高校可以探索构建"一体两翼、三方联动、四个结合"的高校廉政教育平台体系。"一体两翼":以学校的廉政教育平台为主体,以教师员工廉政教育和大学生廉政教育为两翼。"三方联动":社会、学校、家庭三方联动。"四个结合":廉政教育同高校开展的师德师风建设结合、与课程思政结合、与校园活动结合、与各类实践结合。高校廉政教育应与时俱进,适时结合当下实际情况,不断创新形式和载体,探索高校廉政教育多维路径,使大学生真心喜爱高校廉政文化教育。

(四)坚持问题导向,统筹推进,落实主体责任

坚持问题导向,传承金华红色文化,打造高校特色廉政文化。高校特色廉政文化应坚持问题导向,解决重点问题、难点问题、突出问题,做好任务分解,自上而下"一条线"铺开,由点及面"一盘棋"运转,瞄准问题去,追着问题走,盯着问题改,按照问题性质和整改要求梳理分类,对不同性质的问题采取不同的措施和办法解决,将问题整改解决与全面从严治党相结合,完善落实机制,落实高校主体责任,构建高校特色廉政文化长效机制。

综上所述,我们提出了传承金华红色基因,打造高校特色廉政文化的价值实现途径,即"整合—传承—创新—统筹"的发展脉络。

参考文献

[1] 李丹.传承与创新:红色廉政文化的当代价值及实现路径[J].思想教育研究,2019(10):134-137.

[2] 龚燕,赵骏,戴杰.高校廉政文化创建的长效机制[J].廉政文化研究,2012(4):36-40.

[3] 洪家敏.红廉文化视域下我国廉政建设的研究——以信阳红廉文化为例[D].开封:河南大学,2014.

[4] 邱熠.高校廉政文化建设的思考[J].中国教育学刊,2015(A1):42-43.

[5] 吕华."清廉校园"建设益处多多[J].人民论坛,2017(A1):120-121.

[6] 王妍妮,吕成云.依托红色文化构建地方高校特色廉政文化的可行性分析[J].开封教育学院学报,2018(6):184-186.

[7] 陈宗荣.新时代高校廉政教育网络平台建设的意义、理念和思路[J].教育评论,2019(7):52-55.

构建高校廉政制度与廉政文化的互促机制策略[①]

骆炫宇[②]

[摘　要]文章简单分析了高校廉政制度与廉政文化之间的辩证关系,并从依托廉政文化建设推动廉政制度建设的升级、利用廉政制度强化廉政文化建设的现实成效、搭建高校廉政文化研究中心这三方面入手,阐述了高校廉政制度与廉政文化互促机制构建的展开路径,旨在实现高校廉政建设的升级。

[关键词]高校廉政制度;廉政文化;互促机制

高校廉政建设中包含着高校廉政制度建设与廉政文化建设,两者之间虽然存在一定的差异性,但是总体表现出相互促进的关系。因此,要在两者之间搭建起互促机制,以此推动高校廉政建设的质量提升。

一、高校廉政制度与廉政文化之间的辩证关系分析

对于高校廉政制度与廉政文化而言,两者之间的区别主要集中在影响广度、效用发挥力度、功能引导这三方面,具体如下:高校廉政制度的影响面主要为教育领域上游、高校行政领域;整体属于刚性约束,拥有明确的流程与规范;依托机制约束实现对腐败的预防及惩罚。廉政文化的影响面主要涵盖高校教育的多个方面,效用潜移默化地发挥,依托树立典型引导向善。而高校廉政制度与廉政文化在变革动因、生成基础方面有着较强的关联性,且相互促进、相辅相成。

---

① 本文已发表于 2021 年第 24 期《科技信息》。
② 骆炫宇,义乌工商职业技术学院实习研究员,研究方向为高校思想政治教育研究。

二、高校廉政制度与廉政文化互促机制构建的展开路径探究

(一)依托廉政文化建设推动廉政制度建设的升级

1.加大在宣传教育方面的投入力度

强化对廉政制度的宣传教育是依托高校廉政文化建设推动廉政制度建设升级的重要举措。在此过程中,高校可以积极开展廉洁文化作品展览活动,以此拓展廉政教育与宣传的面积,持续强化高校师生对于廉政制度的认知。参与廉洁文化展览活动的作品包括书法、绘画、摄影和设计等多个类别,全部由学校广大师生创作,各基层党组织报送,精挑细选有深刻寓意的作品。廉洁文化作品展览活动,会对高校党员产生较为深刻的影响,也在一定程度达到警示党员个人行为的效果。

同时,高校可以设定校园廉政文化宣传月,并利用"学校纪检部门主办、学院二级党组织承办"的形式开展教育学习、知识竞赛、艺术创作这三类活动。其中,在组织教育学习类活动时,可以在校内召开党风廉政建设干部大会、组织观看廉政警示片、带领参观廉政教育基地、举办廉政宣讲团、开展宣讲活动等。举行知识竞赛类活动可以包括廉政文化知识竞赛、廉政文化征文大赛、廉政文化主题演讲比赛等。艺术创作类活动主要包括廉政文化摄影作品大赛、廉政文化校园书画比赛、廉政文化艺术创作作品征集赛等活动。

2.在校内构建健康的监督氛围

依托廉政监督力度的强化促使高校的教师党员、学生党员养成良好的行为习惯,能够切实发挥模范带头作用;持续加强党员的道德修养,引导党员带头弘扬社会主义核心价值观,明辨是非善恶,不断向廉洁自律的高标准看齐;结合健康监督氛围的营造,加大对特权思想、特权现象的坚决反对力度,使得所有党员能够从小事小节上加强约束自己、规范自己,习惯在受监督和约束的环境中工作生活。

(二)利用廉政制度强化廉政文化建设的现实成效

第一,推行工作职责制度化。利用制度的形式对高校廉政文化组织所承担的责任实施固化处理,例如,利用高校章程与部门职能规划中明确的条例,要

求高校廉政建设规划由学校党委宣传部门承担,要求学生廉政课程的设置由教务部门承担,等等。同时,还应当针对高校师生的廉政形式、时间频次等设定制度化要求,包括党员干部在每个学年度参与廉政教育的时间总长度与次数、教师参与学术诚信与学术规范教育的次数等等,依托制度设定保证廉政文化建设质量。

第二,落实考核机制常态化。在高校发展评价体系中纳入廉政建设;在考评内容中加入廉政建设、反腐败教学、科研等项目;将廉政文化成果、廉政文化活动开展频次等纳入二级单位的考核评价中,并进一步针对所有党员实施廉政考核。针对廉政考核未达标的学院、部门、个人,应当严格实施惩处,情节严重的还要追究相应负责人的责任。

(三)搭建高校廉政文化研究中心

高校廉政文化研究中心承担着研究、宣传、创新高校廉政文化的任务,在高校廉政制度与廉政文化相互促进机制的构建与切实推行实践中发挥着重要作用。通过深入开展廉政理论、廉政文化、廉政教育研究,积极为高校廉政制度建设与廉政文化建设提供智力支撑和咨询服务,在此过程中,着重完成以下几方面工作内容:第一,围绕高校落实全面从严治党政治责任,增强管党治党意识,探索规律性和创新性研究。第二,围绕高校党风廉政建设和反腐败工作学术前沿,组织课题立项,不断推出高质量的研究成果。第三,围绕高校党风廉政建设和反腐败工作中的突出问题,做好重点调研和对策研究,成为成果推介的平台。第四,围绕作风建设、廉政教育、制度创新、监督执纪等方面,定期开展研讨交流,成为经验交流的平台。第五,围绕优良教风和良好学风建设,深入研究抵制学术不端行为,建立诚信的长效机制。第六,围绕国家法律、党内法规和校纪校规之间的协调衔接,提供专家咨询、开展业务培训,成为咨询服务平台。

同时,高校廉政文化研究中心还要在上级部门的领导下开展廉政建设理论研讨、工作交流、廉政工作动态分析、廉政风险防控体系构建、警示教育案例库建设及纪检监察干部培训等工作。而对于高校来说,必须要持续加大对高校廉政文化研究中心各项工作的支持力度,整合研究力量,打造一支专兼结合的高水平研究团队,推动研究成果的转化、应用和推广,做好教育导廉、文化育廉、研究促廉工作,持续助力高校教育事业健康发展。

三、结　语

综上所述,高校廉政制度与廉政文化之间虽然存在着一定的区别,但是在变革动因、生成基础方面有着较强的联系,且相互促进、相辅相成,因此可以构建起高校廉政制度与廉政文化互促机制。通过加大在宣传教育方面的投入力度、在校内构建健康的监督氛围、推行工作职责制度化、落实考核机制常态化、搭建高校廉政文化研究中心的落实,实现高校廉政制度与廉政文化建设的共同升级。

参考文献

[1] 任沁.党建育人视角下高职院校廉政文化品牌建设的路径研究[J].高教学刊,2021,7(18):180-184.

[2] 马原,张依彤,孙群,等.中医药院校廉政文化建设评价指标体系建构[J].成才,2021(5):5-7.

新媒体视域下高校校园廉政文化建设研究①

潘爱琴②

[摘　要]高校是培养高质量党政干部人才的重要基地,影响到我国未来的整体行政效率。随着新媒体时代来临,高校开展廉政建设迎来了新的机遇和挑战。高校需要将廉政建设融入日常教学活动当中,充分利用多媒体,借助多媒体加强廉政文化宣传,加强廉政文化教育队伍建设,使高校廉政文化建设得到进一步发展。

[关键词]新媒体时代;廉政文化建设;高校

廉政文化不仅属于我国优秀传统文化,也是我国构建社会主义先进文化理论以及思想建设的重要方向。而高校作为担负培养高质量人才责任的基地,更加需要加强廉政文化建设,将廉政文化建设的内涵加以丰富实践,并在高校当中营造良好的廉政文化环境,利用新媒体技术将廉政文化与教师以及学生的日常生活紧密联系,并不断探索多元化建设廉政文化的途径。

一、在新媒体时代开展廉政文化建设所面临的挑战

(一)高校学生分辨廉政信息的能力较弱

高校在开展廉政文化建设的过程当中,思想文化教育工作者发挥着重要作用,只有高校思想文化教育工作者可以明确认知廉政文化建设的目标以及具体措施,才可以保证高校廉政文化建设工作的有序开展。新媒体的出现为高校思想政治教育工作者提供了新的廉政文化建设渠道,高校思想政治教育工作者应该应用多媒体宣传不同意识形态的廉政文化,但是当前所开展的廉政文化建设

---

① 本文已发表于 2021 年第 2 期《体育画报》。
② 潘爱琴,义乌工商职业技术学院讲师,研究方向为党风廉政建设研究。

形式相对单一,而且由于互联网的普及,高校学生对于网络的依赖性较强,很难辨别在网络当中传播的廉政建设信息的真伪,导致价值观被不实信息误导产生偏离,从而严重影响高校正常开展廉政文化建设。

(二)高校廉政文化权威受到削弱

网络具有较强的开放性和交互性,在网络中人们可以自由发表言论。人们可以通过匿名方式随意在新媒体发布各种各样的信息,不仅有真实的信息,也有误导人们的虚假信息。大学生群体容易受到网络信息的影响,容易被网络当中的不实信息影响其价值判断,而如果这些学生随意转发网络当中关于廉政建设的不实言论,导致廉政建设的虚假信息在高校当中传播,就会严重影响高校正常开展廉政文化建设。甚至有一些学生利用网络监督机制的漏洞,在网络当中任意传播负面信息,在高校当中宣传廉政文化建设的不良信息,降低了高校开展廉政文化建设工作的权威性。

二、在新媒体时代高校开展廉政文化建设的措施

(一)建立高校廉政文化新媒体宣传平台

随着智能设备在人们生活当中的应用越来越普遍,高校需要充分利用这一优势建立新媒体平台,用于宣传廉政文化建设。高校可以建立属于自己的官方微信及官方微博等,在其中发布关于廉政文化的相关信息,并呼吁高校师生积极参与互动。高校新媒体平台的管理人员需要在平台当中积极展示廉政文化建设的相关案例,积极推动和廉政建设相关的信息词条与时代主题相融合,深入开展廉政文化建设。

(二)完善高校新媒体平台监管机制体制

新媒体平台的开放性和自由程度较高,因此高校在建立新媒体平台宣传廉政文化的过程当中,需要完善新媒体平台的监管机制体制,从而更好地监督新媒体平台发挥宣传廉政文化的作用。在高校当中应该建立腐败举报制度,传统媒体监督腐败行为有一定的限制,但是新媒体的出现打破了这一局面。在新媒体上可以匿名发表信息,这就降低了反腐败的举报难度,使得公民可以积极参与腐败行为的检举。高校需要建立新媒体平台言论负责制度,如果高校学生或者教

师在新媒体平台上发布虚假信息,那么高校就要及时追查信息发布人的真实信息,对其进行惩罚,避免之后在廉政文化新媒体平台运行过程中继续出现这种造谣行为。

(三)提升高校廉政文化工作队伍的专业性

高校如果想要建立一支属于自己的专业化廉政文化工作队伍,首先需要保证廉政文化工作队伍成员可以熟练掌握相关专业知识及新媒体技术。廉政文化工作队伍成员不仅要提升自身的政治素养,还要增强自己的专业能力,清楚明确地理解我国所制定的政治策略,时时关注反腐倡廉的热点问题,并积极引用反腐倡廉的相关案例,在新媒体平台当中积极推广。廉政文化队伍成员需要熟练掌握新媒体平台操作技术,将丰富多彩的校园廉政文化建设活动在平台当中展现,采用多样化的模式增强反腐倡廉在高校当中的影响力,营造真正意义上的风清气正的高校环境。

(四)顺应新媒体时代潮流,改变廉政文化建设方式

高校开展廉政文化建设工作,随着微信、QQ和微博等新媒体平台的发展发生了巨大的改变,在宣传廉政文化建设的过程中,传统的廉政文化队伍成员不再是主体,新的主体是新媒体。但是,新媒体平台拥有海量信息且具有高度虚拟性。因此,高校廉政文化建设队伍成员需要顺应新媒体时代潮流,转变自己的角色,熟练运作并管理好廉政文化宣传新媒体平台,从而有效控制在平台当中传播的廉政文化信息。此外,高校廉政文化建设队伍成员需要及时掌握高校学生的动态,这样才可以有效编辑符合大学生心理需求的廉政文化信息,积累编辑廉政文化信息的经验以及与廉政文化建设相关的案例,提升高校廉政文化建设的整体质量。

三、总 结

综上,在高校当中开展廉政文化建设需要廉政文化建设工作队伍熟练运用新媒体技术平台,在平台当中积极宣传廉政文化内容,推广有关反腐倡廉的相关案例,积极适应在新媒体时代下自身角色所发生的变化。而且高校需要有效监督新媒体平台当中有关廉政的信息,清除平台当中关于反腐倡廉的虚假信息,改善高校廉政文化建设平台的环境,使新媒体平台可以真正发挥出宣传廉政文化建设的作用。

参考文献

[1] 李建华.基于新媒体环境下高校廉政文化建设路径研究[J].学理论,2018
　　(4):197-198,207.

[2] 顾璟,朱博闻.新时代高校廉政微文化研究[J].廉政文化研究,2018,9(2):
　　39-44.

[3] 杨华春.利用网络等新媒体开展高校反腐倡廉建设研究[J].科教导刊,2013
　　(33):19-20.

浅谈地方高职院校廉政文化建设路径①

何　奇②

[摘　要]从西门豹惩治河伯娶妻,到包拯铁面无私断案,从海瑞一生清廉捐俸禄,到于成龙被追封"天下第一清官"谥号,在中国历史中,从来都不缺公正廉洁、洁身自好的名人形象,廉政文化对人民群众的思想观念影响深远而持久。廉政文化指的是人们对"廉洁从政"相关知识、思想、信仰、行为规范、生活方式、工作方式和社会评价的体现,从根本上反映了一个阶级、一个政党的执政理念、执政目的和执政方式,是"廉洁从政"行为在文化和观念上的客观反映。而高职院校的廉政文化建设是将现代社会廉政文化与校园文化建设相结合,弘扬社会主义廉政价值观,促进高职院校廉政文化的建设和传播。

[关键词]地方高职院校;廉政文化建设路径

一、地方高职院校廉政文化建设的意义和重要性

高职院校是为国家培养高素质人才的地方,高职院校教师的一言一行、一举一动都会直接或间接地影响学生的行为习惯和价值观念,事关国家高层次人才的价值观建立和身心健康成长。廉政文化作为现代教师思想学习的重要内容,当然也会对学生产生潜移默化的影响。习近平总书记曾多次强调,教育强则国强,高等教育发展水平是一个国家发展水平和发展潜力的重要标志。所以在当前廉政形势下,必须从老师到学生,由上到下,在地方高职院校校园文化中融入廉政思想,重视廉政文化的建设。

高职院校作为人才培养场所之一,在强调专业知识传授和学生素质培养的

---

① 本文已发表于 2021 年第 71 卷第 13 期《中国教工》。
② 何奇,义乌工商职业技术学院助教,研究方向为廉政文化建设研究。

同时,还应该注重校园精神文明建设。高职院校日常运作的多个环节,例如招生宣传、领导班子工作、教师教学日常、党建基层运作等均有廉政文化的体现。"千里之堤,毁于蚁穴",高职院校各个部门牵一发而动全身,因此必须重视每一环节的运作和其体现的廉政文化。加强地方高职院校廉政文化建设,才能使学校更好更快更久地发展。

廉政文化建设是高职院校校园文化建设不可或缺的部分,高职院校廉政文化建设可以引导师生建立正确的价值观念,促使高校教师遵守职业道德,做到清廉公正,全身心投入教学、科研和社会服务当中;高职院校廉政文化建设也有利于帮助学生树立正确的人生观和价值观,在以后的职场生活中保持洁身自好,继续传承和发扬优秀廉政文化传统。

二、地方高职院校廉政建设现存实际问题

目前,全国各地高职院校的纪委在检查工作中发现,有部分高职院校存在廉政相关问题,说明部分学校对廉政工作重视程度不高。学校领导对廉政文化建设意识淡薄,缺少必要认知,学校各部门也没有形成完备的廉政文化建设体系。个别领导干部或教师缺少廉政价值观,不重视个人廉政意识的建设,在腐朽思想的影响下容易陷入违法犯罪深渊。

个别高职院校在校园廉政文化建设中存在形式主义,只是照搬照抄廉政文件中需要实施的部分,例如,简单宣读文件、召开座谈会、开展教育活动等传统方式,并没有真正结合学校的实际情况开展工作。在廉政文化活动的形式上缺少创新,还是以传统的宣传形式为主,对于现代媒体媒介缺少足够的应用,未能形成廉政文化建设的良好氛围。多是为了应付上级检查,流于形式,因此经常出现"面子工程",表面工作都做了,但实际效果甚微。同时,高职院校对廉政文化建设投入不够,没有形成独具特色的地方高职院校廉政文化氛围,千篇一律,泛泛而谈,无法体现地方高职院校廉政文化建设的特别之处。

少数高职院校仍未建立完整、科学、合理的廉政制度监察体系,因此地方高职院校廉政文化建设缺少监管和评价。有的学校虽然建立了较为完备的廉政监察体系,颁布了相应的规章制度,还成立了专门的纪委监察小组,但因为廉政制度执行力低下,存在"有令不从,有令不为,有令不清"的现象,没有将相应规章制度落实。领导和教师不按照制度进行相关工作,监察部门也疏于管理和监督,让部分违纪行为有机可乘,廉政文化建设也出现漏洞。有了好的规章制度,才能以

制度为指导,在框架内进行相应工作,廉政监察体系的缺失严重影响了高职院校廉政文化建设的进程。

三、地方高职院校廉政文化建设路径

地方高职院校廉政文化建设可以从以下几点落实:

(一)利用线上线下多种媒介,开展廉政文化全方位宣传

鼓励教师和学生宣传廉政文化思想,营造校园廉政文化氛围。同时,还能增强教师和学生角色认知,组织师生学习社会主义核心价值观,学习师德师风建设、党纪政纪教育等廉政思想,促进师生树立正确的党纪意识、法治意识、学术意识和廉政意识,时刻提高警惕,保持清醒。利用好学校各阶层党组织,定期召开党风廉政会议,会议上重点强调,会议后认真落实。

(二)课上课下重视廉政思想教育,实现理论和实践的结合

在课堂教学中,任课教师可加入思政教学部分,结合课堂实例,向学生宣传廉政思想,潜移默化地帮助学生建立廉政意识;鼓励学生在课下多观察、多思考、多反思,将课堂上所学习的专业知识和思想观念运用到课后活动中。在高职院校的日常活动中常有校园活动部分,校园活动形式丰富多彩,因此可以利用师生课下时间,组织廉政相关活动,例如辩论赛、廉政知识竞赛、师生主题演讲比赛和文艺汇报演出,再通过学校公众号和官网进行宣传,在活动中正确引导学生,激发学生的积极性和创新力,充分发挥学生的主体作用,让学生成为地方高职院校廉政文化建设的主力军。

(三)高职院校领导班子以身作则,反腐倡廉由我先行

成立"从严治党廉政治校"领导班子,定期进行自查自纠工作;积极发挥高职院校纪检监察部门的作用,构建合理的廉政监督体系和举报检举制度;结合各个学校实际情况,搭建合理的廉政监察制度框架,规范教师和学生一举一动;规范领导班子工作部署,在组织廉政工作时要做到"口头简洁明了、工作细致认真、思想清醒自觉"。

(四)廉政思想学习要长久,时时敲警钟,定期常督促

充分发挥教师继续教育、教师发展中心等平台的作用,通过继续教育培训、党政思想理论学习、师德师风案例学习等方式,结合学校各部门岗位特点,开展从政道德培养和职业伦理教育,引导学校各部门职员和专任教师始终做到清正廉洁、忠于职守。还可以结合学校日常教学、教师科研以及社会服务活动,加大监察力度,规范学校人员各类活动,引导校内人员遵守职业规范,坚守道德底线,时刻提醒自己勿踩线、勿越界、勿侥幸。

地方高职院校廉政文化建设本身就是一个长期任务,我们应当充分认识到廉政文化在校园文化建设中存在的价值,立足新时代社会主义核心价值观,结合各地方高职院校建设实际,加强廉政监察制度建设,发挥领导班子、部门职员、专任教师和专业学生的力量,常学常新,常调整常总结,常反思常提高,在实际情况变换中不断修正、不断更新,确保地方高职院校廉政文化建设工作真正落到实处。

参考文献

[1] 刘莉莉.中华优秀传统文化在高校廉政文化建设中的作用[J].南京工程学院学报(社会科学版),2020,20(2):86-88.

[2] 程薇.地方文化融入应用型高校廉政教育的实践路径探析[J].教育现代化,2020,7(29):148-151.

[3] 白致铭.浅论现代大学制度下的大学廉政文化建设[J].教育与职业,2015(20):40-42.

高校廉洁文化与发展型资助育人体系的
融合共建机制研究①

周梦丹②

[摘　要]高校是思想政治教育和意识形态宣传的主阵地,大学生廉洁教育的社会生态也呈现新态势。高校资助育人工作中的廉洁文化教育是加强高校思想政治工作的重要方面,更是高校廉洁文化建设的有利举措。高校廉洁文化与资助育人体系的融合共建可从"文化倡廉,以廉促诚,拓宽教育渠道""制度护廉,以廉督行,提升道德品质""奖惩促廉,以廉增效,强化廉洁意识"的路径出发,从而构建"清廉资助"育人体系,使大学生群体亲身参与到校园廉洁文化建设中,实现其对廉洁文化从"认同"到"内化"的心理转变。

[关键词]廉洁文化;发展型资助育人体系;融合共建机制

近年来,随着反腐倡廉工作的不断推进,廉洁文化建设也日益深入。高校作为思想政治教育的主阵地,正是推动廉洁文化建设的主流之地。教育部于 2007 年下发的《教育部关于在大中小学全面开展廉洁教育的意见》中指出:大中小学是培养人才、传承文明、建设先进文化的重要基地,担负着培养社会主义合格建设者和可靠接班人的重任。在大中小学全面开展廉洁教育,是面向全社会开展反腐倡廉教育的重要组成部分,是加强青少年思想道德教育的必然要求。因此,高校应积极主动肩负起廉洁文化建设的重任,加强大学生廉洁文化教育,塑造大学生廉洁文化意识,将廉洁文化与校园文化深度融合,有利于大学生树立正确的人生观,提升综合素质,激发其社会责任感。

高校资助育人工作中的廉洁文化教育是加强高校思想政治工作的重要方

①　本文系 2022 年义乌工商职业技术学院廉政建设工作专项研究课题"高校廉洁文化与发展型资助育人体系的融合共建机制研究"研究成果(2022JYLZKT04),已发表于 2022 年 5 月总第 345 期《智库时代》。

②　周梦丹,义乌工商职业技术学院助教,研究方向为思想政治教育。

面,更是高校廉洁文化建设的有利举措。然而,当前高校资助工作中仍存在一些廉政风险防范点,如因伪造贫困证明材料、审查工作不到位而造成的资助对象认定不精准等问题。因此,加强廉洁文化与发展型资助育人体系的融合共建对高校发展颇具意义。

一、高校廉洁文化与资助育人体系融合共建的意义

(一)深化高校廉洁文化建设,形成"清廉资助"育人体系

廉洁文化建设是当前高校校园文化建设的载体之一,资助育人工作亦是高校学生工作的重要组成部分。将廉洁文化与资助育人工作进行有效融合,在资助育人体系建设中融入廉洁教育并探索创新有效路径,将不断丰富高职院校资助育人内涵,增强资助育人工作的感染力、生命力和传播力,同时不断落实高职院校资助育人工作中的廉政建设,有助于高校形成"清廉资助"的育人体系,切实推进廉洁文化建设,增强立德树人实效。

(二)加强资助工作者廉洁自觉性,落实立德树人实效

通过廉洁文化与资助育人体系的融合共建,营造"清廉资助"的浓厚氛围,可以促使资助工作者自觉践行"公开、公正、公平"的工作原则,不断增强其工作的廉洁自觉性。在清廉校园建设中弘扬廉洁奉公精神,传播廉洁文化力量,为打造"清廉校园"、构建"清廉资助"的育人体系贡献力量,以实际行动切实增进立德树人实效。

(三)提升大学生价值认同感,实现廉洁心理发展

家庭经济困难的学生是大学生群体中的特殊群体,也是影响校园文化建设的重要力量。在资助育人工作中融入廉洁文化教育,通过沉浸式氛围营造、参与式学习教育将使大学生对廉洁文化有更直观、更深入的理解,唤起大学生的认同意识。廉洁文化建设与资助育人工作的深度融合,有助于积极营造浓厚的大学校园廉洁氛围,帮助大学生摒弃"弄虚作假"的侥幸心理,突破功利主义的道德逻辑,提升其内在品质的廉洁自律性及外在行为的廉洁自觉性,最终使大学生实现从"认同"到"内化"的廉洁心理发展。

二、高校廉洁文化建设与资助育人体系的现状分析

为了更好地了解高校廉洁文化建设情况及资助育人体系建设中的廉洁教育现状,笔者通过资料查阅、问卷调查、访谈等形式,对所在地高校开展了相关调查研究并将廉洁文化与资助育人体系的建设现状做出如下分析。

(一)廉洁文化建设中教育渠道单一,与学生工作结合度不高

党的十八大以来,高校不断深化廉政建设,在廉洁文化建设方面也取得了不错的成效。但当前高校的廉洁文化建设中仍存在廉洁教育形式单一、内容空洞、力度不足等问题。一是大学生廉洁文化教育以理论宣讲为主,缺乏相应的实践体验。思想政治理论课堂是大学生接受廉洁文化教育的主要途径,廉洁教育主题讲座、先进人物事迹报告等是主要宣传手段,大学生只是处于单纯被动接受教育的状态,并未以实际体验的方式参与其中,因而无法切身体会廉洁文化的深厚内涵,也难以实现价值认同感的转化,教育效果往往收效甚微。二是廉洁文化教育在当前高校中还处于相对独立的位置,在与学生工作的融合教育方面还比较缺乏。学生工作依托各类校园实践活动得以开展,是构建丰富多彩的大学生活的重要载体,然而廉洁文化教育并未精准对接诸如社团活动、志愿服务、创业教育、资助育人及公寓建设等廉洁文化协同教育场域,使得廉洁文化的灵魂底蕴失去了实践平台和现实生活的有力支撑,弱化了大学生对廉洁文化建设的参与和认同,因而廉洁文化教育也无法展现其吸引力、感染力、生命力和传播力。将廉洁文化建设融入学生工作中,与学生的日常生活紧密联系起来,渗透到学生生活学习的方方面面,才能够切实提升大学生的参与感,真正促进大学生更好地理解廉洁文化的内涵,将文化内涵内化于心,外化于行。

(二)资助育人体系中廉洁教育还不够深入,收效甚微

高校资助育人工作是一项集资助与育人于一体的艰巨任务,是立德树人工作的重要组成部分,也是促进教育公平的有利举措。笔者通过调查发现,当前高校学生资助工作中仍存在重物质资助轻精神引领的倾向,仍有学生为获得资助而谎称家庭贫困等情况,亦有学生获得资助金后大肆宣扬炫耀,大学生廉洁意识较为缺失。究其原因,当前高校资助育人体系中廉洁教育的开展力度还远远不够:其一,在资助对象认定及申请困难补助时,只需提供相关凭证或签订诚信承

诺书等。大学生失信成本过低,高校对于学生的失信及不廉洁行为的惩处缺乏较有影响力的方式方法。其二,高校缺乏系统的资助政策宣传普及活动,大多只是通过官方公众号推文等一些线上平台进行宣传,或是在新生开学时提供定点咨询服务,抑或是通过班主任及辅导员召开班会的形式宣传。此过程容易造成政策讲解不透彻、理解不到位等问题,致使部分学生在不清楚资助政策的情况下盲目跟风,乃至出现同寝室抱团申报等情况。其三,高校资助工作中针对资助对象这部分特殊群体开展的活动多集中于技能提升及感恩教育等,诚信教育等相关廉洁教育活动则较少,且大部分活动为了吸引学生的兴趣,在举办过程中会使用一些奖励措施,学生在参与此类活动的过程中容易产生利益趋向,活动的教育效果往往收效甚微。

(三)校风建设中大学生廉洁意识还不够强,认同感不足

廉洁文化建设是校风建设的重要内容,大学生群体则是推进高校校风建设的重要力量,然而大学生群体中大部分人对于廉洁文化建设并没有太多的参与感,认为这是离自己很遥远的东西,甚至小部分群体认为这与自己无关。很多大学生对廉洁教育并没有清晰的认识,对不廉洁行为也没有准确的判断,认为自己不可能触碰廉洁的底线。殊不知,伪造志愿服务证明或荣誉证书以使自己获得奖学金、私拉选票使自己赢得比赛奖金和荣誉、获得补助金后大肆消费等不廉洁行为在我们身边时有发生。但大部分时候,出于对涉事学生的保护,高校对此等不廉洁行为的处理往往较为低调,因此很难唤起学生的廉洁意识和自律意识,教育效果不言而喻。

三、高校廉洁文化与发展型资助育人体系融合共建的创新路径

针对当前廉洁文化建设及资助育人体系现状,高校应不断创新路径,以文化为载体,制度为保障,奖惩为手段,拓宽廉洁教育渠道,提升道德品质,增强廉洁意识,致力打造"清廉资助"育人体系。

(一)文化倡廉,以廉促诚,拓宽教育渠道

在促进高校廉洁文化与发展型资助育人体系融合共建的过程中,应充分利用文化载体,以廉洁文化促诚信教育,拓宽资助育人工作中的廉洁教育渠道。一是善用新媒体媒介,搭建多元开放平台。当前正处于微媒体时代,微信、微博、抖

音等深受大学生群体的喜爱,使用频率高、传播速度快。廉洁文化教育应善用此类媒介,将诚信教育的内容以大学生喜爱的方式呈现在日常的生活学习中,以润物细无声的方式浸润学生的心灵。如拍摄廉洁文化主题的系列抖音小视频,邀请学生参与互动评论;设立专属公众号,定期推出廉洁人物事迹并通过微信朋友圈加以扩散传播;创设诚信、廉洁等微博话题,如"征集诚信小故事""我身边的诚信人"等,吸引大学生参与到微博话题讨论中。廉洁文化教育只有以这种生动、人格化的方式不断出现在大学生的视野范围内,才能激发大学生的参与度,使大学生对其产生亲和感和认同感。二是巧用身边真实的案例资源,全方位营造廉洁氛围。召开资助对象座谈会,邀请勤奋刻苦、艰苦朴素的优秀学生资助对象分享生活学习经验,激励学生传递感恩之心,做好传帮带;开展感恩、诚信、廉洁主题教育系列活动,引导学生讲诚信、知感恩、守廉洁;评选"自强之星""诚信之星"等榜样学生人物,通过表彰和宣传校园自强人物的相关事迹,积极营造良好校园氛围。利用学生身边熟知的榜样力量代替陌生的典型人物案例,更能激起大学生的认同感和精神向往。三是构建体验式廉洁教育模式。跳出通过思政课堂传播廉洁文化的传统圈子,依托各类大学生活动载体,将廉洁教育的内容融入学生工作的各个模块中,让廉洁文化的内涵以润物细无声的方式浸润学生的心灵。

(二)制度护廉,以廉督行,提升道德品质

高校廉洁文化与发展型资助育人体系的融合共建,应着力完善制度建设,以制度促管理,以廉洁促行为,不断提升学生道德品质。建立资助廉洁工作制度,明确规定资助工作流程、个人职责及廉政风险防范点,为资助工作者及大学生群体的行为规范提供参照依据。一是设立资助廉洁督察组,对高校资助工作的每一环节进行不定期抽查监督反馈,如在资助认定过程中是否存在伪造凭证、虚假申报、隐瞒包庇等行为;在奖助学金评定过程中是否存在不合理倾斜等,所有资助工作环节均接受督察组的监督考察。二是建立监督反馈制,不定期开展资助廉洁座谈会,听取资助对象、普通学生及教师的意见和建议;通过问卷、访谈等方式调查资助工作中存在的廉洁问题,师生可以随时反馈资助工作开展过程中发生的任何不廉洁行为。三是建立资助金跟踪体系,当前高校中已基本完善了对资助对象群体认定结果的跟踪回访,会采用入户家访、电话回访等形式进一步确定其家庭困难原因及实际情况,但是对于贫困补助及资助金的发放还没有较完善的跟踪体系。因此,高校可以设立专门的资助金发放及跟踪系统,从事先摸排到资助金发放再到受助学生对资助金的使用情况回访,做好全过程记录。如此

既可以及时掌握资助金额的发放情况,又可以收集受助学生的反馈信息,以便调整不足之处。目前,我国高校大学生资助工作中,国家、社会和学校对家庭经济困难生的经济资助是直接的,只要对象符合资助政策,都可直接申请各类资助,资助对象并不需要承担任何责任或义务。因此,在资助育人工作中融入廉洁教育可以有效提升学生道德品质,辅以制度保障可以进一步督促其行为规范。

(三)奖惩促廉,以廉增效,强化廉洁意识

高校廉洁文化与发展型资助育人体系的融合共建还需以奖惩促成效,强化师生廉洁意识。一是增强资助工作者的廉洁意识。从资助工作角度来看,要建立起严格的资助工作奖惩制度。资助工作各环节涉及无数贫困家庭的切身利益,若资助工作者存在徇私舞弊、弄虚作假心理,就有可能损害应受助家庭的利益。明确的奖惩制度既可以规范资助工作者的行为,又可以提升其自身的廉洁意识以增强廉洁教育的实效。二是增强大学生的廉洁意识。从大学生角度来看,奖惩制度的鼓励与约束可以使学生充分认识到诚实守信,廉洁自律的重要性。例如,从学生认定工作来看,对于提供虚假证明、谎报家庭困难情况的行为,应给予严厉的惩处与教育;对于虚报家庭情况骗取困难补助的,应立即追回资助金,并按照校纪校规给予教育与处理;对于自立自强的优秀学生,学校应给予大力宣传和表彰鼓励,激励学生向榜样看齐。又如,在勤工助学工作中设立激励及考核机制,对于积极参与勤工助学且表现优秀者,每年进行先进分子的评比,并给予一定的鼓励和表彰;对于玩忽职守、迟到早退者,应及时予以教育甚至收回工作岗位,同时完善勤工助学考核制度并严格落实。当前大多高校有较完善的勤工助学考核制度,但是在执行时常因考虑到学生的困难情况而在考核上有较大的包容性,以致助长了勤工助学学生的麻痹与懒惰心理。故应该安排专门的管理教师对学生工作表现进行考核,对日常表现应有专门的记录和考量,将报酬与工作表现直接挂钩,以促使学生珍惜工作机会,强化其廉洁意识。

四、结　语

当前,全社会倡导发展型资助,强调精神资助的重要性,意在实现学生从“被动受血”到“自我造血”的转变,实现自立自强的人格塑造。无论是什么样的教育,最终都要回归到“立德树人”这个根本任务上来。我们要培养的是社会发展所需的健全人才。家庭经济困难学生作为大学生群体中的一个特殊人群,他们

比普通的学生更需要正确的价值引领和自我认可,更应该获得关注和培育。因此,在高校发展型资助育人体系建设的各个环节中均应融入廉洁文化教育的内容,实现高校廉洁文化与发展型资助育人体系的融合共建,这有助于逐步建成"清廉资助"体系,切实提升高校廉洁文化建设内涵和发展型资助育人成效。

参考文献

[1] 教育部.关于在大中小学全面开展廉洁教育的意见(教思政〔2007〕4 号)[A].(2007-03-27)[2022-09-30]. http://www. moe. gov. cn/S78/A12/S8352/moe_1421/201006/t2010602_88582. html.

[2] 张林子.高校廉洁文化教育途径思考和探索[J].常州信息职业技术学院学报,2021,20(2):94-96.

[3] 胡伟立.德育视野下大学生廉洁教育的困境与对策[J].成都工业学院学报,2020,23(3):104-107.

[4] 顾剑锋,李智水.新时代大学生廉洁教育的时代表征与路径创新[J].廉政文化研究,2020,11(4):25-30.

[5] 刘丽芳.高校资助体系贫困大学生的廉洁教育研究[J].佳木斯职业学院学报,2019(10):27-28.

第三篇

廉洁教育研究

高职院校思想政治理论课与廉政教育相结合的探析①

胡　璇②

[摘　要]加强廉政教育是加强高职学生思想政治工作的新课题。目前，我国大学生廉政教育尚处于初步探索阶段，没有统一的教学大纲和教材，也没有明确的班级保障和考核要求。部分学校领导和教师廉政教育意识淡薄，他们认为对学生的廉政教育是"干部有病群众吃药"，上级发布相关廉政教育文件也是一种简单的做事方式，追求一些简单的活动形式，缺乏实效性。其实，廉政教育的重要性，归根结底在于人的重要性。德育是教育的根本任务。高职院校的人才培养目标是面向生产、建设、管理、服务第一线，培养具有良好职业道德的高技能、实践型人才。学校每一位领导和教师要充分认识人才培养目标的新要求，密切关注这一群体的反腐败意识，在心中筑牢反腐败思想防线，使他们认同法律、相信法律、尊重知识、尊重人才、尊重创造，从心底里遵守和捍卫法律。

[关键词]高职院校；思想政治理论课；廉政教育；应对策略

高等职业教育是以培养高素质技能型人才为目标的职业教育，不仅注重学生的专业能力，更注重学生职业精神的培养。不同专业的学生未来的职业发展趋势不同，对专业能力的要求也不同。作为高职学生思想政治教育的主要阵地和主渠道，将思想政治理论课与专业课相结合，突出专业特色，因材施教，是适应不同专业培养目标的迫切需要。本文分析了高职院校思政理论课与专业相结合的教学现状，探讨了高职思政理论课与专业课相结合的教学策略，包括以专业为基础，重组教学内容，转变观念，提升教师能力；与时俱进，创新教学方式；完善评价体系和评价方法。

①　本文已发表于 2021 年第 32 月《休闲》。
②　胡璇，义乌工商职业技术学院副教授，研究方向为高校思想政治教育研究。

一、高职院校思想政治理论课与廉政教育相结合的教学现状

教学观念缺乏转变。相当多的思想政治理论课教师没有跟上发展的步伐，仍然坚持传统的教学模式。他们认为，思想政治理论课只对学生进行思想政治道德教育，传授知识和理论。只要把思想政治理论知识传授给学生，自然有利于学生的专业发展。事实上，单纯的理论和概念教学难以培养学生的实践能力和分析解决问题的创新能力，不利于提高学生未来的职业竞争力和可持续发展能力，也难以激发学生的学习积极性。忽视不同专业对人才的不同需求，很少将思想政治理论知识与学生专业知识相结合，很少深入渗透学生专业发展所需的知识、能力和素质，导致教学缺乏专业针对性，不能满足学生就业创业的要求。

二、廉政文化内涵

廉政文化是与廉政有关的一系列行为和思想，是由此产生的社会认知。它反映了执政党的执政思想。其主要内涵是政治思想道德、政治社会文化氛围、政治家职业道德和社会公德。我党从执政以来，充分吸收国内外反腐败文化成果，深入总结党长期反腐败经验，形成了独具特色的社会主义反腐败文化。随着时代的发展进步，廉政文化建设不断被赋予新的时代内涵和精神，成为社会主义核心价值观体系的重要组成部分。

三、高职院校思想政治理论课的特点

（一）普遍性

高职院校思想政治理论课是对高职学生进行世界观、人生观、价值观和爱国主义等系统教育的主渠道。它是高等教育的重要组成部分，是马克思主义理论教育的重要环节。因此，高职院校思想政治理论课具有普遍性。

（二）灵活性

与普通的研究型本科院校相比，高职院校在思想政治理论课日常教学中普遍注重理论和概念的记忆和评价，更多地与时事和社会现实相结合，重视对学生

的培养,包括理解、分析和解决问题的能力。因此,他们在课程体系的设置上有更大的灵活性。

(三)有效性

高职院校普遍重视对学生专业技术操作能力的培养。意识形态领域的必修课非常有限。思想政治理论课几乎是整个教学过程中唯一涉及主旨的课程。在树立学生主流价值观、形成社会意识的过程中,正确的引导非常重要。思想政治理论课就起到了这样的作用。因此,高职院校的思想政治理论课具有很强的实用性。

四、高职院校廉政文化与思想政治教育融合的现状与难点

(一)思想政治理论课廉政建设内容不足

首先,学校给新生开设的《思想道德修养与法律基础》课程强调德育、思想教育、政治责任和历史使命,没有廉政文化的内容。其次,教师和学生的认知范围仅限于教学、研究和管理的重要性。廉政文化建设是学校纪检监察部门的职责,忽视了教师廉政教育、学生廉政宣传、教师廉政服务与预防等关键环节。再次,廉政文化建设缺乏环境支撑,缺乏对近代政治家实现中华民族伟大复兴梦想的约束性和规范性要求的认识。

(二)廉政文化建设缺乏对优秀文化思想政治教育的吸收和融合

学校不支持资源整合、资金投入、人力供给。不重视"精神文明单位"建设,缺乏震撼大学生思想政治教育灵魂的生动模式,使大学生的专业知识学习与提高思想政治意识不相适应,形成了两个分叉。其实,思想政治教育在思想政治课、课外活动、公寓文化等场所无处不在。如果学生在思想深度上,既没有融入新时代中国特色社会主义思想和基本方略,也没有融入历史与现状、整体与局部,以及现在和未来等观念,就会对奖学金、荣誉、最佳集体等奖励缺乏兴趣,不主动进取。

(三)反腐文化和思想政治教育缺乏校内外文化氛围的影响

廉政文化要融入思想政治教育任务艰巨、周期长。它不仅需要资金支持,还需要时间的积累。校园内的雕塑、象形文字、框架元素图像、文化廊道、广告牌、

学院报纸、海报、专题讲座等形式多以德育、文化建设和师德建设为主。廉政文化教育和实物相关内容较少。学校追求卓越的师德师风、教学质量和教育环境，不重视廉政文化的学、教、服务、创新，不能满足师生、家长和社会的需求。

五、高职院校思想政治理论课与廉政教育相结合的探析

(一)采用综合模式突出廉政教学的重要性和实用性

教学法是课堂教学的有效途径。教师的知识储备和教学方法的运用是关系到教学质量和学生接受度的重要因素。部分高校教师由于意识薄弱，未能充分达到课堂廉政教育的效果。教学方法陈旧、知识储备不足，既不创新，又盲目停留在传统的填鸭式教学模式上。

教学内容没有把握廉政教育的教学重点和本质要求，导致学生对廉政教育缺乏深入全面的认识，严重影响学生学习的主动性和积极性，反而引起学生反感。这不符合廉政教育的本质要求。高校廉政教育课堂要创新，要让学生积极参与，畅所欲言，充分发表意见，充分发挥学生的主动性，充分利用当前的信息化手段，让枯燥的课堂生动活泼，让师生充分融入课堂，充分发挥师生学习的有效性和廉政教育的重要性。

(二)丰富教育载体，营造廉政良好的校园文化

充分发挥高职学生教育第一、二课堂功能，不断拓展和丰富教育载体，使高职学生反腐倡廉文化教育内容更贴近真实的社会和校园生活，使教育模式更容易为大学生所接受，从而营造良好的廉政校园文化。第一课堂以课堂教学为主，系统、详细、全面地教授大学生廉政文化理论知识。一是通过思想道德修养、法律法规等课程普及基础知识，帮助学生树立正确的廉政意识和观念；二是不断提高学生骨干的修养，充分发挥学生骨干的示范带动作用，最终实现点对面的辐射效应；三是抓好新生"上岗"系列教育、毕业生"感恩"系列教育等礼仪教育活动，确保廉政建设的开展。文化教育贯穿于大学教育的全过程。第二课堂通过内容丰富、形式多样的社会实践活动，巩固和提升廉政文化教育效果。

(三)注重实践探索，推动廉政文化教育体系不断完善

实践是检验真理的唯一标准。高职院校要加强研究探索，在实践中检验廉政文化教育体系的有效性，继承和深化教育成果，纠正和改进不足，推动廉政文

化教育体系不断完善。提高文化教育在高职院校廉政建设中的作用。高职院校要积极搭建学生实践的平台,让学生有机会将从课堂、书本和社会中学到的知识和理论应用到现实生活中。比如,开展以"弘扬廉政文化"为主题的社会实践活动,虽然形式简单,但依托祖国青年学生的未来向社会传播廉政知识,一定会对促进社会和谐进步具有积极作用,对青年学生的健康成长也将起到很好的作用。一是依托各类媒体开展廉政文化渗透教育;二是转变教育形式,开展形式多样、内容丰富、深受学生喜爱的活动,营造高职院校廉政文化教育浓厚氛围;三是加强社会实践,督促学生在实践中检验和巩固第一堂课所学的理论知识;四是将大学生廉政教育与社会教育、家庭教育相结合,全面推进大学生廉政教育。从而在高职院校学生心目中营造"廉政文化教育"氛围。

(四)重视反腐败教育,加大对反腐败教育的资金支持

一是在廉政教育的相关社会实践活动中,教师可以带领学生到法院观摩审理反腐败案件,也可以走访基层,走访法院、检察院、监狱和其他地方。这种教学手段为学生提供了最直接的社会教育平台,有助于了解和抵制腐败。但是,要成功开展这样的实践教学活动,前提是要有足够的资金作为保障,这需要学校的大力支持。二是提高思想政治理论课教师的地位和待遇,这也是做好廉政教育教学工作的重要支撑工作。在一些高职院校,思想政治理论课及其师资的地位和待遇确实偏低,或者这些情况在高职院校中更为突出。学校对思想政治理论课和师资的差别对待,不仅会打击教师的教学积极性,还会对学生的学习倾向产生负面影响。因此,高职院校应充分重视这一问题,努力提高思想政治理论课教师的地位和待遇,为开展廉政教育教学提供更好的环境。

(五)充分利用网络资源,开展廉政教育

目前,许多高职院校拥有完善的网络条件。在高职院校思想政治理论课中,可以充分利用学校的网络条件,开展廉政教育。例如,可以购买、选择、制作大量与廉政教育相关的教学资源,并将其安装到校园网中,形成大规模的网络教学体系,满足师生的广泛使用需求。思想政治理论课教师可以创建校园廉洁教育网,编辑本专业近年来典型腐败案件,制作警示教育视频,公开廉政规章制度,供学生浏览。

六、结　语

高校要培养新形势下合格的高素质人才,需要加强廉政教育,要加强宣传,让廉政教育走进学生生活、走进课堂、走进学生心中;要让学生充分认识到廉政教育的重要性,开展以廉政为主题的教育活动;同时,要将高校思想政治教育与廉洁教育充分结合,突出廉洁教育的重要性和当前社会对廉洁教育的重视。

参考文献

[1] 黄显琴.高职思想政治理论课教学与廉洁教育相结合的探析[J].时代教育,2013(10):48-49.

[2] 夏晓青,郑伟东.高职院校学生廉洁教育的调查分析及对策思考[J].产业与科技论坛,2013(20):119-120.

新思想政治教育背景下大学生廉政教育的实现途径①

楼　青②

[摘　要]大学生廉政教育是高校廉政教育的重要内容,是思想政治教育的重要组成部分。本文阐述了大学生廉政教育的必要性,分析了大学生廉政教育存在的问题,从学校、教师、学生等不同的角度,提出开展大学生廉政教育的有效途径。

[关键词]大学生;廉政教育;思想政治教育

提高大学生政治思想觉悟,培养大学生党员党风廉政建设的思想意识,使得大学生踏入社会时拥有敬廉崇洁的道德品质,这不仅是在源头上预防腐败现象滋生蔓延的系统工程,又是构建社会主义和谐社会、培养社会主义合格建设者和接班人的重要政治保障。党的十八大强调了党风廉政建设的重要性,其是廉政教育、反腐倡廉的重要基础,是预防、惩治腐败的重要措施。

大学生廉政教育主要是指在社会主义核心价值观的引领下,努力培养高校大学生的廉政意识,使他们能够自觉远离腐败陷阱,培养他们明辨是非的能力,以提高大学生对未来工作中可能出现的诱惑的免疫力,能够运用法律武器同不廉洁现象做斗争,坚定地维护社会的公平与正义。在新形势、新环境下,想要遏制贪污腐败行为,就必须从青年这群后备力量抓起,做到防患于未然。加强大学生廉政教育是源头上的重要一环。

---

①　本文已发表于 2020 年第 47 期《魅力中国》。
②　楼青,义乌工商职业技术学院讲师,研究方向为高校思想政治教育。

一、开展大学生廉政教育的重要性

(一)大学生廉政教育是发展和谐社会的基础

大学生是社会主义现代化建设的接班人,是政府各部门、行政事业单位的后备力量,是我国实现"中国梦"的主力军。加强大学生廉政教育,培养学生遵纪守法、廉洁诚信的思想道德情操,帮助学生提高辨别真善美的能力,提高学生抵御腐败思想、与腐败现象抗争的能力。廉政既是心灵的追求,也是行为规范,大学生廉政教育具有不可替代的历史使命和时代价值。

(二)大学生廉政教育是构建和谐校园的必然要求

美好和谐的校园环境有助于大学生的成长与发展。在校园文化建设中,宣传反腐倡廉新进展,传播廉政文化,能够让大学生的廉政文化意识在受教育的过程中逐渐深化。廉政教育的开展能够规范大学生的日常行为与习惯,使他们对自己与他人进行批评,客观地看待各种社会现象,学习相应的法律法规常识,学会恰当地处理身边的反腐行为。强化对大学生开展廉政教育是实现学生思想素质养成的重要基础,更是新的教育形势下高等院校对学生个人素质的基本要求。

二、大学生廉政教育存在的问题

(一)大学生廉政意识淡薄

大多数大学生专注于专业课学习和社会活动能力的提升,不重视思想道德品质的锤炼和提高。部分大学生虽然关心政治关心热点话题,痛恨社会上的各种腐败现象,但是对发生在身边的不正之风,诸如考试作弊、论文抄袭、拖欠学费等现象则见怪不怪。有一部分大学生因为成长环境和家庭环境不同,对信仰追求、价值取向、诚信意识以及社会责任感都缺乏正确的认识,从而缺乏吃苦耐劳、团队协作的精神,自身的素质也不高。他们对腐败现象的认识不够全面,对反腐败能否取得成功存在消极情绪。这反映出大学生廉政教育意识过于淡薄,对廉政教育缺乏系统、专门的认知。

(二)大学生廉政教育缺乏长效机制

廉政教育在高校开展不够全面,也不够深入,很多学校主要抓党员干部,抓领导干部,而对学生的廉政教育主要停留在学生党员和学生干部中,对普通学生缺乏全面的教育。现在很多高校也在开展廉政教育,但是不够系统、不够全面,在形式和方法上有待提高,比如有的高校以学校纪检部门开展活动为主,这样教育面不宽,影响也不够大。因此,我们还要进一步建立健全高校大学生廉政教育的长效机制,让廉政教育得到真正普及,让每个大学生在思想上都有一个主动学习的意识。

(三)大学生廉政教育内容针对性不强

大学生廉政教育的主要内容是强化学生的廉政观念,提高其廉政意识。大学生廉政教育是今后高校教育管理工作的重点,其所涉及的内容对学生的影响很大。所以,我们要在认识廉政教育重要性的同时发现其不足。目前虽然大部分学校都能够开展思想政治教育,但涉及廉洁廉政方面的内容较少。大学生廉洁教育是社会廉洁教育的重要组成部分,我们要结合学生的个性特点和思维模式,一定要避免传统的灌输式教育,展开有针对性的廉政教育内容。因此,高校应该注重因材施教,运用更加符合大学生认知思维习惯的方式方法,并结合他们的学习特点,努力激发他们的兴趣,才能逐步取得效果。

三、开展大学生廉政教育的有效途径

(一)健全大学生廉政教育的长效机制

廉政教育是一个持续、长期的过程,大学生的廉洁教育需要强有力的机制作为保障。各高校要制定相关的制度,由学校领导带头,统一部署和领导,建立由党委宣传部、学校纪委、共青团委和马克思主义学院等主要负责人组成的领导小组,再加上各职能部门联合行动,做好大学生廉洁教育工作的部署、规划、检查和考核评价工作,并将这项工作纳入学校工作的基本内容。

(二)加强大学生日常行为规范的培养

高校要激励大学生树立伟大理想信念,形成廉洁意识,激励大学生从现在做起,从小事着手,从细微之处做起,逐渐养成清正廉洁的思想和行为习惯。在日常学习过程中,大学生要遵守学校的规章制度,不旷课、不迟到早退,有事及时请假,勤勉学习;在完成作业、论文、考试方面,不抄袭、不杜撰、守诚信;在日常生活中,不攀比、不跟风、不过度消费;在为人处世方面,待人诚信友善、尊敬师长、友爱同学、彬彬有礼。高校通过加强学生日常良好行为习惯的培养,帮助学生树立清正廉洁的意识,为营造良好的政治生态贡献自己的力量。

(三)充分发挥课堂主阵地作用

在课堂教学中强化大学生的政治信念,明确大学生的政治方向,培养大学生的廉政意识。教师将习近平总书记关于廉政建设的相关讲话精神和中央反腐倡廉建设的相关精神融入日常的课堂教学,宣传社会主义核心价值观,传授廉洁自律方面的理论知识、相关的格言警句,传播廉洁文化,营造廉洁自律氛围。在充分发挥思想政治理论课、法律与道德修养课等思政相关课程的主要作用的同时,还应挖掘其他课程与廉洁文化的切入点、结合点,将廉政教育融入教学的方方面面。在教育内容的选择方面,要做到有的放矢,分阶段对不同专业、不同阶段的大学生采取适合他们特点的教育内容,增强廉洁教育的实效性。

(四)创新廉政教育的教学方式

以传统的课堂讲授、灌输的方式对大学生进行廉政教育,学生参与度和积极性不高,效果甚微。各个高校都在探索大学生喜闻乐道的方法和手段进行廉政教育。在新媒体飞速发展的时代,新媒体的引入改变了很多大学生的生活、学习方式,新的社交软件成了学生沟通交流的重要方式。所以学校可以通过广播、电视台、网站、微信等网络平台,进行廉政建设宣传,加强廉洁教育,还可以通过App等便捷的途径把大学生廉洁教育内容进行推送,方便学生通过网络及时在线或随时在线远程学习,创新大学生廉洁教育的手段。此外,还可以开展各种社团活动或比赛,比如辩论赛、廉政知识竞赛、诗咏比赛、体育竞赛等活动,让广大学生能够创造性地开展自我教育活动,进行廉洁文化意识的培养。通过组织学生座谈、讨论、研究,深化教育效果,引导大学生在理性思考和辨析中接受廉洁教育,增强廉洁教育的实际效果。

(五)营造崇洁尚廉的校园氛围

学校可以通过党课、网络新媒体、校园宣传招贴、廉政教育基地参观,潜移默化地引导广大学生树立自律、自省等意识。在各类活动中,党章、党徽、党纪和党规都是重要的廉洁教育教学内容,有关廉洁教育典型事例以及时代英雄和榜样人物的宣传活动,也能极大地激发大学生自觉树立远大理想信念,强化他们的廉洁自律意识。

(六)增强教师的榜样示范作用

教师在教育教学中应该为人师表、廉洁自律,用高尚的道德情操和清正廉洁的行为感染学生,用自身的人格魅力为学生树立榜样,以春风化雨、润物细无声的方式影响学生,引导学生树立正确的廉政观。教师党员可以和学生结对子,对大学生进行思想上引导、工作上指导、生活中帮扶。管理人员要廉洁行政、廉洁服务,科学管理、诚信服务,坚决杜绝损害学生利益的各种不正之风。各高校可根据对大学生进行廉洁教育的需要,定期对教职员工进行廉洁从业教育的培训,并将他们参加廉政培训的表现作为年终考评、评优评先以及职称晋升和干部选拔的重要依据。

大学生廉政教育是一个潜移默化的过程,高校应制定有效的管理机制,构建良好的校园环境,强化大学生的思想道德建设,培养学生良好的价值观,提升学生的个人品质。教师应创新教学方法,将廉政教育有机地融入日常教学,并以身作则,树立榜样,使学生养成诚信的处事原则,树立顽强的意志品质,形成良好的学习工作作风,达到良好的廉政教育效果。

参考文献

[1] 袁梨梨,吴红.中国传统文化的廉政思想推进校园廉洁文化建设路径分析[J].汉字文化,2019(23):16-17.

[2] 陈刚,曾蓉,谢娜,等.当代大学生的廉政教育的现状及对策研究[J].智库时代,2019(49):66-67.

[3] 王小元,李胜男.提高大学生廉洁教育实效性研究[J].江西理工大学学报,2018(2):81-85.

新形势背景下高职院校大学生廉政教育的有效途径探索①

朱静娴②

[摘　要]近年来,在全面从严治党、大力加强反腐倡廉教育和廉政文化建设的新形势大背景下,随着高职院校教育改革进程的持续推进,廉政教育的开展也受到了社会各界的广泛关注。本文围绕高职院校大学生廉政教育,分析和探索如何在新形势大背景下有效地开展廉政教育。

[关键词]高职院校;大学生;廉政教育

在党的十九大报告中,习近平总书记对"全面从严治党"做了重要论述和战略安排。其中,反腐败斗争是重要内容,同时强调要"大力加强反腐倡廉教育和廉政文化建设","反腐倡廉是一个系统工程,需要多管齐下、综合施策,但从思想道德抓起具有基础性作用"。

高职院校承担着培养职业技能型人才的重担。在这样的新形势背景下,高职院校应该将廉政教育工作与校园文化建设有机融合,努力提升高职院校大学生的廉政意识,引导其养成良好的行为习惯,提高其思想觉悟。

一、高职院校大学生廉政教育开展现状

近年来,高职院校积极响应党的号召,全面贯彻习近平总书记系列重要讲话精神,重视并大力开展大学生廉政教育活动,也制定了相应的细则和办法,确实取得了一些成效,但因为廉政教育应用到高职院校的时间较短,所以仍然存在以下三方面的显著问题。

---

① 本文已发表于 2020 年第 23 期《智库时代》。
② 朱静娴,义乌工商职业技术学院讲师,研究方向为党建与廉政教育研究。

（一）廉政教育主体发挥的作用不够充分

很多时候,高校的教育主体对大学生的廉政教育认识还不够深刻,往往会觉得公共权力对在校大学生而言还很遥远,廉政对其而言无从谈起,更加与腐败联系不上。由于这些原因,大学生并未真正被纳入高职院校廉政教育的对象,廉政教育的长效机制更是无从谈起。

（二）廉政教育内容单一空泛,存在一定的形式化倾向

目前,高职院校中的廉政教育还缺乏较系统的教材以及完整的教育体系,内容方面也多限于基本理论,缺乏与实践活动的结合,方式上多见于党课、讲座等传统的"灌输",很少根据大学生的思想活跃性和对新奇事物的强大接收能力来开展有针对性的廉政教育,因此往往会沦落为生硬的"说教",很容易让本来就缺乏吸引力的廉政教育变得更加困难,产生的教育效果也很难得到实际体现。

（三）大学生对廉政教育认知不足

通过调查发现,绝大多数大学生都痛恨社会上的腐败现象,对开展廉政教育的必要性持肯定态度,但是对于廉政教育的概念、本质以及平时与自身的联系等方面,却知之甚少,这一现象说明当前高职院校大学生多热心于专业课学习和社会活动能力的提升,而对于廉政教育的认知存在一定的偏差。

二、加强高职院校大学生廉政教育的有效途径

从高职院校大学生廉政教育现状的调查结果来看,当前高职院校的廉政教育开展情况不甚理想,这显然也是亟须每一个高职教育工作者去解决的重要课题。

（一）充分发挥课堂的主渠道作用

一方面,充分发挥传统主渠道作用,如利用党课、就业指导课、思政课等,全面系统地讲授相关的基本理论,形成正确的世界观、人生观、价值观,使明辨是非的能力和腐败堕落的免疫力在大学生群体中生根发芽、根深蒂固。

另一方面,加大课程思政的建设力度。在日常教学过程中,努力做到"课程

门门有思政，教师人人讲育人"。教师不能只做传授书本知识的教书匠，还要通过优化课程设置、修订专业教材、完善教学设计、加强教学管理等手段，挖掘任教课程中所蕴含的思想政治、廉政教育元素，将它们有机融入课堂教学各环节。

（二）积极开展形式多样的廉政教育活动

充分利用现代信息传播手段。除了利用传统的媒体营造廉政主题的校园文化氛围外，还可以充分利用网络和电脑、手机等新兴媒体，在相关网站、微博及微信等大学生使用广泛的社交平台上及时发布高职院校廉政教育相关信息，在潜移默化中发挥教育作用，最终达到入脑入心的效果。

积极开展多元化廉政教育活动。既然以思政教育为主要方式的传统廉政教育效果不甚理想，那么探索多元化、趣味性的方式进行辅助，调动大学生们的积极性，尤为重要，如开展以廉政为主题的绘画、摄影、书法、演讲、歌唱、知识问答等比赛，最终达到廉政教育的目的。

（三）大力推进校园廉政文化建设

高职院校是人才培养的基地，理应建立属于高职院校的校园廉政文化，时刻引导每一个在校大学生的健康成长。同时，在不断的实践与探索中，将廉政文化融入校园日常管理和教学活动的各项工作当中，在潜移默化中时刻提醒师生们保持对腐败等不正之风的高度警惕。

发挥管理人员和一线教师的表率、引导作用。管理人员应在工作过程中坚持科学管理、诚信服务的原则，对损害学生利益的各种不正之风坚决说"不"。一线教师应在教育教学过程中，坚持为人师表、廉洁自律的原则。针对相对更为优秀的学生党员群体，应通过在思想上引导、学习上指导、生活中关照，给予更多的关注和教育。

坚持各项工作机制公平、公正、公开。尤其是针对涉及学生切身利益的各项决策和规定，如学生管理规章制度、学生干部的选拔、奖助学金的评比、各类评奖评优、大学生党员的发展等，必须做到整个过程公平、公正、透明、公开，努力营造依法治校的氛围，使学生们在潜移默化中受到廉政文化的熏陶，并将廉政融入自我的精神世界。

总之，在新形势背景下，加强高职院校大学生廉政教育的有效途径在于：充分考虑高职院校大学生的实际现状和未来发展，在日常管理和教学过程中，既遵循大学生思政工作一般规律，又兼顾廉政教育的目标任务和思想内涵，既发挥传统主渠道作用,又充分利用现代科技手段,大力提高廉政教育效果,培养出爱国守法、理想坚定、诚实守信、廉洁做人、干净做事的合格大学生。

参考文献

[1] 李振华,梁佳敏.全面从严治党背景下大学生党员廉政教育研究[J].南方论刊,2015(7):60-61,78.

[2] 宋莹莹.大学生廉洁教育的探索与思考[J].佳木斯职业学院学报,2015(11):104-105.

[3] 陈淑贤,韩双,胡晓晴.加强大学生党员廉政教育的有效途径探索[J].辽宁师专学报(社会科学版),2019(5):88-89.

[4] 郭颖.新形势下高校党风廉政建设和反腐败工作策略浅析[J].法制博览,2020(2):214-215.

[5] 孙永超.对新时代推进高校廉政教育的思考[J].学校党建与思想教育,2020(7):21-23.

基于智慧校园的高职院校廉政教育现状分析①

喻齐彬②

[摘　要]在推进教育信息化的进程中,智慧教育是实现教育信息化的有效途径,智慧校园是实施智慧教育活动的丰富载体。高职院校作为高等教育的组成部分,是推进教育信息化的主阵地,更是开展党风廉政教育的示范地。从高职学生廉政教育的必要性、开展廉政教育的有效途径和开展廉政教育的活动内容等三方面阐述在智慧校园中高职院校廉政教育的基本现状,并对其现状进行分析与总结。

[关键词]智慧校园;高职院校;廉政教育

党的十九大做出中国特色社会主义进入新时代的重大判断,开启了加快教育现代化、建设教育强国的新征程。新时代赋予了教育信息化新的使命,也必然带动教育信息化从 1.0 时代进入 2.0 时代。在教育信息化的新进程中,智慧校园作为一个落脚点也在不断夯实与巩固。而廉政教育是高校政治工作的重要组成部分,其本质是一种思想政治教育,高校的廉政教育理应是中央全面从严治党最新思想的传承和落实。

一、高职学生廉政教育的必要性

大学生廉政教育,是指高校运用腐败与反腐败的理论和实践,对大学生施加有目的、有计划、有组织的教育,培养大学生的廉政意识和廉政技能,增强拒腐防变的理念和能力,逐步形成体现廉政自律、爱岗敬业的职业观念的教育教学活

---

① 本文已发表于 2020 年第 25 期《文存阅刊》。
② 喻齐彬,义乌工商职业技术学院讲师,研究方向为职业教育与廉政教育研究。

动。高职学生在学业成绩上虽有些"力不从心",但在思想政治教育上却一刻也不能放松,思想是行动的本源。开展大学生廉政教育是大学生思想政治教育和价值观教育的重要内容,是实现自我内心不断向好向善的重要驱动力,更是大学生日后为人处世的行为准则。

(一)制度性文件

2005年,中共中央印发《建立健全教育、制度、监督并重的惩治和预防腐败体系实施纲要》的通知,提及要加强反腐倡廉教育,筑牢拒腐防变的思想道德防线,加强反腐倡廉制度建设,充分发挥制度在惩治和预防腐败中的保证作用。2020年7月,李克强总理在国务院第三次廉政工作会议上的讲话中提出要加强政府系统党风廉政建设和反腐败工作,有力促进疫情防控和经济社会发展。高职院校学生廉政教育是基础性工作,充分体现国家对党风廉政建设的高要求高标准。

(二)高职学生自身发展的需要

高职院校是高等教育的重要基地,其毕业生在社会的各行各业都有出色的表现,在自己的工作领域中形成鲜明的特色。大学期间的思想政治课是每个人的必修课,也是汲取精神食粮的重要来源;在专业课的学习过程中,思想政治教育将有助于其对"专业"加深理解与感悟,教师会将"专业"所体现的精神与高职学生的世界观、人生观、价值观相结合,只有这样才能使学生在学有所成的同时进一步发光发热。

(三)高校培养人才目标的要求

在新时代的发展背景下,创新更是全面发展的持久动力,高职院校学生在他们擅长的领域充分展现技能优势,成为我国社会主义现代化建设中的中坚力量。开展高职院校廉政教育,是立德树人的基本要求。培育好学生的"德",塑造学生有品有德的优秀人格,是高校的根本任务。

二、开展廉政教育的有效途径

高职院校的发展壮大,离不开信息时代的推动,基于智慧校园的顶层设计与实施框架,廉政教育的开展途径将从线下教育转变为线上线下相结合的教育。

过去的线下班级授课是满足大班教学的有效途径,教师与学生进行面对面互动交流,进一步促进师生之间的良好教学体验,在一定程度上也可以保证教学质量的有效性。但在疫情背景下,企业、工厂、学校不能及时复工复产复学,学生面临在家学习的"窘境",必须面对电脑进行课堂学习。因而,智慧校园的教学平台建设将为高职院校开展廉政教育提供资源服务和技术保障。教师可以在无限的优质教学资源中选取适合自身教学的资源。在线上教学时,教师要熟悉各种按钮操作,掌握学生的学习动态,这是一种异于传统的教学方式。智慧校园平台可以使学生在不同空间、不同终端、不同时间进行异步学习,这也符合学生的个性化学习要求。廉政教育可以与廉政文化相结合,创新廉政文化宣传手段,开展"互联网＋"廉政文化活动,结合微信小程序、App等渠道,精心设计廉政教育主题活动。当然,课堂之外的廉政教育也是必不可少的,教师可以组织学生参加廉政文化实践活动,参观红色革命圣地、接受心灵的自我净化。社区是开展廉政教育的实践场地,"进社区"以微电影、情景剧、小品等活动形式开展,既丰富了居民的精神生活,也拉近了教师、学生和居民的心灵距离。

三、开展廉政教育的活动内容

现有的廉政教育活动可能更多的是流于形式,教师与学生简单开一个主题班会,教师对照着相关文件进行照搬照读,而学生对此也是一种"可有可无"的心理状态,这在一定程度上是一种无效活动,因为教师没有对廉政教育内容进行精心设计与安排。在高职院校中,思想政治课是每位大学生的必修课,更是引导学生如何成为一名合格大学生的专业课。

(一)廉政教育进思想政治教育课堂

思想政治课是开展大学生廉政教育的主课堂,是实现大学生廉政教育目标的重要途径。在平常的高职院校教育教学过程中,可能并没有很好地将思想政治教育与廉政教育相结合,两者各自独立,没有找到契合点。而智慧校园平台就可以借助新媒体、新技术、新资源将思想政治理论与廉政教育理论有机融合,做到"四入":"入眼""入耳""入心""入行"。当然,这就涉及教学设计的问题,如何在智慧教室中将思想政治课融入廉政教育的内容,而且要发挥出智慧教室的信息化教学理念,帮助教师开展个性化教学指导。

贴近学生,可以讲授一些生活中的案例,诸如百姓向有关部门反映选举中出现的腐败问题,让学生分组讨论,并对相关问题做一个梳理。这就是一个很好的案例分析,借助智慧学习平台,教师能实时掌握各组学生的讨论成果,对不同小组的成果进行分享和讨论。

(二)廉政教育融入校园文化活动

文化是一种"软实力",能体现一所学校的校风、学风。高职院校的学校文化建设是体现校风学风的重要方式。廉政教育可与校园社团活动、迎新活动、辩论赛等有机结合。在活动开展时,可以利用相应智能设备,比如校园机器人、智能电子设备等服务师生。在校园广播电台、校报、校园论坛上开辟"廉政教育专栏",宣传身边的先进人物与先进事例。同时,还可以在校园内开展校园十大廉政模范人物的评选活动,利用大数据、云计算对全校师生进行评选和分析,让全体师生都参与进来,将所学体现到实践中。

(三)廉政教育与师德师风相结合

百年大计,教育为本;教育大计,教师为本。教师是学校发展的根本动力,是教育教学的组织者、实施者、指导者。教师的一言一行都会潜移默化地影响学生,而在社会上也时常爆出一些教师违规违纪的问题,这是值得我们每一位教师思考的问题,到底哪里出现问题了? 师德师风是教师应坚守的基本准则,廉政教育与师德师风是紧密相关的,教师如果自己不能守住底线,违反校规校纪,那对学生的廉政教育就是一句空话,毫无约束力和影响力。教师自身的职业素质和操守是进行教书育人工作的基础,对学生今后的职业选择和人生规划都起着不可忽视的作用。在师德师风建设活动中融入廉政教育,就是为了不断提高教师素质,打造一支经得起考验、敢于直面学生的优秀教师队伍。

四、总 结

智慧校园是教育信息化发展的产物,在高职院校的发展过程中起着"弯道超车"的作用,廉政教育在智慧校园中可以深入、有效、便捷地开展,将廉政教育融入思想政治课堂、专业课堂、校园文化等多个切入点,有助于实现高职院校廉政教育的整体提升,为培养高职院校学生形成积极、健康、向上的人格品质发挥重要作用。

参考文献

[1] 李红权,张春宇.大学生廉洁教育:目标、现状与对策[J].黑龙江高教研究,2011(10):119-121.

[2] 刘浩,李明华.高职院校廉政文化探究[J].课程教育研究,2018(19):35-36.

新时期高职学生廉政教育的路径研究①

古清悠②

[摘　要]在分析新时期加强高职学生廉政教育意义的基础上,就新时期加强高职学生廉政教育存在的问题进行分析,并对新时期加强高职学生廉政教育的路径选择进行研究。

[关键词]新时期;高职学生;廉政教育;路径研究

一、新时期加强高职学生廉政教育存在的问题

(一)思想意识缺乏,未能正确认识高职学生廉政教育的重要性

高职院校对于大学生廉政教育的重要性的认识不到位,认为大学生与廉政建设关联不大,对大学生实施廉政教育根本没有必要,没必要浪费时间、精力、人力、物力等资源。高等院校的领导干部认为大学生群体还未进入社会,廉政教育为时过早。

(二)工作缺乏针对性,开展廉政教育过程中逻辑不清

党风廉政教育在高等院校当中较其他教育内容实施的时间较短,并未形成良好的体系,大部分都是党风廉政教育脱离于思政教育,更有将党员干部所接受的党风廉政教育和大学生所接受的党风廉政教育两者重合,认为两种教育实为一种教育。这种情况使高等院校在大学生当中开展党风廉政教育时十分缺乏针对性、系统性。教育领域当中缺乏针对性和系统性的表现在于:无法

---

①　本文已发表于 2021 年第 7 期《中外交流》。

②　古清悠,义乌工商职业技术学院讲师,研究方向为高校思想政治教育。

将党风廉政教育与其他教育内容相结合,也无法将中华优秀传统文化内涵进行深入挖掘。

(三)教育方法陈旧,开展廉政教育时渠道单一

高等院校大学生当前接受教育的主要形式为课堂讲解,鉴于党风廉政教育与思政教育两者存在一定的关联性,所以部分高等院校将党风廉政教育划到了思政教育体系之内,采用的是思政教育的实施手段,从思政课的整体课时当中划出部分课时用于党风廉政教育。除此之外,也没有其他的教育渠道。仅通过课堂这一阵地进行教学,对于生活方方面面都充斥着新科技、新技术的大学生而言,方法过于陈旧,效果肯定是大打折扣。

(四)工作体制未建立,缺乏相应的工作体系

高等院校想在廉政教育工作当中取得实效,必须要在工作体制上下功夫。工作体制要紧扣"长效""日常",即要建立一个长效机制,同时融入日常生活、工作中。目前,大部分高职院校未建立专门的学生党风廉政教育工作体制,在资金、师资、设备、场地投入上也十分有限,关于党风廉政的实施效果评价体系、监督体系也尚未建立,这就必然导致"长效""日常"无法落到实处。

二、新时期加强高职学生廉政教育的路径选择

(一)提高思想站位,着力提升廉政教育地位

高等院校在实施教育活动过程中,必须把党风廉政教育放在重中之重的位置。高等院校是教书育人的基地,立德树人是根本。党风廉政教育在大学生成长道路上起着重要作用。虽然国家对廉政教育的重视度很高,但高职院校对廉政教育的重视程度不足,了解不深。由于大家对于党风廉政教育的根深蒂固的刻板印象,往往在还没有充分了解廉政教育的内涵时,就一味认为党风廉政教育主体是领导干部,跟群众无关。他们错误地认为只有当上了领导干部,才有腐败的机会,而群众是不需要接受党风廉政教育的。新时期,国家开始了全面从严治党工作,将高等院校也纳入廉政教育的范畴当中,其中也包含了高等院校中的领导干部和一线教师。自从开展全面从严治党工作以来,高等院校在廉政教育上出现了明显的不足。事实上,高等院校应该提高站位,以发展的眼光看待党风廉

政教育,而不是局限在短期的教育实效上,只有改变对党风廉政教育的传统认识,才能有效提高党风廉政教育在大学生、社会各界、高等院校当中的地位。

(二)延伸教育范围,逐步完善廉政教育体系

首先,要想方设法提升党风廉政教育的系统性,明确其针对全体大学生,并非只局限在学生党员或学生干部。在日常教育活动中要做好三方面的融合,也就是将党风廉政教育融入思政教学当中,将党风廉政教育融入中华民族优良传统教育当中,将党风廉政教育融入日常教学当中,以便形成一个有机的整体。其次,要积极打破传统的教育框架,拓宽教育资源。以往开展的党风廉政教育主要聚焦于反腐倡廉问题,而在开展适合大学生的党风廉政教育时仍然将反腐倡廉作为关键点,这就存在一定的短板。对此,要充分吸收、借鉴、总结古今中外的优秀案例成果,从而提升党风廉政教育实施效果。再次,在党风廉政内容选取上,也要针对大学生的不同特质进行差别选择,可将大学生进行分类,根据学生情况有针对性地开展教育工作。

(三)丰富教学方法,改善党风廉政教育实施渠道

高等院校在实施党风廉政教育时,首先,要明确课堂绝对是主战场。在主战场之外,要不断拓宽教育渠道。通过校园文化、社团活动、网络媒体等不同的阵地进行多方位教学。其次,教学方法也十分重要,如果仍然采用传统的被动学习方式,效果肯定事倍功半。丰富教学方法就要充分了解当前大学生们的喜好,了解他们的个性化需求,利用当前比较流行的新媒体平台进行教学,用更为直观生动的形式,提升高职学生对党风廉政教育的兴趣,增加师生互动,让高职学生主动参与教学活动中。

(四)构建长效机制,提升党风廉政教育的教育效果

完善党风廉政教育体系是当务之急,务必要明确领导负责制。应加强组织领导,开展全面工作,狠抓制度落实。通过学习和落实党风制度文件,完善资源配置、师资投入、场地安排、设备采购,全方位保证党风廉政教育工作的有效开展。除了设立专门部门,还需要其他部门的组织配合,通过校行政部门,如团委来组织活动、工会来争取资源、宣传部来营造氛围,再由组织部统一协调,形成合力,达到教育的最佳效果。

参考文献

[1] 刘小夕.高校廉政风险防控研究[J].对外经贸,2020(8):108-110.

[2] 张阿兰.新时代加强大学生廉政教育的路径研究[J].改革与开发,2019(5):104-107.

新时代大学生廉洁教育主体意识的
培育关键思路分析①

柯红红②

[摘　要]大学生是未来国家建设的中坚力量,加强廉洁教育关系到国家和民族的发展,在新时代,大学生群体的思维意识和价值观念出现了一定的变化,高校在开展廉洁教育过程中,要注重培育学生主体意识,促使其主动参与,成为廉洁教育的组织者和参与者,在活动中形成正确的廉洁意识。

[关键词]新时代大学生;廉洁教育;主体意识;培育思路;分析

在构建廉洁政治生态环境的引导下,我国反腐倡廉的力度不断加强,而想要从根源上杜绝贪腐行为,则要在大学生群体中开展廉洁教育。高校要高度重视廉洁教育,要认识到廉洁教育和国家未来的关系,通过主体培育促使学生形成正确的价值取向和思想信念,进而促使他们在未来职场发展中,更好地规范个人行为,成为一名新时代需要的人才。

一、实行线上培育

现代大学生成长于信息时代,生活和学习对信息技术的依赖程度较高,高校要认识到学生群体的这一特点,在培育主体意识中充分利用信息技术,真正实现"互联网＋廉洁教育"。首先,强化学生的自主学习能力,利用微课的形式将廉洁教育视频分享给学生,学生能够充分利用平时时间观看视频,通过自主学习加深对廉洁教育的认知,进而形成一定的廉洁意识和廉洁精神;其次,构建廉洁教育平台,鼓励学生利用平时机会收集关于廉洁教育的资源,并且主动分享到平台

---

①　本文已发表于 2021 年 28 卷第 7 期《中外交流》。
②　柯红红,义乌工商职业技术学院副教授,研究方向为基层党建。

上,形成主动参与廉洁教育的意识;最后,将互联网作为课堂的延伸,调动学生参与线上教育的热情,深化"课堂＋线下"的教育模式。

二、培育主体自觉

在培育主体意识中,高校要注重深化廉洁教育模式,培育当代大学生群体的主体自觉,促使其将廉洁作为一种自觉的行为,不断地规范和完善自我。首先,加强大学生群体对"廉洁"的思想认同和情感认同,并且在学生干部群体中评选"廉洁学生干部",将其作为典型在校园中宣传,起到榜样的辐射作用,在校园中形成廉洁的新风尚;其次,锻炼学生的顽强意志和廉洁品质,在奋斗和苦难中形成廉洁之志,利用老一辈革命家的事迹和精神感染学生,促使其形成廉洁精神;最后,将日常生活作为培育主体自觉的重要阵地,要求学生在校园生活中严于律己,并且主动参与到校园廉洁实践中,将廉洁意识转变为外在行为,进而在进入社会时拒绝诱惑、抵御诱惑,坚守个人底线,具备良好的廉洁素养。

三、推动主体育人

校园是学生生活学习的场所,同时也是开展廉洁教育的前沿阵地,高校要发挥育人主体作用,将校园变为学生成才的良田沃土。首先,打造一支廉洁操守、道德高尚的教师队伍,教师作为倡导和传播廉洁文化的主体,不仅要在知识方面引导学生,更要在品行方面成为学生的指航灯和引路人;其次,高校教师要定期组织学生开展廉洁教育讨论,包括案例警示、研讨会、论坛、讲座以及主题班会等,鼓励所有大学生都积极参与其中,通过各种形式的廉洁教育,构建立体化、全方位的育人体系,促使教育活动更具直观性、生动性以及形象性;最后,高校的党建部门、纪检监察、团委部门都要积极参与到主体育人中,将廉洁教育作为日常工作的核心和焦点,全面推动廉洁主体育人。

四、融入社会教育

大学生在毕业后终将步入社会,而在诱惑面前,要想更好地抵御诱惑,成为一名廉洁的社会公民,共建清正廉洁的社会风气,则要注重引入社会教育,发挥社会教育的职能和作用。首先,高校要积极争取当地政府的支持,在教育经费、教育资源方面加大投入,持久深入地开展廉洁教育和反腐败斗争,净化校园的廉洁环境;其次,对学生群体全面开展法治教育,促使学生形成一定的法治观念和法律精神,塑造其正确的法律信仰,提升学生的责任意识和法律意识,根据法律处理和解决问题;最后,在校园中创设浓郁的廉洁文化氛围,并且邀请法院、检察院的公职人员来校普及廉洁教育,针对学生关心的话题开展对话交流,创设良好而积极向上的社会风气,实现大学生群体的健康成长。

五、强化家庭教育

家庭对学生的影响巨大,在步入大学校园后,学生生活和学习虽然主要在校园中,但是家庭对学生意识的影响依然不可忽视,高校在培育廉洁主体意识中,要注重强调家庭教育的重要性,鼓励家长积极参与到教育中,对学生形成正确的影响。首先,父母要树立正确的廉洁意识和廉洁精神,避免传授给孩子权力商品化和权力私有化的概念,父母要重视树品德、教知识、重身教,成为孩子成长中的榜样,促使孩子在家庭中感受到父母的激励和教育的浸润;其次,家庭作为开展廉洁教育的辅助阵地,每个家庭成员都要成为廉洁文化的传播载体,引导孩子在生活中从小事、从细节做起,成为一名廉洁奉公、秉公守法的社会良好公民;最后,家风建设对孩子成长具有关键作用,家长要将廉洁融入家庭生活中,形成勤俭节约、清正廉洁的家风。

六、结束语

总而言之,大学生群体思维活跃、创新能力强、受到外界因素的影响大,学生的思维意识、生活习惯都出现了一定的变化,积极开展廉洁教育,可以帮助学生在未来成为一名公正、廉洁的人,自觉抵御社会诱惑,为学生未来职场发展奠定基础,推动社会的可持续发展。

参考文献

[1] 吴成国,江成.新时代大学生廉洁教育主体意识的培育[J].学校党建与思想教育,2020(8):25-27.

[2] 顾剑锋,李智水.新时代大学生廉洁教育的时代表征与路径创新[J].廉政文化研究,2020,11(4):25-30.

[3] 韩培姿.思想政治教育视域下大学生廉洁教育研究[D].大连:辽宁师范大学,2018.

关于高职院校学生骨干廉洁教育的建设思考①

王晶晶②

[摘　要]本文通过总结目前高职院校学生骨干的一些失廉失范行为,深刻剖析了其内在原因,提出通过构建有效的廉洁教育制度、营造多层次的廉洁文化环境、发挥全员育廉的功效等方法加强对学生骨干的廉洁教育。

[关键词]学生骨干;失廉失范;廉洁教育

高职院校学生骨干是指在学生中表现突出、综合素质相对过硬的先进群体,包括班级、学院及学校三个层面的团学干部、社团干部、学生党员等。学生骨干是高职院校里最活跃的一个群体,是学生工作力量的重要组成部分,他们在思想政治工作、学生队伍建设以及学生教育管理中起到了重要作用。学生骨干群体的所言所行所为在全体学生中具有榜样辐射与导向作用,加强对这部分群体的廉洁教育研究,有利于为国家培养合格的接班人,有利于提升学校的校风校纪,有利于学生自身的健康发展。

一、存在的问题及体系构建与实施的重要性

(一)当前学生骨干失廉的具体表现

目前高职院校中大部分学生骨干能本着为同学服务的原则,积极向上,廉洁自律,他们是全体学生中的佼佼者,是高职院校教师各项工作的左膀右臂。在复杂的外部环境影响下,在象牙塔内纵横交错的交际网中,学生骨干也存在着以下几种失廉失范的行为。一是违规挪用经费或滥用活动经费的现象。高校部分学

---

①　本文已发表于 2021 年第 13 期《教育学文摘》。
②　王晶晶,义乌工商职业学院讲师,研究方向为思政教育、学生管理。

生活动会有校外赞助,学生干部往往对这部分经费有一定的支配权,因此存在挪用经费做个人应急之用或慷公共经费之慨,聚餐拉关系等现象。当然此类现象随着学生活动经费的管理越来越规范,已逐步减少。二是部分学生骨干律己不严,出现违纪违规行为,如寝室使用违章电器、上课迟到旷课、抄袭课后作业等。学生骨干是校园内违纪违规行为检查监督队伍的中坚力量,自身的行为不正将大大降低学生骨干在全体学生中的榜样效应,也必将降低学生工作的执行效果。三是以权谋私、拉帮结派现象较严重。学生骨干在学生中间有较大的影响力,校外一些商家以利益为诱惑,让学生骨干为商家打广告、做业务等,如新生入学办电话卡、网络业务等。在市场环境下,此类现象是屡禁不止,甚至出现拉帮结派,明争暗斗,影响学生骨干队伍的团结,也影响了整个队伍的形象。四是利己主义行为。受社会上各类思潮观念影响,部分学生干部非常认同利己主义,同时也是精致的利己主义者。对本人发展有利的事情积极主动,对无利可图的工作敷衍了事。五是"耍官威""多面人"现象。学生骨干中有的学生干部当了"官"之后,就认为自己高人一等,在执行工作过程中颐指气使。在父母、同学、老师、班级中出现以多面示人的"多面人"现象。

(二)学生骨干失廉行为的原因剖析

1.社会层面对大学生的廉洁教育普遍重视不足

整个社会层面对工作人员特别是对政府官员、领导干部的廉洁要求比较高,对学生廉洁教育的重视普遍不足,认为学生与腐败事件联系不多、关系不大。廉洁教育多以思政课堂学习为主,与社会有一定的脱节,一些社会上的真实反腐案件学生知道的比较少,参与廉政建设典型报告会等活动的就更加少,因此很难真实地触动到他们的灵魂深处。

2.学校层面廉洁教育没有形成有效机制

大学生廉洁教育工作没有主管部门,内容也没有非常明确的定义与规范。廉洁教育目前仍依附于思政教育,多以纪检部门、思政课教师、学生工作部门开展阶段性教育为主,大部分高职院校也较少建立涉及廉洁教育的考评机制。对高职院校学生骨干力量的廉洁教育,主要以思政课堂的学习为主,辅以一定的讲座培训等,或在偶尔的会议、活动中涉及一点,而没有全面系统地进行整理与整合,没有形成有效的教育机制。

3.学生个人对廉洁自律的认知不足,廉洁意识淡薄

随着国家社会反腐工作的强力推进,"廉洁"二字已深入人心,但大部分学生对廉洁的含义、内容等的认识并不清晰。大部分学生包括学生骨干对廉洁的认知还仅仅停留在新闻报道中的政府官员贪污受贿的认知中,认为廉洁与自己的关系不大,廉洁意识淡薄。有的甚至认为只要做好事情,从中捞一点辛苦费无伤大雅,这也是导致一些学生骨干出现失廉行为的原因之一。高职院校的学生大部分相对自我管理能力比较弱,自我要求也偏低,因此也容易出现违纪违规等失范行为。大学生在生理年龄上已成年,但心理年龄上还处于关键过渡期,很多还未形成自己正确的三观,很容易被各种貌似有理有据或者标新立异的网络思潮所蛊惑,他们可能会崇尚社会关系,或者将社会上的那一套照搬照抄至学校生活,导致认知偏离,廉洁意识淡薄。

(三)开展学生骨干廉洁教育的重要性与必要性

学生骨干是高职院校中的优秀群体,进入社会后也将会成为各行各业的精英,做好这部分学生的廉洁教育,有助于和谐校园、和谐社会的发展。学生骨干进入事业单位、政府部门的比例比普通学生要高,做好这部分学生的廉洁教育,可以将预防腐败的关口前移。学生骨干在思想与个人能力上可能较普通学生有更多的优势,但是对于一些尚未形成正确价值观的学生骨干来说,加强对学生骨干力量的廉洁教育,培养学生骨干做事公平公正、做人正义、廉洁自律、诚实守信、健康向上,有助于其个人的健康发展。

二、学生骨干廉洁教育体系的构建与实施

(一)制度育人,构建有效的廉洁教育制度

一是规范选拔机制,源头保廉洁。学生干部选拔、学生党员发展等过程是筛选学生骨干力量的源头工作,源头工作的公开透明以及流程的规范化,一方面可以在过程中做到保廉遏腐,预防出现拉票等失廉行为,另一方面从学生品质方面入手可以有效遏制有失廉行为的学生进入骨干队伍,从而获取更优质的学生骨干力量。通过制定合理的学生干部选任办法、学生党员发展流程、社团运行章程等,从制度层面保证学生骨干队伍的廉洁性。二是健全培养机制,提高廉洁意识。学生骨干在个体发展及业务能力上都有各自的长处,但在廉洁意识方面却

是参差不齐的。可以通过各类学习培训,针对不同的学生骨干力量制定不同的培养方案,将廉洁教育渗透至培养过程中。同时在关键环节关键节点渗透廉洁教育,如学生干部入职培训、入党培训、毕业生党员廉洁从业的培训等。三是优化评价与监督机制,强化管理保廉洁。人员监督与制度监督双管齐下,通过教师的监督、学生干部之间的监督、学生对学生骨干力量的监督等方式保证学生骨干在权力行使过程中的公平与公正性。制定权责明确的学生权力运行机制,让学生骨干行使权力有据可循,让监督人员行使监督权有据可查。

(二)文化育人,营造多层次的廉洁文化环境

廉洁文化主阵地建设。思政课程与课程思政,是廉洁教育的主阵地。思政课程中本身已包含社会主义核心价值观、法律法规等廉洁教育内容,各高职院校在主阵地建设上都已充分重视。可以将廉洁教育与社会实践相结合,如组织学生骨干进行社会调研、参观廉洁教育基地等,既丰富思政课程内容,又能加深学生体验,提高廉洁意识。

廉洁文化育人环境建设。一是加大廉政文化建设的"硬环境",比如廉政长廊、廉政故事天地等硬件环境,在硬环境中感受学校对廉洁的重视,在学生心中留下廉洁烙印。二是创建廉洁文化"软环境"。通过培育廉洁教育网络平台、廉洁教育宣传平台,开展廉洁教育系列活动等,多维度加强廉洁文化"软环境"建设。如将社会主义核心价值观、诚信、廉洁从业等内容融入学生的第二课堂中,积极开展健康向上的廉洁教育活动。

以上各类廉洁教育活动中,学生骨干是这些活动的重要组织者与参与者。学生骨干通过活动策划、组织、参与,将更深刻地将廉洁意识植入脑中,促进思想成熟。

(三)言传身教,发挥全员育廉功效

学生骨干力量是与教师接触最多的一个群体,教师的言行举止会在一定程度上影响学生骨干的世界观、人生观、价值观以及做事风格的形成等。目前高职院校中单设一支廉洁教育教师队伍似乎有一定的困难,不过可从做好师资培训,引导教师树立高尚的品德、廉洁从教的意识,从而提升教师队伍的廉洁教育能力。把反腐倡廉教育纳入师德师风建设中,通过教师的言传身教将廉洁信念植入学生的脑中、心中。

三、总　结

　　加强对高职院校学生骨干的廉洁教育是一件符合时代发展需要,符合学生个人成长规律,符合高职院校培养社会主义合格接班人的必要工作。当前各高职院校对学生的廉洁教育越来越重视,我们希望通过构建有效的廉洁教育制度、营造多层次的廉洁文化环境、发挥全员育廉的功效等方式方法加强对学生骨干的廉洁教育,使学生骨干更愿意接受教育,并积极主动地参与到廉洁律己的行列中去,通过自身的辐射作用,影响到更多的学生。

参考文献

[1] 陈慧燕.基于廉政文化建设的高校学生干部培养模式的创新[J].延安职业技术学院学报,2011,25(1):27-29.

[2] 刘博,韩旭峰,邓斌.高校学生干部廉洁教育现状及对策[J].宁夏师范学院学报(社会科学),2012,33(5):135-137.

[3] 宋文华,杨宏伟.高校学生干部的培养与校风建设的关系[J].河北科技师范学院学报(社会科学版),2004,3(4):45-47

[4] 林欣蓉,游跃.关于高校学生干部队伍廉洁教育的思考[J].长江工程职业技术学院学报,2018,35(2):60-61.

[5] 常洁琼.新时代背景下高校学生干部廉洁教育的现状及对策[J].西部素质教育,2019(20):49,56.

高校教学管理者廉洁教育工作探索①

吕芳芳②

[摘　要]目前,论及高校教师廉洁廉政教育,多从教师廉洁从教、治学视角出发,探索教师师德师风建设、教育教学工作、科研工作等方面出现的问题及对策。但组成高校教师的另一大主体是各个职能部门的行政管理教师,他们在整个高校运行当中充当着不可或缺的角色。从某种程度上来说,对管理人员的廉洁教育相比其他教师更为关键,对他们的廉洁教育也必然影响到整个校园廉洁文化的建设。本文以高校教学管理人员为研究对象,探索教学管理者在高校工作中出现的廉洁问题并提出三点建议。

[关键词]高校教师;教学管理;廉洁教育

高校教学管理人员虽然不直接参与授业解惑的工作,但是他们在整个高校运行当中充当着不可或缺的角色。人才培养、教学科研、学生工作、思想教育等高校育人的方方面面都离不开教学管理人员的身影,他们发挥着"上情下达、联系左右、服务师生、支撑全局"的桥梁沟通和纽带连接作用。在高校廉洁廉政建设的大背景下,高校教学管理者作为高校教师组成的主体,廉洁教育工作不可忽视。

一、高校教学管理工作中存在的廉洁问题

2018 年 11 月教育部印发了《新时代高校教师职业行为十项准则》,规定了广大高校教师落实立德树人任务的要求,规范了教师职业行为准则,其中明确指出"坚守廉洁自律"的要求,这不仅是高校师德师风建设的要求,更是对教师这一

---

① 本文已发表于 2021 年第 10 期《教学与研究》。
② 吕芳芳,义乌工商职业技术学院助教,研究方向为高校思想政治教育。

职业"育人者,先立身"的要求。目前,高校教学管理工作中存在一些廉洁问题,正在蚕食教师的立德树人精神,破坏高校培养人才的环境。

(一)服务育人意识薄弱

高校教学管理人员的工作状态会直接影响到教学秩序乃至教育质量。作为教学管理者应该树立"服务育人"的理念,每一个教学管理环节都需要教学管理者认真对待。大到院系发展、人才培养规划、学科建设、教学评估检查、教学计划实施,小到课表安排、各类考试、课程调停、成绩查询等具体繁杂的管理事务,教学管理者服务的是师生的教学相长,关系到院系教学工作的稳步发展。但目前许多教学管理人员存在"角色权威论"①的错误角色定位,不顾学生和教师的反馈,以自我主观意识对待教学管理事务,更有甚者以此作为获取私利的手段,与师生、家长、校企合作方等进行"钱学""权学"交易,引发校园不正之风,产生众多廉洁问题。教学管理者对待本职工作懈怠、服务师生态度不端等违背教师职业道德的行为,是引起高校教学管理工作中廉洁问题的重要因素之一。

(二)师德师风不正

学高为师,身正为范。教师的职业特性,要求为师者具备较高的品德素质。高校以培养专业人才为根本目的,这也意味着高校教师要做到"师德师风"与"教学科研业务"两手抓。部分教学管理人员因自身未在三尺讲台上承担育人责任,便进入了"事不关己,高高挂起"的误区,从学生思想政治教育的承担者、学术科研的参与者、高校发展的建设者中脱离出来,陷入了"个人主义"的陷阱而不自知。通过暗箱操作、对人不对事等方法,在教学质量评价、考试成绩评定、课程安排、科研项目申报等教学管理工作中,出现滥用职权、谋取私利、学术不端等不正之风。教学管理人员不重视师德师风的约束,廉洁廉政意识不强,归根到底是高校师德建设不完善。一方面,他们自身缺乏教师角色认同感,没有将为人师表的品质内化于心,外化于行;另一方面,学校没有重视教学管理人员的廉政教育,缺乏有效的外部监督管理机制,缺少沟通反馈渠道。师德师风不正,教师必将缺失职业道德,腐蚀高校治学育人的土壤。

---

① 郝宇.探讨高校教学管理人员角色定位及能力提升[J].科技教育,2019(36):99-100.

二、高校教学管理人员廉洁教育的重要性

高校是人才培养的摇篮,是学术发展的阵地,是为社会推送优秀建设者的主要承担者。从整个社会的稳步发展来说,高校建设起着至关重要的作用。因此,保持高校的纯洁性、公正性、专业性、稳定性十分关键,持续推动高校廉政建设,加强教学管理人员廉洁教育具有重要意义。

(一)影响学生思想政治教育

思想政治教育贯穿于学生的日常生活和课程学习之中,而教学管理人员的众多工作直接影响着教学活动的开展,也有许多机会与学生产生直接接触,因此,他们将深刻地影响学生的成长和心灵发展。优良的师德师风不仅是教师职业道德的要求,也是高校教师高素质和强能力的象征,若不对教学管理者进行廉洁廉政教育,任由腐败等不正之风扩散,那么教师将难以成为学生之楷模,甚至让学生形成错误的世界观、人生观、价值观,对其未来造成不良影响,这也同高校立德树人的教育目的背道而驰。

(二)影响校园廉洁文化建设

校园廉洁文化的建设是构建和谐校园的重要环节之一。和谐的校园氛围、纯正的师生关系、公正的办事精神、平等的教学资源等都是和谐校园的内涵。要实现这种和谐,构筑廉洁的校园文化是基石,这需要全体教师恪守行为规范,加强自我约束,自觉提高自我品德修养。高校教学管理人员,作为日常教学工作中师与生、师与师、生与生之间的沟通纽带,接触人群广泛,影响深远,对于构建廉洁校园、和谐校园都有重要作用。若不加强教学管理人员的廉洁教育,将难以营造客观平等的教学环境,破坏和谐师生关系的建立,不利于净化校园育人环境。

(三)影响教学和科研工作发展

高校的两大任务就是开展教学和发展学术,教学工作是根本,也是教师的本职所在。在许多高校的管理体系中,因人员配置的缺失,往往二级学院的教学管理和科研管理由一个部门负责,甚至仅有教学秘书一人承担主要工作。因此,众多教学管理人员肩负两大部门的管理工作,他们面对的工作更加繁杂,接触的人群更加广泛,手中获得的信息和权力也相应地增加。因此,若不加强教学管理人

员的廉洁教育,容易出现教学工作失职、学术研究不端的隐患,破坏高校教学、科研生态的平衡。

三、加强高校教学管理者廉洁教育的三点建议

(一)廉洁教育常态化

各大高校有必要完善廉政教育制度,实现廉洁教育常态化,并以廉政教育为切入点推进师德师风建设。比如,新教师入职培训时,可将廉洁廉政教育作为一个学习专题,充分强调工作中可能会涉及的警诫问题,同时借助腐败案例和处罚规定,让新教师引以为戒,从而在入校之初便将廉洁自律的高尚操守和道德品质植入教师的思想和心灵。对于其他老教师,则落实廉洁教育常态化,并将师德师风建设和校园廉洁文化建设融入其中。通过定期开展宣传活动、主题会议、专题讲座等,丰富廉洁教育的内容和形式,扩大影响和教育效果,让每位教师都能够紧绷"廉洁"这根弦。廉洁教育的常态化是强化教学管理者廉洁自律意识的基本措施,是维护师道尊严的第一道防线。

(二)规范廉洁工作管理机制

高校对待师德师风的考核,需要建立完善的考核制度。一方面,外部监督机制要严明,从根本上防止腐败现象的产生。教学管理中的教师教学、学生学习、校企合作等环节,要明确评估机制和反馈渠道,做到工作程序公开公正。通过将师德师风评价结果纳入人员考核制度,来规范教师各项工作行为,在一定程度上打击腐败的思想,时刻在教师心中敲响警钟,帮助教师坚守住职业道德。另一方面,在制度严明的前提下,廉政检查必不可少。可通过明察暗访、信件举报等方式,定期对师德师风问题进行排查。对于教师当中出现的腐败问题,要查明并严肃处罚。只有在整个校园中营造廉洁自律的氛围,才能将腐败滋生的土壤隔绝在高校之外。

(三)教师要提高自身修养

高校教师有"四自"[①]:自重、自省、自警、自律。廉洁教育的关键在教师自身廉洁意识的提高,将不敢腐、不能腐、不想腐观念真正落实到日常工作中。教学

---

① 颜廷宏.高校教师廉洁从教长效机制的构建[J].廉政文化研究,2018(5):59-64.

管理人员应时刻以"四自"的精神内涵告诫自己,明确教学管理事务无小事,不能心存侥幸,要学会反省自持,规范自己的言行举止,经得起诱惑,守得住初心。广大教师应该将精力和思想集中于工作之中,寻求自我进步和学术发展,通过提高学识和能力来获得自身满足感和认同感,坚定与腐败之风抗争的决心。只有当教师形成了高度的道德自觉性,坚守底线,不越警戒线,不断提高自身的道德修养,廉洁教育才能发挥出最大作用。

参考文献

[1] 郝宇.探讨高校教学管理人员角色定位及能力提升[J].科技教育,2019(36):99-100.

[2] 颜廷宏.高校教师廉洁从教长效机制的构建[J].廉政文化研究,2018(5):59-64.

[3] 王海明,曾令艳,王博文,等.高校教育教学管理人员在思政工作中的作用[J].中国多媒体与网络教学学报,2021(5):144-146.

[4] 袁希.高校基层教学教务管理人员的队伍建设[J].教育现代化,2019,6(101):224-225.

[5] 倪金荣.高校教师廉洁教育的现实意义与路径选择[J].黑龙江高教研究,2013(5):92-94.

[6] 贾宁.高校教学管理者服务育人理念实施的现状及策略[J].绥化学院学报,2021(5):113-115.

[7] 熊志灵.新媒体环境下高校教师廉洁教育工作探究[J].今传媒,2021(7):30-32.

[8] 朱莎莎.师德建设背景下高校教师廉政教育有效路径研究[J].大庆社会科学,2021(1):151-154.

对廉洁文化进校园和大学生廉洁教育的思考①

钱丽莉②

[摘 要]在高校教育教学活动中针对大学生进行廉洁教育,对促进学生的终身成长具有重要意义。在针对大学生进行廉洁教育的过程中,多途径全方位地推广廉洁文化,能够为廉洁教育创设良好的氛围。基于此,本文从针对大学生廉洁教育的重要性和现实意义着手进行分析,并在此基础上提出了廉洁文化进校园促进大学生廉洁教育的方法与路径选择。

[关键词]廉洁文化;大学生廉洁教育;思考

廉洁作为一种道德操守和价值观念,在引领大学生构建正确价值观的过程中起着重要的基础作用。在社会主义核心价值观的引领下,以社会道德作为基础规范框架,针对大学生开展有效的思想政治教育工作,才能更好地取得廉洁教育效果。大学生是建设社会主义社会的中坚力量,针对大学生做好廉洁教育,才能够使学生在今后发展的过程中更好地服务于社会主义建设。因此,高校在针对大学生进行廉洁教育的过程中,必须积极推进廉洁文化进校园,并且结合大学生成长和发展的实际情况制定有效的廉洁教育策略,这样才能够不断地提高廉洁教育的效果。本文首先探讨了大学生廉洁教育的重要性和现实意义。

一、大学生廉洁教育的现实意义和重要性

(一)针对大学生进行廉洁教育是学生成长和发展的现实需要

高校阶段的学生正处在人生发展的重要时期,这一时期的青年大学生在人生观、世界观和价值观方面已经趋于成熟。虽然当今大学生的思想较为活跃,且

---

① 本文已发表于 2021 年第 16 期《科学与生活》。
② 钱丽莉,义乌工商职业技术学院副教授,研究方向为党建与思想政治教育。

具有丰富的知识,可塑性较强,但是由于学生的人生阅历不足,对于外界事物的认知和判断能力相对薄弱,这就使得大学生容易受到不良思想的影响。根据这样的现状,针对大学生进行廉洁教育能够促使学生树立积极向上的价值观念。通过将廉政文化厚植于学生思想,能够使学生在今后成长的过程中筑牢防腐拒变的思想底线。

(二)针对大学生进行廉洁教育是高等院校实现育人目标的基本要求

针对大学生进行廉洁教育,需要高校充分发挥教育的主阵地作用,融入有效的廉洁教育资源,打造立体的廉洁教育体系,这样才能够更好地达成高校的育人目标。在高校教育过程中,只有立足于社会发展实际,以社会主义核心价值观为引领,并且引入廉洁文化作为教学资源,这样才能够发挥高校的育人功能和育人价值,使大学生在这样的成长环境中更好地促进自身发展。

(三)针对大学生进行廉洁教育是促进社会发展的重要内容之一

高校在针对大学生进行廉洁教育的过程中具有一定的资源优势,高校作为构成整个社会体系的重要组织,在针对大学生进行教育的过程中,不仅可以将大学生作为社会成员进行教育,还可以针对学生实施学校教育,在这样的双重教育体系下,能够通过对大学生进行廉洁教育更好地促进社会发展,使大学生具备良好的廉洁思想,而大学生具备这样的廉洁思想才能在今后的社会发展中更好地贡献自身的力量建设社会主义社会。从这一方面来看,针对大学生进行廉洁教育是促进社会发展的重要内容。

二、廉洁文化进校园和大学生廉洁教育的方法与路径选择

(一)坚定理想信念教育,引领大学生践行社会主义核心价值观

在针对青年大学生进行廉洁教育的过程中,要将思想政治教育摆在突出地位。借助思想政治教育的理念和思想政治教育的方法对大学生进行廉洁教育,这样才能够使学生在接受教育的过程中转变自身的思想观念,从而塑造正确的价值观与行为。因此,在针对大学生进行廉洁教育的过程中,要加强学生的理想信念教育,使学生能够在今后成长的过程中自觉践行社会主义核心价值观。而

在教育过程中还要充分运用思想政治教育的方式方法,不断地优化大学生廉洁教育的理念,采用新的教学方式不断地提高廉洁教育的效果。

(二)依托校园文化,打造高效廉洁教育的环境氛围

在针对大学生进行廉洁教育的过程中,以校园文化为基础引入廉洁文化,这样能够以学生喜闻乐见的方式积极推动大学生廉洁教育工作,从而使学生在这样的文化氛围下潜移默化地影响自身,并且在廉洁文化的感染与熏陶下,筑牢防腐拒变的思想底线。具体来说,在依托校园文化引进廉洁文化的过程中,可以依托学校的社团、各类党团节日活动、系列讲座、大学生论坛以及志愿服务和社会实践等多种活动,发挥高校宣传舆论的主阵地,进一步提高廉洁教育的工作实效性。

(三)不断完善保障机制,构建大学生廉洁教育体系

高校要从思想上高度重视大学生廉洁教育工作,将廉洁教育作为高校党建和党风廉政建设的重要工作内容,这样才能进一步完善高校廉洁文化的教育机制。在新时代完善保障机制的过程中应当从大学生的思想状况和学生的发展特点出发,以满足学生学习和发展需要的内容填充廉洁文化教育的内容,这样才能够取得良好的效果。在完善保障机制的过程中,还应当发挥高校校园的调控作用,针对大学生的廉洁教育成立专门的组织机构,在学校党委的领导下,将学生辅导员及各教育主体连接在一起,不断丰富廉洁教育的内容,创新廉洁教育方法,从而进一步提高廉洁教育的效果。

(四)发挥学校各组织的作用,将廉洁教育和廉洁文化作为学生工作的组成部分

首先,高校应当发挥学生党员的作用,通过对学生党员及学生干部的管理,加强廉政教育宣传,使学生在这样的教育过程中提高对廉洁教育的接受程度。其次,高校在进行廉洁教育的过程中,还应当打造完善的体系,将廉洁教育融入各个学科以及学生的专业教学中,使学生能够随时随地接触到廉洁教育,随时随地受到廉政教育的感染,这样才能使学生长期处于廉洁文化和廉洁教育的熏陶下,树立正确的价值观念,从内心深处坚定理想信念,从而在今后成长与发展的过程中筑牢思想底线,更好地在社会建设过程中发挥自己的价值。

三、结　语

综上所述，针对大学生进行廉洁教育是引领大学生健康成长的重要一环。高校必须认识到廉洁文化进校园和以廉洁文化推动大学生廉洁教育的重要性。高校要在教育教学活动中充分发挥廉洁文化的教育价值，并且采取一系列行之有效的手段对大学生进行廉洁教育，使大学生在这样的廉洁氛围和廉洁文化中，不断地提高自身的思想认知，从而在社会主义建设的过程中更好地发挥自身的作用。

参考文献

[1] 王楠.大学生廉洁教育与廉政文化进校园的思考[J].吉林省教育学院学报，2014(5):87-88.

[2] 杜永新.大学生廉洁教育研究——以呼市地区本科院校为例[D].呼和浩特：内蒙古师范大学,2012.

[3] 夏秀芹,曲雁.开展大学生廉洁教育的探索与思考[J].思想教育研究,2010(2):100-102.

高职学生党员发展的廉洁教育研究[①]

王耀燕[②]

[摘　要]高职学生党员是未来大国工匠的接班人,高职院校要将廉洁教育融入课堂教学、将廉洁文化融入校园文化。规范发展前教育、发展中教育和入党后教育,引导高职学生形成坚定的政治立场,帮助他们树立正确的理想信念,提高学生党员的党性修养,为将来走向工作岗位培养作风优良的工作素质。

[关键词]高职;学生党员;廉洁教育

党的十九大报告中指出:"优先发展教育事业。要全面贯彻党的教育方针,落实立德树人的根本任务,发展素质教育,推进教育公平,培养德智体美劳全面发展的社会主义建设者和接班人。"高职学生党员是学生中的先进分子和榜样,与同学们共同学习和生活,无形中影响着身边的同学。加强高职学生党员的党风廉洁教育,是营造高职校园廉洁文化氛围、强化学生党员廉洁意识的有效途径。

一、高职学生党员发展廉洁教育的现实意义

(一)引导学生形成坚定的政治立场

2016年,习近平总书记在全国高校思想政治工作会议上指出:"高校思想政治工作关系高校培养什么样的人、如何培养人以及为谁培养人这个根本问题。"开展高职学生党员廉洁教育是高校思想政治教育工作和学生党建工作的重要内容和重要环节。改革开放以来,社会经济飞速发展,社会不良风气对当代大学生的影响不容小觑。加强学生党员党风廉政教育,对于帮助学生党员形成正确的

---

① 本文已发表于2021年第15期《时代教育》。
② 王耀燕,义乌工商职业技术学院副教授,研究方向为高职教育研究、供应链物流管理。

世界观、人生观、价值观,坚定正确的政治方向,正确认识复杂的社会现象,增强学生党员政治敏锐性,提高思想道德素养和精神世界具有十分重要的作用。

(二)帮助学生党员树立正确的理想信念

党领导国家从独立走向富强,党在人民心中的亲和力、感召力、吸引力不断增强。越来越多的优秀学生积极主动向党组织靠拢,他们思想政治状况的主流是积极、健康、向上,热爱党、热爱祖国、热爱社会主义,对实现中华民族伟大复兴的中国梦充满信心。高职学生是国家未来的建设者,学生党员是他们中的优秀代表,是未来的能工巧匠。因此,加强学生党员的党风廉政教育,提高他们的综合素质,把他们培养成中国特色社会主义事业的建设者和接班人,引导他们树立坚定的共产主义理想信念,对于确保中国特色社会主义经济高质量发展,具有重大而深远的战略意义。

(三)提高学生党员的党性修养

改革开放以来,随着社会政治、经济、文化的不断发展,大学生的思想更加解放,视野更加开阔,个性更加发展,同时资本主义的极端自由主义、个人主义,以及一些诸如享乐主义、拜金主义等腐朽没落的思想也在一定程度上腐蚀了部分学生的民族意识和道德修养。特别是当前国际形势复杂多变,西方敌对势力更加猖狂,各种西方节日文化、餐饮文化、文化作品、舆论宣传等潜移默化地渗透进学生们的思想和行为。而高职学生正处在思想价值观念形成的关键时期,切实加强高职学生党员发展廉洁教育,有利于帮助学生党员树立廉洁自律意识,加强党性修养,自觉抵御外界诱惑。

二、高职学生党员发展廉洁教育的现状

高职学生党员发展廉洁教育大致可以分为发展前教育、发展中教育和入党后教育三个阶段,这些阶段的具体情况如下。

(一)发展前教育

高职党员发展前教育主要是指成为入党积极分子前的有关教育,可以理解为针对普通大学生的廉政廉洁教育,主要通过专题讲座、主题团日活动,并结合校园文化活动等来开展。专题讲座主要邀请校内思政课程教师、优秀党员主讲,

每学期不少于两场;主题团日活动以班级团支部为单位进行专题学习,覆盖全校学生;校园文化活动中涉及廉政廉洁教育的主要有廉政知识竞赛、廉政图片展、廉政教育警示宣传片等。

(二)发展中教育

高职党员发展过程中教育主要是指针对入党积极分子和发展对象的教育。一般由二级学院开设入党积极分子培训班,课程内容包括党的指导思想、党的性质和宗旨、党员发展程序与要求等,同时,开设了党风廉政建设专题学习;面向学生党员发展对象,围绕党章、党史、党性、党风廉政等开展学习讨论活动。另外,各党支部定期组织学生参观红色教育基地,营造廉洁氛围。

(三)入党后教育

高职学生党员的教育按照一般党员的培养规格进行,主要以支部委员会、党小组会、支部党员大会及党课等"三会一课"为基本制度,定期组织民主生活会,不定期开展支部集体学习或者自学。虽然学校党组织明确要求把党员教育纳入基层党支部的考核,但在基层党支部集体学习过程中,学生党员在主观意识上不够重视,往往认为廉洁教育主要是领导干部的事,导致学习效果欠佳。

三、高职学生党员发展廉洁教育的建议

(一)根植课堂教学,将廉洁教育融入课程思政教育

首先,学生党员发展廉洁教育应充分发挥高校思想道德修养与法律基础、毛泽东思想和中国特色社会主义理论体系概论、形势与政策教育、职业生涯规划等课程的主导作用,任课教师主动将习近平新时代中国特色社会主义思想融入教材和课堂教学。其次,在专业课程教学中开展课程思政建设,注重把握思想政治教育规律、学生成长规律,帮助他们树立正确的世界观、人生观、价值观。最后,学生辅导员和班主任主动关注学生的思想动态,结合党风廉政问题案例,以及学生所关注的社会热点问题,在组织学生活动和召开班会时进行教育和引导。

(二)依托网络平台,将廉洁教育融入学生日常生活

信息网络、移动终端是当前学生日常生活、学习中不可缺少的一部分,网络信息内容对学生思想意识的影响不容忽视。高职院校可灵活应用微博、微信、

QQ、校园自媒体等信息平台和交流工具，传播主旋律、弘扬正能量，扩大廉政教育的覆盖面，增强廉洁教育的感染力，以学生乐于接受的方式将廉洁教育与网络信息技术高度融合。目前廉政文化资源尚未得到充分开发，学校可组织教师团队将我国自古以来的廉洁人物、名人事迹等进行大力宣传，引导学生向先进、廉政人物学习。同时，在广大优秀师生党员中树立典型，扩大宣传，发挥先进党员的榜样引领作用，引导学生党员做勤俭上进的好儿女、克己奉公的好公民，对党忠诚，不负所望。

（三）注重以文育人，将廉洁教育融入校园文化建设

"入芝兰之室久而自香""蓬生麻中不扶自直"，加强学生党员党风廉政教育应注重以文育人、以文化人，高职院校管理者和教师应积极探索将廉洁教育与专业学习相结合、与社会实践相结合、与公益服务相结合、与勤工助学相结合的有效途径，精心营造校园党风廉政文化氛围，开展党风廉政教育活动。在各类校园活动的组织中，具体生动地发扬社会主义核心价值观，引导学生学习真善美、批判假恶丑，润物无声地让学生党员在风清气正的环境中形成良好的道德品质、坚定的社会责任感、廉洁的工作作风。

四、总　结

高职学生党员发展从入党积极分子的确定和培养教育，到发展对象的确定和考察，再到预备党员的教育考察和转正，都要层层把关，严格发展学生党员的工作流程，即做好入党积极分子培育工作，建立一支素质较高的入党积极分子队伍；坚持标准，严格程序，建立一套风清气正的预备党员发展制度。高校将廉洁教育融入课堂教学，充实廉洁教育网络资源，营造风清气正、廉洁自律的校园文化，将促使学生党员不断加强党性修养，严于律己，树立"立党为公、执政为民"的理想信念，为将来走向工作岗位奠定作风优良的工作素质。

参考文献

[1] 赵瑞杰.新形势下加强高校学生党员党风廉政教育探析[J].长春师范大学学报,2017,36(7):10-11.

[2] 张烁.习近平:把思想政治工作贯穿教育教学全过程　开创我国高等教育事

业发展新局面[N].人民日报,2016-12-09(1).

[3] 吴新民,祝捷,张振久.高校推进全面从严治党的基本路径:以提升组织力为核心[J].经济师,2020(12):232-233.

[4] 庞一飞.高校廉政文化建设存在的主要问题及对策研究[D].桂林:广西师范大学,2018.

高职创业学生廉洁意识培育路径①

虞佳丽②

[摘　要]大学生廉洁意识培育是高校廉政建设的重要举措。创业学生因处于商业经济圈,易出现不廉洁行为。基于党建育人视角,以高职创业学生廉洁意识培育为主题,设计访谈提纲,分析归纳访谈结果发现:创业学生的廉洁认知不充分、创业实践中廉洁意识不强、廉洁意识养成易受外界环境影响。根据访谈结果,应从加强学生创业廉洁认知、完善创业廉洁培育载体、营造廉洁创业环境等方面探索创业学生廉洁意识培育路径。

[关键词]党建育人;创业学生;廉洁意识

党风廉政建设历来受关注,教育系统是廉政建设的重要力量。2005 年《建立健全教育、制度、监督并重的惩治和预防腐败体系实施纲要》、2007 年《关于在大中小学全面开展廉洁教育的意见》及 2013 年《建立健全惩治和预防腐败体系2013－2017 年工作规划》等文件都提到廉洁教育是青少年思想道德的重要内容,是深化党风廉政教育的重要举措。创业学生是高校中离商业经济领域最近的群体,步入社会后会是行业的骨干,他们有强烈的自我价值实现欲望,思维活跃、敢闯敢拼,但缺乏历练易急功近利,在经济利益驱动下,易触碰廉洁底线。当下创新创业氛围浓郁,高校将廉洁意识植入学生创业中,丰富创业教育内涵,提升创业学生的廉洁认知,提高腐败识别、抵御能力,有利于培养诚实守信、清廉正直、全面发展的新时代大学生。本文从党建育人视角,通过访谈高职创业学生,分析其对廉洁意识培育的认识、态度、行为等,归纳创业学生廉洁意识培育存在的问题,以期寻求符合创业学生特点的廉洁意识培育路径。

---

① 本文已发表于 2021 年第 32 期《科教导刊》。
② 虞佳丽,义乌工商职业技术学院讲师,研究方向为基层党建。

一、廉洁意识内涵

廉洁在传统文化中多指高尚的道德品行,如《楚辞·章句》写道:"不受曰廉,不污曰洁。"新时代廉洁内涵与时俱进,在传统文化基础上融入了社会主义核心价值观、反腐倡廉理论、"不忘初心、牢记使命"主题教育等理念,赋予了更多内涵。如修身齐家的简朴思想、艰苦奋斗的勤政思想、倡导官德的廉政思想和爱国爱民的仁政思想都是廉洁的内涵。意识是大脑对客观事物的主观反映。本文研究的廉洁意识是高职学生在创业实践中对廉洁创业的认识、理解及行为表现。

二、创业学生廉洁意识培育内容

基于新时代廉洁意识内涵和创业实践特点,结合党建育人思想,本文从理想信念、廉洁美德、廉洁法制三个维度阐述创业学生廉洁意识培育的内容。

(一)理想信念是培育核心

百年来,党带领中华民族从站起来、富起来到强起来的伟大飞跃,靠的就是信念,为的就是理想。马克思主义是党的信念,共产主义是党的理想,为中国人民谋幸福、为中华民族谋复兴是党的初心使命。大学生在开展创业实践活动中要有坚定的理想信念,感悟家国情怀、使命担当,将个人的创新创业与家国未来相联系,才有源源不竭的精神动力,才能为成功铸就坚实的基石。如"三只松鼠"创始人章燎原立志打破行业"潜规则",将廉洁融入供应商管理体系,打造一家"简单、透明、信任"的企业,以廉洁捍卫了商业世界的"真实"。正是章燎原创业的理想信念,夯实了"三只松鼠"企业文化大厦的地基。

(二)廉洁美德是培育内容

党的十九大提出:"深入实施公民道德建设工程,推进社会公德、职业道德、家庭美德、个人品德建设,激励人们向上向善、孝老爱亲,忠于祖国、忠于人民。"新时代廉洁美德培育涵盖社会公德、职业道德、个人品德等方面。社会公德培育创业学生服务社会意识。创业实践不仅仅局限于自我利益、自我价值实现,更应体现出新时代大学生的历史使命和社会责任,与国家、民族和社会发展保持一致,立足自身,为人民谋幸福。职业道德培育创业学生廉洁从业意识,增强腐败识别力,提高警觉性。诚实守信、艰苦奋斗、敬业奉献、团结协作、严以律己等都是创业实践中需恪守的职业道德。坚守职业道德能自觉抵制拜金主义、享乐主义的侵蚀,也是创业能持续发展的前提。个人品德培育创业学生廉洁自律意识,是创业必备要素。创业是不断摸索的过程,路上会有挫折,也会有诱惑,学生在创业实践中要发扬艰苦奋斗、自强不息精神,不断磨炼自身意志品质,要有将创业坚守到底的底气,要有果断抉择并执行的魄力,更要有面对诱惑的自我约束力,塑造自我廉洁的自律意识。

(三)廉洁法制是培育保障

党的十九大把"全面从严治党"写入党章,为新时代全面从严治党提供法理依据和制度基础。这表明制度反腐是社会反腐的有效途径。创业实践中会面临诸多有关法律的风险,创业学生要依法创业,要知法遵法、守法用法、诚实守信,切不可因创业融资、买卖违禁品、以次充好、虚假纳税、知识产权、合同管理等行为触及刑法、行政法等。创业学生要培养廉洁法治意识,重视创业相关的法律知识学习,避免因对法律无知而逾越法律,同时也要依法行使自己的合法权利,用法律武器维护自我权益,防控创业法律风险。

三、创业学生廉洁意识培育访谈结果分析

选取 20 位高职创业学生开展深度访谈,从创业学生基本情况、对廉洁内涵的认知、廉洁与创业的相关性、接受廉洁意识培育的内容及途径、评价外界环境对其廉洁意识形成的影响等维度分析创业学生廉洁意识培育现状,并归纳总结存在的问题。

(一)廉洁内涵认识有待深入

在党和国家对廉洁教育的重视下,廉洁意识已逐渐深入人心。当问到对廉洁内涵认识时,近 80% 创业学生都将廉洁与贪污腐败、行贿受贿等相联系,仅个别学生提到勤俭节约、风清气正,表明学生对廉洁内涵有基本认识,但多数理解仅停留在廉洁的传统道德层面,对新时代廉洁内涵认识还不够深入。

（二）创业实践中廉洁意识有待增强

学生在创业实践中，更多关注创业的商业模式、技能、政策等，对于廉洁意识在创业实践中的重要性的认识有待提升。大多数创业学生认为自己的创业实践与贪污腐败、行贿受贿等不廉洁行为相距甚远，甚至基本的法律风险防控意识也不强。这与创业学生对廉洁意识的认知有关。

（三）廉洁意识培育途径多样

访谈得知，创业学生接受的廉洁意识培育形式多样，有互联网、思政课堂、廉洁文化活动等，其中网络学习频率较高，但学习时间较为碎片化，然后主要是通过思政课堂学习，主要集中在思想政治理论课或形势与政策课的课堂上，专业课程课堂上的廉洁意识培育较少。

（四）廉洁意识培育受外界影响显著

创业学生廉洁意识培育是系统性工程，是个人、家庭、学校、社会多方合力的结果。家庭是廉洁意识培育的启蒙之地，学校是廉洁意识培育的主体，社会是廉洁意识培育的催化剂，最终实现学生的廉洁意识从认知内化到认知外化。近90％的创业学生认为外界环境对自身廉洁意识的形成影响较大。例如电商创业的刷单行为，是不诚实守信的行为，属于不廉洁行为，但因刷单已成为一种营销手段，身边创业的同学都在做，即使廉洁意识萌生，因外界影响，最终也会产生知行不一致的结果，多数学生会"默认"甚至"支持"这一行为。

四、创业学生廉洁意识培育路径

基于创业学生的廉洁意识培育访谈，结合创业学生特点，从加强创业学生自身廉洁认知、完善廉洁培育途径、营造风清气正创业环境等方面探索创业学生廉洁意识培育路径，不断提升学生创业实践过程中的廉洁意识，达到党建育人效果。

（一）加强创业廉洁认知，坚定创业理想信念

认知源于实践，又指导实践。创业学生对廉洁内涵的充分认知是培育基础，也是创业实践中规避风险的理论基石。加强创业廉洁认知有助于提升创业学生

对廉洁意识养成的情感认同,提高廉洁行为的自觉性和主观能动性,从而转化为实际廉洁行为,达到知行合一的效果。同时,廉洁意识引导创业学生坚定理想信念,将个人创业理想信念同国家富强、民族复兴紧密相连,如此,学生的创业才能可持续发展。

(二)完善创业廉洁培育载体,发挥多途径育人合力

创业廉洁意识培育需要载体。当下,廉洁意识培育载体主要有以思政课为主的课堂教学,有以校园廉洁文化为平台开展形式多样的实践活动,有以"互联网+"形式传播廉洁内容,均已呈现出一定的培育效果,但都有完善的空间。课堂教学载体上还没有专门关于创业实践方面的廉洁教育,而在创业教育中,廉洁内容较少呈现。故可开设创业廉洁教育的课程,或通过课程思政,将廉洁意识培育融入专业课教学中,创新教学形式,运用多种教学手段和元素使创业廉洁教育课堂绘声绘色,印入学生脑中。廉洁文化实践活动易停留在表面,多数活动与创业实践相关度不强,需探索与创业实践相关的活动,创新形式,提升吸引力,丰富活动内涵。以"互联网+"理念传播创业廉洁内容,要打造廉洁意识培育基地,注重内容选取、网络安全问题,如借助抖音,传播廉洁创业典型、创业不廉洁现象等。

(三)优化创业廉洁环境,营造风清气正生态

廉洁的创业环境对创业学生廉洁意识养成具有重要作用。影响创业学生廉洁意识培育的外界环境有家庭环境、学校环境、社会环境。首先,重视家庭廉洁家风培育。家庭是孩子的第一个课堂,父母是孩子的第一个老师。家长应以身作则,提倡以廉为荣、以贪为耻的家风,做好家庭廉洁的榜样,促进创业学生廉洁意识形成。其次,构建学校廉洁创业培育体系。学校可将廉洁意识培育融入创业教育,做好创业指导教师的师德师风建设,打造学校创业园廉洁基地,帮助创业学生坚守廉洁意识。再次,营造社会崇廉敬廉氛围。在全面依法治国、全面从严治党背景下,社会会以各项政策来规范大学生廉洁创业,会以各种舆论、价值观等影响大学生廉洁创业,以清正廉洁的社会氛围促进创业学生加强法制修养,提升抵制利益、诱惑的能力、辨识力,促进创业学生廉洁意识的巩固。

参考文献

[1] 尹世尤.廉洁文化与中华民族时代精神培育研究[M].北京:中国书籍出版社,2013:53.

[2] 习近平.全面建成小康社会 夺取新时代中国特色社会主义伟大胜利 党的十九大报告单行本[M].北京:人民出版社,2017:70.

[3] 蔡静,吴维俊.大学生创业企业的法律风险防控机制构建[J].山东商业职业技术学院学报,2021(2):84-88.

[4] 李畅,李亚员.习近平关于社会主义核心价值观重要论述的思想要义[J].当代世界社会主义问题,2021(2):13-26.

创新创业背景下大学生廉洁教育资源的整合优化研究[①]

朱　婧[②]

[摘　要]大学生创新创业已成为社会经济发展的必然趋势,廉洁教育必将成为创新创业实践中的重要环节。本文旨在探讨如何整合优化廉洁教育资源,以期探索创新创业背景下大学生廉洁教育资源整合模式的可行性。

[关键词]创新创业;廉洁;资源;整合;优化

创新创业,是国家发展之根,是民族振兴之魂。随着"大众创业、万众创新"的理念日益深入人心,创新创业教育已成为普通高等学校一项重要的长期性、战略性工作。然而我国市场经济正处于高速发展阶段,贫富差距扩大导致的道德观念冲击和频频报道的腐败案件不同程度地影响着大学生,校园中拜金主义、享乐主义、利益至上等思想问题显露。在此背景下,加强大学生廉洁教育迫在眉睫,而现有的廉洁教育内容枯燥、形式单一,所以如何整合优化廉洁教育资源,提高大学生廉洁意识至关重要。

一、大学生廉洁教育资源在创新创业中的重要性

创业创新环境需要"风清气正、干事创业"的良好政治生态作为保障。我国正处于社会经济转型的关键期,目前存在金融体系不完善、政府权力缺乏有效监督和约束等问题,这严重阻碍了社会创新创业活动的保障和进行。同时,创新创

①　本文为 2021 年浙江省高职院校党建研究会科研项目立项"积极心理学视域下创业学生新时代奋斗现状及对策研究"(项目编号:2021B20)研究成果,已发表于 2021 年第 18 期《时代教育》。
②　朱婧,义乌工商职业技术学院助教,研究方向为思想政治教育。

业实践过程与商业经济紧密联系,需要重视创业者的廉洁素质。黄宇辰等人访谈发现,大学生创业目的功利至上,认为创业本身是为了利益,自认为抓住了商道的核心,只要能获得利益便是正确的,缺乏道德理念,从而导致失败。

因此,对于改善创业环境和完善创业者品格,廉洁教育势在必行。正如习近平总书记所说:"青年的价值取向决定了未来整个社会的价值取向。"加强大学生廉洁教育,使其具有不敢腐、不能腐、不想腐的免疫力,这对于大学生适应社会创新创业环境、保持廉洁自律具有极为重要的意义。当前影响大学生廉洁教育目标实现的一个重点和难点就是大学生廉洁教育资源的运用问题。廉洁教育是一项思想塑造的工程,如何有效整合廉洁教育资源,是串联廉洁教育各项工作的纽带。

二、创新创业背景下廉洁教育资源的内涵

(一)廉洁教育资源的归纳

教育资源是指教育过程所占用、使用和消耗的人力、物力和财力资源,即教育的人力资源、物力资源和财力资源的总和。卞程秀、邓万方等认为"大学生廉洁教育是以大学生为对象,通过有目的、有计划、有组织的教育过程,实现廉洁理论、廉洁技能和廉洁价值观的培养,以提升公众意识,达到预防腐败为总目标的教育"。从概念中不难发现,在廉洁教育过程中,需明确实施人员(以大学生为教育对象)、运行载体(有目的、有计划、有组织)、物质基础(廉洁理论、廉洁技能)、文化氛围(廉洁价值观)。依据这四个方面,提炼出创新创业背景下廉洁教育所需的各种资源,可概括为人力资源、载体资源、物质资源、文化资源。人力资源为学校纪委、创新创业导师及思政专业教师、学生辅导员、学生家长、反腐机关工作者等。载体资源为创新创业廉洁教育课程、社会和校园实践活动等。物质资源为与创新创业有关的廉洁教育教材、网络、纪录片等媒体资料。文化资源为社会创新创业廉政文化、校园创新创业廉洁文化、家风文化等。

(二)廉洁教育资源的内在联系

在廉洁教育中,人力资源是廉洁教育的根本,物质资源是廉洁教育的保障,文化资源是廉洁教育的前提,载体资源是廉洁教育的途径。人力资源通过载体资源实现物质资源和文化资源的最大效能。文化资源是物质资源凝练的产物,物质资源是文化资源的具象体现,两者通过载体资源相互转化、相辅相成,如图1所示。

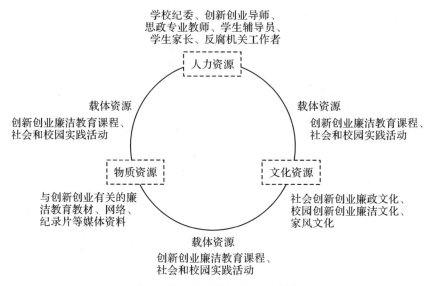

图 1 廉洁教育资源整合模式图

因此,以学校纪委、创新创业导师及思政专业教师、学生辅导员、学生家长、反腐机关工作者为廉洁教育团队,开设创新创业廉洁教育课程,组织开展社会和校园廉洁教育相关的创新创业实践活动,将教材和媒体等教育资料中的廉洁知识传达给学生,用社会廉政、校园廉洁、家风文化感染学生,从而帮助学生形成廉洁认识、坚定廉洁意志、践行廉洁行为。

三、创新创业背景下廉洁教育资源整合模式的践行

(一)建设廉洁教育队伍

社会、学校、家庭是创新创业的摇篮,是学生在创新创业实践中的引路人、责任人。他们廉洁奉公、正直无私的行为表率,极大地影响到学生的思想。因此,要打造一支以学校纪委为教育主导,创新创业导师、思政教师、专职辅导员和学生家长为教育主体,反腐机关工作者为教育督导的专业化廉洁教育队伍。

明晰队伍成员的权责,健全工作保障机制。校纪检部门负责制订教育规划,整合软件和硬件资源。创新创业导师、思政教师、辅导员和家长组织廉洁教育活动、组织协调、过程实施、开展教育效果评价。反腐机关工作者负责过程监督。

根据队伍成员的权责内容,对队伍成员提出要求。校纪检部门要积极传达高校党委领导意见,提高廉洁教育资源运用的思想认识,严格把关廉洁教育资源

承载的内容方向,充分传达和解读我国廉洁教育方针政策,做到实事求是、与时俱进。创新创业导师和思政课教师要具备高度的思想政治理论储备,注重提升自身的廉洁素质,积极探索课程思政的理论性和实践性。专职辅导员是高校学生日常思想政治教育和管理工作的组织者、实施者和指导者。要求具备较高的廉洁素养,为大学生做出廉洁表率,以自身的人格魅力去感染和影响大学生的品格成长。要求提高对大学生社团活动、党团活动以及部分社会实践活动的组织能力和管理能力。学生家长是高校廉洁教育的隐性资源。要提高廉洁教育认知,以身作则,从小有意识地树立学生的廉洁意识,培养学生应对腐败的处理能力。反腐机关一线工作者要为学生作反腐报告和授课,以提高廉洁教育的效果。对于一些反腐倡廉中的理论问题,则可以请专家给予解答。

(二)创新廉洁教育课程及活动

现阶段高校廉洁教育的主渠道仍然是思想政治教育理论课程,主要阵地还在课堂。内容枯燥,形式单一,缺乏创业专业针对性,学生参与度不高的现象具体存在。想要真正将廉洁教育内化为心、外化于行,就必须创新。要将廉洁思想和廉洁教育内容融入思想政治教育课程与创新创业课程教学过程中,通过课程思政引导大学生形成廉洁自觉的人生观。

一是充分挖掘廉洁教育与创新创业课程的融合点。要善于发现廉洁教育理论知识、主要内容与学科知识体系之间的联系,灵活地把两者有效结合,将高校廉洁教育的认知型内容融入思政课堂,把与创业相关的鲜活廉洁案例应用到学科专业的教学过程中,形成思政课程与课程思政协同配合,更好地承载大学生廉洁教育的功能,提升高校廉洁教育的覆盖面和有效性,共同推进大学生廉洁教育。二是把廉洁教育从课堂延伸到课外。高校廉洁教育活动的开展可打破传统教学方式的局限,通过体验式、沉浸式活动让大学生在设定的创业氛围中自觉主动地接受廉洁教育,实现传统课堂教学所不能达到的效果。三是始终坚持灌输性和启发性相统一。在对大学生进行廉洁理论知识灌输时,还要注重在创新创业教学和活动过程中启发大学生思考、分析腐败现象产生的背景和动因,在不断思考中提升其廉洁能力。

(三)深化廉洁教育资料研究

高校廉洁教育应遵循大学生发展规律,对大学生廉洁教育的资料内容、形式不断进行创新。因此,迫切需要深入开展廉洁教育理论与廉洁教育实践研究,提升高校廉洁教育的实效性。

廉洁教育教材是廉洁教育理论传播的基础。一是要加强创新创业教育与廉洁教育理论研究,进一步明确创新创业背景下廉洁教育的内涵、目标任务和实现途径,为创新创业中廉洁教育实践提供理论依据。二是要将理论研究成果转化为教材,遵循大学生的认知规律、心理特点和创新创业环境,提高大学生廉洁教育教材内容的针对性和实效性。三是要结合反腐新形势下大学生廉洁教育中遇到的新情况、新问题,广泛吸收新信息新理论,贴近实际、贴近生活、贴近学生,做到与时俱进。

反腐题材影视作品在廉洁教育实践中具有优势,是将思想性、教育性和趣味性有机结合的一把利刃。自 1996 年《苍天在上》开创反腐题材影视作品之先河,社会影响巨大。近年来《人民的名义》《扫黑决战》等经典剧目的上映,将反腐风气再一次推上社会的热潮,成功引起了青年学生的关注和广泛讨论,这就为反腐题材影视作品成为思想政治教育的手段提供了契机。高校要进一步因势利导,将青年学生的追剧行为内化为思想追求。一是有必要对反腐题材影视作品进行甄别选择,筛选出适宜作为思想政治教育手段的影视作品并进行开发。二是关注反腐剧在学生群体中产生的舆论,大学生价值观塑造尚未成熟,易对错综复杂的剧情进行不当判别,此时应加以正确的引导。三是面对"腐败"的敏感问题,高校思想政治教育工作者应在遵循青年思想发展规律上开展思想教育,积极回应,辩证分析,解答疑惑。

(四)营造廉洁文化氛围

营造廉洁的社会舆论环境。随着新媒体、自媒体的发展,社会舆论环境不断变化,正影响着大学生们的思想发展。因此,要让社会媒体发挥积极的影响力,加大廉洁文化的宣传力度,通过廉洁教育题材影视剧等全方位宣传反腐倡廉取得的成果,营造良好的社会舆论环境。同时,继续肃清社会腐败现象,让腐败风气无处可藏,让学生认识到国家坚定不移把反腐斗争进行到底的决心。

推进廉洁校园建设。学校领导要以身作则、廉洁从政,起到廉政建设示范带头作用;教师要不断强化廉洁从教、廉洁从研的职业道德,激发学生树立廉洁自律意识;高校学生干部要加强廉洁素质培养,将校园反腐败工作关口前移,从源头上预防和治理腐败;加大校园学风建设力度,推动诚信教育与廉洁教育的内在联系,积极弘扬正能量,让大学生们普遍形成廉洁自律的良好素养,协同推进廉洁校园建设。

重视家风廉洁教育。家长作为大学生成长过程中主要依赖的对象,在大学生成长过程中发挥着十分重要且不可替代的作用。家长自身要提高廉洁教育认知,通过日常家庭生活和家人之间的交流,以及家长在实际工作生活中的表率作用,使他们从小就能确立廉洁的意识、养成廉洁的习惯、形成廉洁的品质。

参考文献

[1] 刘成.廉洁文化视域下大学生创客培养研究[J].创新创业理论研究与实践,2021,4(7):191-193.

[2] 黄宇辰,熊高俊,丁利,等.道德资本角色的传统文化对大学生创业的意义探究[J].人才资源开发,2021(2):48-49.

[3] 张晓双.大学生廉洁教育活动载体运用现状及对策研究[D].桂林:广西师范大学,2019.

[4] 孙海星.反腐题材影视作品在高校思想政治教育中的作用[J].甘肃科技,2017,33(22):78-81.

[5] 张纪霞.新时期大学生廉洁教育的现状与对策[J].江苏工程职业技术学院学报,2020,20(4):86-90.

关于高职院校教师加强廉政意识的探讨①

吴小渊②

[摘 要]在广大民众心里,教师一直是教书育人的高尚形象,教师也是一个跟大家生活密切相关的职业,所以广大民众对教师的期待也很高。"春蚕到死丝方尽,蜡炬成灰泪始干",这是自古以来对教师职业和精神的写照。但是新时代老师这个岗位所面临的挑战和诱惑也跟以前大不相同,因此滋生了很多贪腐的行为。本文主要探讨了教师贪腐行为的表现、原因以及改进措施。

[关键词]高职教师;廉政;科研经费

在广大民众心里,教师一直是教书育人的高尚形象,教师也是一个跟大家生活密切相关的职业,所以广大民众对老师的期待也很高。"春蚕到死丝方尽,蜡炬成灰泪始干",这是自古以来对老师职业和精神的写照。但是新时代老师这个岗位所面临的挑战和诱惑也跟以前大不相同,以前的教书先生所要处理的工作事务基本上都是和教学相关的,而现在随着家长对教育越来越重视,社会对年轻人的教育越来越关注,老师这个职业所要处理的社会关系也变得越来越复杂。同时最近几年的新闻报道中也出现了一些老师自我要求不高的现象,使得老师这个职业一直处在风口浪尖。老师自身除了要加强学科理论的学习和更新,还要注重学习各项规章制度增强廉政意识和防腐拒变能力。

---

① 本文已发表于 2020 年第 12 期《教育科学》。
② 吴小渊,义乌工商职业技术学院讲师,研究方向为职业教育与党风廉政教育研究。

一、教师腐败的一些表现形式

(一)教师收受家长的红包、礼品

《教育伦理与教育腐败》报告指出,教育腐败的本质是钱权交易,与教育紧密联系的教师、学生、家长等都有可能是腐败发生的主体。以往几年的新闻当中都有爆出每逢过年过节,家长的微信群里边都会有人提出家长出资给老师送礼的提议。如果家长送礼了,学生就会有好处;如果家长没有送礼,学生就会挨批评。高职院校的老师跟家长接触的机会较少,因为教授的对象都已经是成年人,所以高职院校的老师和学生接触的时间长度和接触面的广度都会比较大。尤其是大学生很关注自己是否挂科,是否有出国交流的机会,是否能够评奖评优,是否能够入党,是否能够担当班委,所以也有些学生会在这些时间节点上给教师送礼。教师收了礼必然会做出一些不公平的决定,侵犯了其他学生的利益。教师是教书育人的,如果教师本人没有良好的道德品质,又怎么能以身作则影响自己的学生。每每看到这样的新闻笔者就很有感触,这样的事件当中不仅家长和孩子是受害者,老师也被大家当成是堕落者,没有一方是受益的。教师的工作就是教书育人,关注每位学生的学习情况。关注每位学生的学习情况都是本职工作,不应该获得额外收入。

(二)教师违规开设辅导机构

开设辅导机构主要是一些中小学教师。教师通常会要求班级里的同学参加额外的辅导。对参加了辅导的同学家长来说该生进步很大,如果哪个学生没有参加辅导,就对家长说这个学生不上进,要求家长来付费参加辅导。大学老师通常不会在外面开设一些语数英的辅导班,但可能会开设一些专升本的辅导,或者相关考证的辅导。这些辅导通常跟学生能否毕业以及能否升学是密切相关的。很多大学生还是很关注自己能否获取相应的资格证书顺利毕业、能否就业、能否升学,所以很多学生会听从老师的建议去报这些辅导班,而这些辅导班的价格动辄上万。这上万的辅导费有些是从家长口袋里掏出来的,有些是学生自己勤工俭学的钱。教师处在教书育人的岗位上给予学生适当的辅导本来就是分内之事,就算这些辅导是在教师的工作时间之外,教师也可以给予适当的指引,而不是让学生报名去参加这些自己开设的辅导班。还有一些教师跟校外的驾照培训机构合作,介绍学生去参加驾照培训,并从驾校手中收取一定的介绍费。笔者认为这些都是不合适的行为。教师可以为学生介绍一些资质较好的驾校,但不应该把介绍驾校当作一种盈利手段。

(三)教师从事微商代购并让学生购买

教师利用业余时间从事微商代购这无可厚非,但是有些教师利用自己手头上的学生和家长资源,把商品推销给学生和家长。有人可能会说,家长也许正好需要这样东西而自愿向你购买,该购买行为与教师本人无关。但更多的时候,教师从事微商代购会让家长觉得教师从业不专,没有把心思花在教学上,而是把心思花在了赚钱上;有些家长为了跟教师搞好关系会从教师手上购买商品。在商品经济高度发达的今天,人们购买商品的渠道非常多,任何一样商品的购买都不是非得在哪个老师的朋友圈中进行。就算教师本身把商品卖出的价格并不高,但也会有腐败的嫌疑。所以有些教师如果要从事微商代购,最好是有两个手机号,一个手机号用于联系家长,另一个手机号用于经营微商事业。

(四)科研经费使用不当

有些教师每年都会申请大量的课题,并利用个人经费购买个人物品。科研经费的使用当然是以科研为目的,而不是让主持课题的老师任意挥霍。违规使用科研经费的现象在一些高校当中普遍存在。

二、教师腐败的原因

(一)放松个人修养的提高、进步,没有加强自律防范

内因决定外因。很多老师之所以会有一些腐败行为,最根本的原因还是自身放松了个人修养的提高和进步,没有加强自律防范。教师自身面对各种诱惑的时候,没有能够抵抗住。很多教师活在对比当中,对物质要求过高,一次伸手就会次次伸手,最终万劫不复。大多数有贪污行为的人,在他们的内心都坚信"自私是人的天性"这样的"普遍"真理,所以在他们看来有一些私欲才是真,人才是正当的、合理的,因而满足欲望的行为在他们看来就是完全正确的,这样所有美丽的借口和堂皇的托词,莫不是为了掩盖自己的行为。

（二）外界的诱惑太多

很多新闻都报道了教师受贿收红包的现象，但也有一些新闻报道了一些正直的教师。在他们的报道中我们往往可以看到，有很多的家长千方百计地要给老师送礼，就算老师拒绝千百回他们依旧热情不改。甚至有一篇报道称教师明确拒绝家长给其送礼，有家长竟然从网上查到了老师的银行卡账号并给这个账号打钱。外界的腐败诱因除了家长的送礼行为之外，还有老师自身对奢华美丽事物的过分追求。在教师防腐的这一场战役中，不仅老师应该加强自身修养和理论学习，家长更应该加强学习，要认识到学生成绩的提高不是靠送礼而来的。只有老师、学生、家长三方统一战线，认识到廉洁的作用，也认同廉洁的价值的时候，防腐之战才能打赢。

（三）教师待遇分配不公

虽然教师是事业编制人员，但教师的待遇普遍不高。有些学校在教师工资待遇分配上，管理岗位和普通教师岗位的差距非常大，这就形成了不公平现象。一旦有不公平现象的存在就会影响到普通教师对工作的认知和投入，也可能因此滋生了贪腐之心。

（四）科研经费使用监管不力

有些单位在财务报销上没有严格的制度，任由老师开具发票就进行报销。可以说，今天，科研领域已经告别了经费"缺衣少食"的年代。不过，我们也应该看到，与逐年递增的科研经费投入相比，高校的创新能力还不够强，创新成果也不够多。

三、有关教师廉政的建议

（一）加强廉政教育

各高校在引进新教师的时候，要针对新教师开展廉政教育。教师是人类灵魂的工程师，教师的一些细小举动都被学生看在眼里，都会影响到学生价值观的形成。年轻教师尤其要注重廉政学习，提高自己的思想认识，坚决不做违反教师道德的行为。同时各高校应该针对教师，不管是管理岗位还是一线从教岗位，提供各种理论学习和培训的机会,帮助大家提高思想政治站位,筑牢底线,不越边线,不碰红线;要强化身份意识和防范意识,永葆职业初心,坚定职业信念,坚决避免违规违纪行为的发生。尤其是党员教师更应该加强党性修养,在教师队伍中带好头做好榜样。近年来教育部公布的《高等学校教师职业道德规范》《严禁教师违规收受学生及家长礼品礼金等行为的规定》《关于高校教师师德失范行为处理的指导意见》《新时代高校教师职业行为十项准则》等文件要点指出,高校教师要做有理想信念、有道德情操、有扎实学识、有仁爱之心的"四有"好老师,重点警示"六禁令"和高校师德"七条红线"。

(二)普及廉政宣传

有收礼的就会有送礼的。整个社会的清风正气单靠教师也不够。我们应该普及廉政知识的宣传。

(三)规范科研经费使用

科研经费管理必须把握好度,既能让科研经费管理规范透明,又真正实现"放管服",赋予科研人员更大自主权,减轻负担,充分激发其内在创造活力。各单位应该在财务规范上出台可操作的细则,让科研人员有据可从。

(四)提高教师待遇

教师的工作不是朝九晚五,通常深夜还要批改作业和处理学生问题。相对于教师的劳动投入来说,教师的待遇是偏低的,应该提升教师待遇。同时最主要的是要做到分配公平,多劳多得。

参考文献

[1] 高博,盛良元.高校党风廉政建设责任制检查考核机制的构建[J]. 管理观察,2019,(6):124-125.

[2] 吴长菲,张宇华.全面从严治党背景下高校院系落实党风廉政建设主体责任的路径研究[J].党建工作,2018(10):14-18.

[3] 王秉琦.推进高校治理体系和治理能力现代化[N].中国教育报,2014-6-30.

论校园廉洁公益广告传播的制约因素与创新策略①

韩　飞②

[摘　要]廉洁公益广告在宣扬人类社会进步的道德观念、行为规范和社会风尚等多个方面,一直发挥着重要的道德教化和法治引导作用。但由于受到不同条件的制约,校园廉洁公益广告还未能充分发挥助推党风廉政建设和反腐倡廉斗争的全部效能。对此,高校应制定有利于调整公益广告传播的形式,更好地弘扬时代主旋律,积极传播社会正能量的创新策略。

[关键词]公益广告;清廉校园;传播;数字媒体

自党的十九大报告明确提出"要夺取反腐败斗争压倒性胜利"以来,有越来越多高校选择以传播廉洁公益广告作为开展反腐倡廉教育的一项重要手段。廉洁公益广告是指不以营利为目的而向社会开放性地提供廉洁文化宣传、廉政建设引导的广告活动。把廉洁公益广告这种崭新的宣传载体引入校园文化建设之中,不仅能帮助广大师生明道德以固本、重修养以安魂,同时也利于展现清廉校园建设成效,不断推进校园和谐发展。因此,对公益广告的宣传载体功能展开深入研究,进而为提升廉洁公益广告传播效果制定合理的创新策略,就成为当下高校清廉校园建设的精妙一招。

一、廉洁公益广告成为清廉校园建设的重要载体

把廉洁公益广告移植进清廉校园的主要目的,就是要将公益广告打造成为传播社会主流价值观念、推进高校廉洁文化建设和开展大学生廉洁教育的创

①　本文系作者主持的 2020 年度义乌工商职业技术学院廉政建设工作专项研究课题"全媒体时代校园廉政公益广告传播与时效研究"(2020L203)阶段性研究成果,已发表于 2020 年第 4 期《湖北职业技术学院学报》。
②　韩飞,义乌工商职业技术学院马克思主义学院副教授,研究方向为高校教育管理与廉洁文化建设。

新载体。21世纪以来,随着经济社会的快速发展和大众传媒手段的日益多样化,廉洁公益广告在宣扬人类社会进步的道德观念、行为规范和社会风尚等多个方面,一直发挥着重要的道德教化和法治引导作用,推动社会主义核心价值观入脑入心。

首先,作为新时代传播社会主义主流价值观念的重要载体,廉洁公益广告能有效引导广大师生养成廉洁自律的道德操守。在我国大学校园建设过程中,廉洁公益广告常常以宣传社会主义核心价值观为主题,以弘扬中华传统廉洁文化为内容,以打造清新和谐校园环境为目的,不断推进社会主义精神文明和法治文明建设优秀成果的全面普及,促使大学校园逐渐转变成为由党风廉政建设和反腐败斗争共同筑牢的廉洁思想教育主阵地。当前随着自媒体行业的快速发展和智能手机的普遍应用,廉洁公益广告正日益演变成高校教育大学生养成廉洁思想的一条主要路径,它不仅有利于居主流地位的社会主义核心价值观得到更多广告受众的认同,而且有利于帮助人们树立起坚持廉洁自律原则、笃行廉以修身作风、汇聚反腐倡廉斗争力量的强大思想观念。

其次,作为新时代推进高校廉洁文化建设的重要载体,廉洁公益广告能助力打造大学校园风清气正的育人环境。大多数广告在推销商品时都十分强调以特殊的宣传策略来突出"卖点",并以强烈的感染力和吸引力激发目标受众自愿接纳广告所传递的商品信息。而廉洁公益广告同样也是从满足目标受众的现实诉求出发,向社会大众传递和培育引领社会新风尚的廉洁价值观,着力打造能够宣传廉洁文化思想、树立反腐斗争意识、抵制贪腐现象发生的优秀广告内容,启发人们养成自我廉洁奉公的道德情操,履行廉洁从政的行为规范。同时,借助公益广告的形式把清廉校园廉洁文化建设当成一个高校师生都能共同参与、学习探讨和构思创作的文化创新项目来开发,这既有利于在广告内容上思考如何承袭古代优秀廉洁传统文化,又有助于在广告形式上不断改进廉洁文化传播方式,有效夯实崇廉、尚廉、学廉、思廉的风清气正的校园育人氛围。

再次,作为新时代开展大学生廉洁教育的重要载体,廉洁公益广告能更好地为预防和抵制校园腐败现象做造势宣传。校园廉洁公益广告的目标受众十分广泛,除了大量受到正规廉洁教育熏陶的学生群体外,还包括高校教师、职工家属,以及来自校外的参观者、办事人员等,他们都会成为公益广告传播廉洁教育信息、引发廉政思想共鸣、参与反腐倡廉活动的受众对象。应当讲,现在的校园廉洁公益广告成效好不好,高校师生最有发言权。通过观看优秀的廉洁公益广告,一方面可以让广大师生学到各类党纪政纪法律法规与比较全面的廉政知识,为有效开展各种形式的反腐倡廉活动打下良好基础,更为预防和抵制校园腐败行为发生做好充分准备;另一方面又可以引导更多的人投身参与到营造勤廉干事、廉洁从教的清廉校园建设当中,增强人们的廉政监督意识,确保权力运作得到有效规范,严格约束领导干部的违规行为。

二、制约校园公益广告有效传播的主要因素

人们认为廉洁公益广告是反腐倡廉除了制度保障以外最有效的文化支撑方式,但在利益诉求多元、价值观念多样的现代社会里,因为受原创性公益广告开发资金匮乏,广告可利用的媒介较为有限,以及广告传播的动力不足等条件因素制约,廉洁公益广告在实际清廉校园建设中尚未能充分发挥出助推党风廉政建设和反腐倡廉斗争的全部效能。

首先,助推清廉校园建设的原创性廉洁公益广告存在开发资金匮乏的困扰,又直接影响到广告后期的维护工作难以为继。虽然廉洁公益广告在引领清新校园风尚、营造崇廉尚廉氛围、推动廉洁文化建设等方面所展现的重要作用已被愈来愈多的人们所认同和接受,但由于大多数公益广告都是非盈利性的,如果不能获取专项扶持资金的资助,一般普通高校单靠自己有限的财政拨款经费将很难确保廉洁公益广告业务实现长期健康的发展。由此可见,开发资金的经常性匮乏是当前清廉校园建设中推广廉洁公益广告的最大"硬伤"。许多高校在考虑自发组织创作或从社会上引入廉洁公益广告时,常常不得不面对由资金不足所引发的参与公益广告创作的人员总体水平不高、广告投放渠道比较单一、缺少广告后期有效的维护方案等系列问题。例如,廉洁公益广告在设计和制作时,需要用到大量器材、设备等物资;在电视或自媒体上投放广告时,又需要交纳一定的成本开支费用;在广告完成试验性播放后,还需要跟踪调查广告播出的效果并制订改进方案。最终当每个公益广告制作完成后,如果参与制作人员都得不到理想的物质或精神层面回报,就会在无形之中渐渐降低广告的质量水准,严重妨碍公益广告业务的持续拓展。

其次,助推清廉校园建设的廉洁公益广告大多采用较为传统的宣传媒介,传播渠道过于狭窄,致使目标受众群体偏少、覆盖率不高,影响力也趋于弱化。很多人相信公益广告能以直击人心的视觉元素来实现传达"倡导廉政文化建设"的核心目的,从而营造出一个有利于廉洁奉公、诚信守法的良好社会氛围,达到有效规范和约束个体行为的目的。然而现实中,与承载"非主流"文化的商业广告

被普遍植入网红直播、网站页面等多元化广告投放渠道相比,在大学校园里被开发出来的廉洁公益广告却还大多停留在宣传海报、广播电台、报刊文摘、墙头标语等较为传统的官宣媒介载体,未能采用最先进的信息植入技术实现快速高效地与数字新闻、手机短信、触摸媒体等各类新媒体终端或其他创新性舆论平台达到无缝对接。这种过于狭窄的传播渠道明显不能满足身处融媒体时代里的社会大众对廉洁公益广告抱有的期待和要求。特别是面对高校里众多下课捧着智能手机、上课瞄着平板电脑的青年学子,如果继续把广告绑定在那种宣传栏式的静态、被动传播载体上,势必无法唤醒他们早已习惯成自然的低头行走模式,并造成廉洁公益广告辐射面和影响力的不断衰减,广告有效覆盖率也呈现断崖式下跌。

再次,助推清廉校园建设的廉洁公益广告由于创作内容更新速度慢,故事情节同质化严重,未能跟上时代发展步伐,也使得广告传播动力显得愈发不足、宣传效果难达预期。在公益广告诞生之初,它能有效增进人们的廉洁意识,激发高校师生参与营造风清气正清廉校园的热情,因而以前我国不少高校都曾举办过大学生公益广告作品征集活动,但后来与清廉校园建设相关的廉洁公益广告数量却开始变得越来越少,且创作的主题也大多集中在爱惜粮食不浪费的"光盘行动"、尊敬师长讲文明的"立德树人"等中华传统美德领域,基本都不涉及党风廉政建设与反腐败斗争领域的内容。鉴于大学生平时都学习、生活在相对安宁的校园里,无论是学习空间还是生活环境,都很少直接涉及反腐败斗争,也不甚关注校园内外的倡廉舆论,因而在制作廉洁公益广告内容时创新意识有限,未能及时跟踪反映最前沿的党风廉政建设优秀案例故事;同时在编辑广告情节时容易过多使用标语式的说教或警示词汇,形成同质化的广告作品,这也使得目标受众群体对廉洁公益广告产生审美疲劳,甚至有的还会直接产生抵触反感情绪。

三、提升校园廉洁公益广告传播实效的创新策略

随着新时期高校党建与反腐倡廉工作不断推向深入,廉洁公益广告所承担的改善社会风气、塑造风清气正的校园氛围的作用也愈加明显。面向未来,高校要构建富有"敬廉崇洁"理念的校园文化,普及有益社会进步的廉政道德规范,以及潜移默化地筑牢防腐拒变政治防线,都必须针对当前广告传播中存在的各种制约因素,拟定出有利于调整公益广告传播形式,更好地弘扬时代主旋律,积极传播社会正能量的创新策略。

首先，通过发展和完善相关制度，使广告投资主体更加多元化，从而为创作更多符合清廉校园特点的优秀廉洁公益广告吸引和筹措足够的资金。过去在制作校园公益广告时，高校往往是唯一的投资主体，只能按照预先设定的专项财政拨款经费来安排、开发数量有限的廉洁公益广告，这显然无法满足社会时代发展对高校加强党风廉政建设教育宣传工作所提出的创新广告内容、拓宽传播渠道等现实要求。为扭转不利局面，高校必须从进一步发展和完善与校园广告相关的制度规定入手，确保政府、公益性社会组织等更多市场上潜在的广告投资者也能被允许参与高校廉洁公益广告开发工作，实现广告投资方式的多样化、形成多渠道的资金来源。一方面，政府是开展以完善惩治和预防腐败体系为重点的反腐倡廉建设工作的第一责任主体，每年都有大笔专项资金用于廉洁教育宣传工作，因此完全可以推动政府和高校联合起来共同开发廉洁公益广告作品，使同样的项目资金得到成倍的价值利用和效能显现。另一方面，以某些基金会为代表的社会组织长期从事营利或非营利性的社会公益活动，为成功吸引这类社会组织投资校园廉洁公益广告，就可考虑适当对等地提供一些高校富余的宣传媒介资源，既帮助高校减少那些长期不用的旧资产因贬值带来亏损，又能为开发更多优秀廉洁公益广告筹集到足够丰富的社会资金。

其次，通过创新媒介表现形式，充分发挥数字媒体技术优势，以达到精准拓宽广告传播渠道，不断扩大廉洁公益广告在大学校园里的辐射面和影响力，赢得更多受众群体的热捧和青睐。数字化媒体的出现为广告创造了崭新的表现形式，尤其是在电脑、智能手机、数字电视机等新媒体终端上投放的广告，不仅传播范围更广、速度更快，而且融文字、音频、动画于一体，可以实现内容的无限扩展和即时存储，正受到无数追求时尚的青年人的喜爱和追捧。有鉴于此，高校宣传部门也须更加积极主动地利用好各种数字媒体技术来为推广校园廉洁公益广告做好服务，特别是要注重把微博、微信等网络自媒体也纳入校园广告推广平台管理工作之中，使丰富的广告资源和传播渠道获得充分调用，不断聚集高校在互联网上宣传廉洁思想的强大合力。同时还要突出把握数字媒体特有的交互性功能，推动廉洁公益广告从过去的单向传播转换为双向传播，以保证广告的目标受众不但可以选择更为自由的阅读方式，掌握与广告相关的更多信息知识，并且还能借助新媒体的弹幕、评论、留言、投票、转发等功能，就广告宣传的主题内容提出自己的看法、观点，或是推荐他人来共同关注并参与讨论，进而无限延伸和扩大廉洁公益广告的受众覆盖面。

再次，通过对目标受众心理和公益广告成效展开科学评估，严格控制并有效提升校园廉洁公益广告的内容和质量,实现用优秀的广告达成引导高校师生发扬中华传统廉洁美德、筑牢廉洁自律思想防线、坚定反腐倡廉斗争意识等重要目的。按照广告传播效果产生的心理机制,现代社会中任何一则公益广告若想获得目标受众的高度关注,并能够对受众的价值判断、消费决策和行为活动施加预期的影响效力,都必定是在给予受众对广告产生满意、愉快、信任的情感心理基础上,才有可能以强大的感染力来引发受众的情绪记忆,提高广告说服力和宣传影响力。因此,高校在推广廉洁公益广告时也应当是预先采用科学合理的考核评价指标体系来对新制作的广告是否真正满足目标受众的心理需要、提供令人愉快的情感体验、形成安全可靠的信任关系等展开全面评估。而评估的最关键目的就是严格把控和有效提升广告的内容与质量,尤其要重视新制作的公益广告在廉洁知识传播、法制教育推广、反腐案例解析等方面是否符合相关规定要求,并达到必要的质量标准,更容不得出现丝毫政治性差错。唯有内容和质量都过关的廉洁公益广告才能承载起新时代面向广大高校师生开展廉洁文化传播、引领社会清廉风尚、汇聚清廉校园建设力量、强化廉政监督机制的重要作用,同时确保公益广告内容来源于现实生活,符合社会公众反腐败的真实利益诉求;又在广告设计上超出普通人的日常平凡生活,让观众在欣赏广告时可以切身感受到党和国家在反腐倡廉工作上付出的巨大努力和取得的伟大成就,引导人们持续关注和警醒社会上存在的贪腐现象,启示人们在党领导下共同坚定长期抵制腐败之风的决心。

参考文献

[1] 范正伟.让廉洁成为一种文化力量[J].农村·农业·农民,2009(6):6.

[2] 戴鹏,李丽.廉政电视广告的视觉传达特色——从"倡廉洁　树新风"主题广告谈起[J].新闻战线,2018(14):59-60.

[3] 吕思思,康瑛,牛东.新媒体环境下高校廉政文化作品的视觉表现与运用[J].科技文化(上旬刊),2018(5):15-16.

第四篇

清廉校园建设实践

义乌工商职院廉洁文化生态体系的构建与实践

董晓晨　华承健　夏芳芳①

[摘　要]立德树人是高校的根本使命,高职院校廉洁文化建设是一项事关职业教育发展大局、高职院校办学方向、落实立德树人根本任务的系统性工程。义乌工商职业技术学院以"三个坚持"为基本原则,对廉洁文化建设进行了深入而广泛的实践探索,奋力打造"点线面"有机融合的廉洁文化生态体系,为学校各项事业的高质量发展提供了坚实保障。

[关键词]高职院校;廉洁文化;生态体系;构建与实践

克己奉公、廉洁自守是社会主义廉洁文化的核心价值,也是中华优秀传统文化的重要内涵之一。《管子·牧民》载:"国有四维,礼义廉耻,四维不张,国乃灭亡。"可见,廉洁修身,乃齐家之始,治国之源,平天下之基,关系到人心向背和一个国家的生死存亡。中共中央《关于加强新时代廉洁文化建设的意见》指出,"必须站在勇于自我革命、保持党的先进性和纯洁性的高度,把加强新时代廉洁文化建设作为一体推进不敢腐、不能腐、不想腐的基础性工程抓紧抓实抓好,为推进全面从严治党向纵深发展提供重要支撑"。

义乌工商职业技术学院历来高度重视廉洁文化建设,2018年1月就出台了《关于加强"清廉校园"建设的实施意见》,是省内最早出台方案的高校之一。2019年1月,学校召开第一次党代会,在校纪委工作报告中明确提出"要结合学校特色教育和品牌文化,开展'教育＋清廉'工作,推动业务工作和党风廉政建设同部署同推进,将清廉文化融入'一院一品'的校园文化建设和各部门、二级学院中心工作"。近年来,学校通过实施"清风工程",找准廉洁文化建设"切

---

① 董晓晨,义乌工商职业技术学院纪委书记、副研究员,研究方向为高校党建、社会治理研究。华承健,义乌工商职业技术学院纪委副书记、副教授,研究方向为教育行政管理。夏芳芳,义乌工商职业技术学院讲师,研究方向为文化传播与职业教育研究。

入点",抓住内容建设"中心线",提高师生参与覆盖面,构建了一个廉洁文化生态体系,推动学校权力运行机制逐步规范,师德师风水平持续提升,学生诚信守纪意识不断增强,校园廉洁文化氛围更加浓厚,为学校实现跨越式发展提供了坚强保障。

一、新时代廉洁文化建设的价值与意义

(一)新时代廉洁文化建设是高职院校落实立德树人根本任务之需

党的十九大报告明确指出,要全面贯彻党的教育方针,落实立德树人根本任务,发展素质教育,培养德智体美劳全面发展的社会主义建设者和接班人。习近平总书记强调"要把立德树人内化到大学建设和管理各领域、各方面、各环节,做到以树人为核心,以立德为根本"。廉洁文化作为一种价值观和道德修养,在高职院校落实立德树人根本任务中发挥着教育人、引导人、涵养人的重要作用。加强新时代廉洁文化建设是立德树人的坚强保障和重要抓手。习近平总书记强调,要坚持教育者先受教育,让教师更好地担当起学生健康成长的指导者和引路人的责任。教师队伍的纯洁性决定了育人成效,而高校行政管理、教育教研、后勤保障等部门的清廉高效,决定了高校立德树人工作的保障水平和规范程度。只有通过廉洁文化建设,努力营造风清气正的政治生态和和谐的育人环境,才能将青年学子牢牢团结在党的周围,认同党的理论,拥护党的领导,做中国特色社会主义道路的坚定信仰者、积极传播者、忠实践行者。

(二)新时代廉洁文化建设是高职院校实现高质量发展之需

高职院校肩负着为党育人、为国育才的光荣使命,这就要求高职院校大力加强廉洁文化建设,将廉洁元素融入高校教育管理、教学的各个环节,实现以文化人,润物无声地持续营造风清气正的政治生态。廉洁文化建设是提高高职院校管理效能、教育质量的必由之路,也是推进学校党风廉政建设和反腐败斗争的重要举措。高职院校要实现高质量发展,和谐的校园文化氛围是基本保障。廉洁自律、爱岗敬业、公正公平、无私无畏等廉洁文化理念,既有鲜明的政治指向性,又有合理的价值导向性,它能指引全校师生树立崇高的价值理想、积极的价值导向,引导其作出合理的价值选择,能够为高职院校的高质量发展保驾护航。

(三)新时代廉洁文化建设是助力青年学生自身成长成才之需

赢得青年,就是赢得了未来和希望。青年学生是祖国和民族的未来,身上肩负着实现中华民族伟大复兴的重任。大学是青年学生世界观、人生观、价值观形成的关键时期,在大学时期对青年学生开展廉洁文化教育,培养自我的责任感和使命感,以及担当作为、吃苦耐劳、甘于奉献的精神,对他们将来走上工作岗位之后能遵纪守法、廉洁从业至关重要。"青年学生在大学时期的见闻,对其价值观的形成和品格的塑造有着'临门一脚'的关键作用。高校的政治生态很大程度上影响着学生对社会的认识和理解,一个在校园中通过耳濡目染、对各种'潜规则'习以为常的学生,不可能树立正确的'三观'。"廉洁文化教育可以帮助青年学生自觉抵制拜金主义、腐朽文化的侵蚀,坚守纪律底线,做到"讲诚信、懂规矩、守纪律",帮助其从青年时代就树立远大的理想和正确的价值观,提升自我修养,争做堪当民族复兴重任的时代新人,成为全面发展的高素质技能人才。

二、高职院校廉洁文化生态体系构建的原则

(一)坚持"春风化雨",推进廉洁文化建设走深走实

廉洁文化建设要在"润物无声、入脑入心"上下功夫,这也是廉洁文化生态体系能否发挥实效的核心要求。要充分利用高校自身优势,将地方、学校富含廉洁元素的"源头活水"转化成教育资源,打造线上线下廉洁教育平台,将廉洁文化融入校园文化建设,融入全校师生的实际生活,让廉洁文化进教室、进宿舍、进头脑。高校既要抓日常教育,也要抓住重要时间节点,集中一段时间开展主题活动,切实发挥廉洁文化春风化雨、润物无声的作用。

(二)坚持"化虚为实",推动廉洁文化建设有形有效

廉洁文化建设关键在于"虚功实做、成风化人",要因地制宜深挖优秀历史文化、地域文化、红色文化资源,并赋予其新的时代内涵,以全体师生易接受的形式进行廉洁文化建设,把抽象的廉洁文化变成可感、可触、可亲近的实在形体。要不断创新廉洁文化建设载体,积极运用社交媒体、移动客户端等各种传播平台,以师生喜闻乐见的方式传播廉洁文化,推动廉洁文化建设的有效覆盖。

（三）坚持"久久为功"，促使廉洁文化建设落地生根

"各地区各部门要担负起廉洁文化建设的政治责任，把廉洁文化建设纳入党风廉政建设和反腐败工作布局进行谋划，建立廉洁文化建设统筹协调机制，久久为功抓好落实。"廉洁文化建设作为高职院校一体推进不敢腐、不能腐、不想腐的基础性工程，必须以保障学校事业发展为目标，要围绕学校的中心工作来思考问题、谋划工作，把廉洁文化建设融入学校人才培养、科学研究、社会服务、文化传承与创新等各方面，并努力提高师生在廉洁文化生态体系构建中的参与度。要制定学校廉洁文化建设工作方案，实施清单化管理，理顺各部门协调配合机制，凝聚强大工作合力，涵养廉洁文化因子，常抓不懈，推动廉洁文化落地生根。

三、高职院校廉洁文化生态体系构建的实施路径探索

义乌工商职业技术学院将廉洁思想、廉洁教育、廉洁制度、廉洁行动同学校业务工作全方位融合，以点带线、以线及面，努力构建具有校本特色的廉洁文化生态体系。通过廉洁文化建设，不断夯实清正廉洁思想根基，提高校园政治生态系统的"自我净化"能力，不断提升学校的整体竞争力、催生全校师生的凝聚力，为学校的"双高校"建设提供了有力保障。

（一）找准廉洁文化建设"切入点"，发挥点的吸引力

1.探寻文化基因，拓展优秀文化浸润空间

中华优秀传统文化、革命文化和社会主义先进文化是新时代廉洁文化的"根"与"魂"。学校在构建廉洁文化生态体系过程中始终坚持从中华文化、红色革命文化和社会主义先进文化资源宝库中提炼廉洁题材、获取养分、汲取灵感，并因地制宜地结合地方优秀文化开展廉洁教育活动。通过"望道行"思政理论课实践教学平台推动廉洁文化和思想政治理论课程深度融合，开展始业教育、主题班会、新生军训、新发展党员集体谈话，持续推动廉洁理念入耳、入脑、入心。组织开展"礼赞建党百年、矢志立德树人"师德主题系列活动，师生同讲古人先贤的廉政故事等，充分挖掘历史文化、地域文化、红色文化等资源的教化作用，依托教学活动、宣传报道和文艺熏陶等多种鲜活形式，通过一点一滴的长期浸润，增强了全校师生主动参与廉洁文化建设的主动性和积极性，形成崇廉尚洁、崇德向善的校园环境。

2.创新形式载体,增强廉洁文化传播力感染力

学校始终坚持以师生为中心,组织开展编"廉"诗、看"廉"展、剪"廉"画、比"廉"赛等多"廉"举措,通过沉浸式、场景化的廉洁文化教育形式,让抽象的廉洁文化变得可感、可触、可亲近,切实发挥"点"的吸引力。编"廉"诗,学校师生共同创作的廉洁诗歌已汇编成《清风颂》诗文集,该诗文集体现了师生们对于廉洁文化的深入思考,展现了积极向上的精神风貌。看"廉"展,既有廉洁邮票展,也有师生共同创作的廉洁书法、创意设计展,还有机器人写"清廉"书法展,将全校各个学院的专业特色与廉洁文化深度融合,起到了"春风化雨、润物无声"的积极作用。剪"廉"画,以手剪"廉",廉洁与剪纸艺术完美融合,传统非遗文化让廉洁更加"立体"。比"廉"赛,通过举办廉政故事演讲比赛、创意设计大赛、廉洁微视频微电影比赛等,运用新媒体新技术传播廉洁文化,激发师生的参与度和积极性。

3.加强阵地建设,打造廉洁文化"特色地标"

加强"清风广场"、"清心"书苑、清廉长廊、清廉义乌工商学院微信公众号、学校纪检网站等文化阵地建设,以"一微、一网、一墙、一栏、一刊、一广场、一书苑、一长廊""八个一"宣传载体,形成线上线下宣传矩阵,打造有特色、有内涵的廉洁文化建设新阵地。通过精心打造线上线下廉洁文化宣传阵地,深挖"清、廉、公、正"等字眼所蕴含的丰富廉洁文化内涵,充分发挥廉洁文化的渗透力、引导力和影响力,让廉洁观念深入人心。学校从"硬环境"和"软活动"两个方面入手,营造全方位、沉浸式的廉洁文化氛围,让廉洁文化元素随处可见,让全校师生能够随时随地感知廉洁文化的熏陶。

(二)抓住内容建设"中心线",发挥线的推动力

围绕"清明政风、清正师风、清新学风、清净校风、清扬纪风"五条内容建设"中心线",切实发挥线的推动力,推动完善监督权力运行机制,加强教师师德师风建设,深化学生诚信守纪教育,营造廉洁校园文化氛围。

一是聚焦清明政风。协助党委推进全面从严治党工作,压紧压实校院两级党组织全面从严治党的主体责任和监督责任。深入推进"清廉组工、清廉财务、清廉采购、清廉后勤、清风麦穗"等11个"清廉"专项项目建设,健全完善专班运行、联席会议、重点任务"交办认领"和动态管理机制。学校出台《二级学院纪委工作办法》,加强对二级学院纪委、党风廉政建设监督员的工作指导,压紧压实监

督责任。出台《二级学院纪委监督责任考核细则》,对二级学院纪委履职情况进行考核,不断优化履职评价,推动纪检工作规范化发展。组织各部门、二级学院定期开展廉政风险点排查,梳理履责风险点189个。开展党员干部廉政教育、新提任干部任前集体谈话、签订干部廉洁从业承诺书等强化党员干部廉洁从政意识。推动学校各项工作规范有序运行,形成以制度管权、管事、管人的体制机制,以学校自身在行政管理、学生管理上的廉洁举措作为引领师生最直接感知廉洁教育的方式。

二是聚焦清正师风。严格执行高校师德师风建设有关规定,倡导以德立身、以德立学、以德施教的价值观念。组织开展师德领航专题报告会,师德楷模报告会、先进事迹展、新教师师德第一课、"廉洁家风"传颂等系列活动,以春风化雨的方式倡导教师遵守师德师风各项要求。鼓励二级学院党组织及教师个人开展廉政建设调查研究,加强廉政工作宣传报道,总结推广实践经验。学校已组织立项了校级廉政专项课题19项,教师发表"清廉"主题论文50余篇,为学校"清廉校园"建设提供了建设性的意见和建议。严格落实师德负面清单,把师德师风作为教师考核评价的首要标准,实行师德"一票否决制"。加强师德警示教育,引导广大教职工以案为鉴、以案明纪。开展师德师风失范、学术不端问题专项整治,严肃查处师德失范等问题,对有严重师德失范行为、影响恶劣者,按有关规定予以党纪处分、行政处分、解聘等处理,并对典型案例通报曝光。

三是聚焦清新学风。加强立德树人,从遵纪守法、责任担当、勤奋节俭、清明公正、理想信念和自律自爱等六个角度入手,将廉洁教育融入德育和思想政治理论课程。严格学业管理,建立健全大学生学业预警和退学制度,严肃处理考试作弊、毕业综合实践作假以及其他校园违纪违规行为。学生工作部开展"学思践悟、知行合一"文明素养提升行动,团委开展"清风麦穗"系列活动,各二级学院通过新生始业教育、党团课、主题班会、主题社会实践、毕业生廉洁从业教育等,把廉洁教育贯穿于学生培养全过程。学校还成立"清风社"学生社团,以社团活动为载体,大力普及廉洁知识、传播廉洁文化、弘扬廉洁理念,引导学生为推进"清廉校园"建设贡献青春力量。

四是聚焦清净校风。结合学校特色教育和品牌文化,开展"教育＋清廉"工作,推动业务工作和廉洁文化建设同部署同推进。按照"凝练特色、全员参与、文化育人"的原则,深入开展了四届"清风五月"党风廉政教育系列活动,打造义乌工商职业技术学院特色廉洁文化品牌。加强二级学院"一院一品"廉洁文化品牌建设,如人文旅游学院的"清知廉行"、创业学院的"清廉创客"、经济管理学院的

"信义文化"等廉洁文化品牌,着力以廉洁文化涵养清风正气。结合重要时间节点,组织开展"正风肃纪"专项检查,营造风清气正育人氛围。开展"双高护航"专项行动,推动学校省"双高校"建设重点项目执行落实。围绕大学生麦穗计划,构建"清风麦穗"评议制度,强化小微权力运行的监督管理,让麦穗计划在阳光、公正、公开的环境下规范执行。

五是聚力"四项监督",监督治理效能显著提高。第一,做实做细政治监督。坚决落实上级重大决策部署,围绕疫情防控、党史学习教育、"双高校"建设等开展专项督查 20 余次,发送纪律检查建议书 9 份,提出意见建议 45 条。第二,抓好"关键少数"监督。四年来,共开展干部任前廉政谈话 209 人次,单位负责人廉政谈话 200 余人次,回复党风廉政意见 547 人次,建立更新科职以上干部、专业机构负责人年度廉政档案 182 份,完成中层干部经济责任审计 50 余人次,进一步加强对"一把手"和领导班子的监督力度。第三,强化日常监督。四年来,聚焦人才引进、招标采购、职称评审等重点领域关键环节开展现场监督 750 次,提出意见建议 140 条,监督重点项目抽取评审专家 130 次。积极运用"第一种形态",开展谈话提醒、批评教育 166 人次,让"红脸出汗、咬耳扯袖"成为常态。第四,用好巡察监督。建立健全巡察机构和制度,将巡察工作纳入全面从严治党工作总体部署,充分发挥巡察工作政治体检的作用。2020 年以来,完成对人文旅游学院党委、创意设计学院党委、创业学院党委等 4 轮 8 家单位巡察,发现面上问题 220 个,提出意见建议 70 余条,推动健全完善有关制度 50 个,挽回经济损失 100 余万元。

(三)提高师生参与"覆盖面",发挥面的辐射力

学校坚持按照营造氛围、凝练特色、全员参与、文化育人的原则,通过将廉洁文化建设融入日常教学工作,完善制度机制、抓好宣传引导等,进一步提高师生参与"覆盖面",发挥"面"的辐射力。

1.做好结合,推动廉洁文化建设常态化

坚持发挥组织生活和阵地教育作用,把廉洁文化建设纳入党组织理论中心组学习、"三会一课"重要内容和教师培训计划。以师德师风培训作为新教师入职培训第一课,组织教师入职宣誓仪式、签订师德承诺书,加强师德师风教育。进行年度"十大标兵"评选,组织"比师德比师风、赛服务赛效率"等活动,弘扬优秀事迹,激励教师廉洁从教从业。开展"清风麦穗"系列活动、毕业生廉洁从业教

育、学党史之廉洁教育微团课、学生干部作风建设专题培训和"清风画廉"暑期社会实践等,将廉洁教育融入学生教育管理全过程,学校还将近年来部分师生典型违纪违规案例汇编成册,强化警示教育,牢固树立学生的法纪观念。

2.完善制度,发挥考核激励作用

每年度修订学校党风廉政建设考核细则,明确应把廉洁文化建设纳入职能部门、二级学院的总体规划和年度考核,要求把党员干部廉洁从政、教师廉洁从教、学生廉洁诚信工作落到实处,例如考核细则中规定各单位承办"清风五月"系列活动或单位教师参与"清风五月"系列活动相关评比获奖的,在年度考核中可以加分;将部分廉洁文化建设活动内容纳入学校麦穗计划选修项目,以积极报名参加者记成长积分的形式,提升各单位和全校师生承办和参与活动的积极性。

3.抓好宣传,全力营造浓厚氛围

利用学校"清廉义乌工商学院"微信公众号、学校纪检网站、校园宣传栏、清风广场等平台多形式、多角度宣传好廉洁文化建设开展情况。坚持开展重要时节的廉政提醒,推送廉政信息230余条,坚持"一月一督查,一季一正风"行动,紧扣春节、"五一"、端午、中秋等重要节点开展专项整治50余次,出台《贯彻落实中央八项规定实施细则的办法》,定期以学校OA、网站、微信公众号等平台持续加强"四风"问题警示提醒,绷紧党员教师作风之弦。实现廉洁教育线上线下有机融合、同频共振,持续加大宣传力度,为廉洁文化建设扎实有效地开展创造了良好氛围。

四、结　语

高职院校廉洁文化生态体系的构建是一项基础性、长期性、系统性工程。义乌工商职业技术学院通过找准廉洁文化生态体系构建"切入点",抓住内容建设"中心线",扩大师生"覆盖面",着力解决高校廉洁教育形式化、空泛化的问题,对构建廉洁文化生态体系长效机制进行了深入探索。廉洁文化生态体系的构建有力地推动了学校政治生态持续净化,广大师生在润物细无声当中接受教育,把廉洁美好品德内化于心、外化于行。同时,我们要始终坚持立德树人的价值取向、与时俱进的创新思维,发挥廉洁文化理论对实践的指导作用。加强廉洁文化建设调查研究,做好顶层设计,健全创新机制,压实主体责任,将廉洁教育贯通融合到教学管理、人才培养的全过程,实现全对象、全过程、全方位渗透,帮助全体师生将廉洁理念转化为情感认同和行为习惯。

参考文献

[1] 金锐.以廉洁文化护航高校健康发展[J].中国纪检监察,2022(7):50.

[2] 党评文.扎实推进新时代廉洁文化建设[J].学校党建与思想教育,2022(3):3.

[3] 陈凤英.高校廉洁文化建设探析[J].哈尔滨学院学报,2022(4):134-136.

[4] 张国臣.高校廉洁文化建设理论与实践[M].北京:人民出版社,2010.

基于"四有四立"的新时代高校师德师风
建设实践与思考

高　燕　钱　嫄①

[摘　要]为深入贯彻落实习近平总书记关于师德师风的重要论述和全国教育大会精神,落实《中共中央　国务院关于全面深化新时代教师队伍建设改革的意见》关于加强和改进新时代师德师风建设的新要求,义乌工商职业技术学院践行师德为先,贯彻师德师风第一标准,对标"四有"好老师,开展"立德、立学、立言、立行"铸魂工程,推进师德师风建设任务落到实处:推动教职工政治理论学习和师德师风培训常态化,全面加强教师队伍思想政治工作;优化校内教职工荣誉体系,举办系列宣讲评优活动,大力提升教师职业道德素养;完善全方位考核体系,将师德师风建设要求贯穿教师管理全过程,着力营造全社会尊师重教氛围。

[关键词]师德师风;四有四立;实践与探索;思考与提升

教师是立校之本,师德是教育之魂。《中共中央国务院关于全面深化新时代教师队伍建设改革的意见》指出,要着力提升教师思想政治素质,全面加强师德师风建设,健全师德建设长效机制,推动师德建设常态化长效化。教育部等七部门《关于加强和改进新时代师德师风建设的意见》提出要把立德树人的成效作为检验学校一切工作的根本标准,把师德师风作为评价教师队伍素质的第一标准。针对国家对教师师德师风提出的明确要求,高校要大力加强并改进师德师风建设,全面提升教师思想政治素质和职业道德水平。

---

①　高燕,义乌工商职业技术学院人事处处长、校纪委委员,副教授,研究方向为职业教育研究与高校教师发展研究。钱嫄,义乌工商职业技术学院讲师,研究方向为高校思政教育研究。

一、新时代高校师德师风建设的时代意义

　　"百年大计,教育为本。教育大计,教师为本。"党的十八大以来,以习近平同志为核心的党中央高度重视教师队伍建设问题,在不同场合多次强调教师队伍师德师风建设的重要意义。2013年9月9日,习近平总书记向全国广大教师致慰问信中强调教师应自觉增强立德树人、教书育人的荣誉感和责任感,学为人师,行为规范,做学生健康成长的指导者和引路人。2014年5月4日,在北京大学师生座谈会上,习近平总书记再次强调了教师教书育人的使命,强调教师要甘当人梯,甘当铺路石,加强道德修养,注重道德实践。2014年9月10日,习近平总书记首次提出"四有"教师新标准,要求全国广大教师要做有理想信念、有道德情操、有扎实知识、有仁爱之心的好老师,好老师要有"捧着一颗心来,不带半根草去"的奉献精神。在2016年12月7日的全国高校思想政治工作会议中,习近平总书记强调教师要成为塑造学生品格、品行、品味的"大先生",传播知识、传播思想、传播真理,主动承担起塑造灵魂、塑造生命、塑造人的工作。2018年5月2日,习近平总书记在北京大学师生座谈会上的讲话中进一步明确评价教师队伍素质的第一标准应该是师德师风,同时对学校层面师德师风建设提出了更高的要求,应当将师德师风建设纳入每一所学校常抓不懈的工作,既要有严格制度规定,也要有日常教育督导。建设社会主义现代化强国给新时代教师队伍师德师风建设指明了新方向,习近平总书记在2018年全国教育大会上发表的重要讲话为做好新时代教育工作提供了根本遵循,他指出做老师就要执着于教书育人,有热爱教育的定力、淡泊名利的坚守,对教师队伍中存在的问题,要坚决依法依纪予以严惩。

二、实践与探索:基于义乌工商职业技术学院师德师风建设的实证研究

　　教师承担着传播知识、传播思想、传播真理的历史使命,肩负着塑造灵魂、塑造生命、塑造人的时代重任,是教育发展的第一资源。为加强教师队伍建设,提高教师队伍整体素质,建设一支德艺双馨的教师队伍,是实现学校内涵式高质量发展的关键。新形势下,义乌工商职业技术学院全面贯彻习近平总书记关于教育的重要论述和全国教育大会精神,加强和改进新时代师德师风建设,将师德示

范引领、师德规范践行、师德警示宣教"三大工程"贯穿全年、融入日常,组织开展师德师风两比两赛、师德师风专题教育、师德师风主题月、"清正师风"等系列活动,引导广大教职工坚定理想信念、厚植爱国情怀、涵养高尚师德。

(一)以学习教育为主线,加强师德师风理论学习

开展师德师风重要论述精神学习。学校各部门、二级学院组织全体教职工集中学习习近平总书记关于"三个牢固树立"、"四有"好老师、"四个引路人"、"四个相统一"、"六要"等重要论述精神;学习新时代师德规范,包括《高等学校教师职业道德规范》《教育部关于建立健全高校师德建设长效机制的意见》《新时代高校教师职业行为十项准则》等重要文件。组织开展"师德师风"读书会活动,开展高校教师违规违纪典型案例警示教育,重温教师誓词等,引导教职工自觉践行从教准则,增强教师廉洁从教意识,提升师德师风及作风建设水平。加强新教师入职师德教育,将师德师风培训作为新教师入职培训的第一课,邀请社科部教授做师德师风及教师思政教育专题培训,省师德先进个人、校十大标兵做师德分享,并举行入职宣誓仪式,签订师德承诺书,鼓励新教师做好学生的四个"引路人",争做学生欢迎之师。举办师德论坛,以二级学院为单位,结合学习文件、师德典范影片以及日常教育工作,开展青年教师、青年班主任等群体的师德专题教育,通过相互深入交流、工作分享,关心青年教师成长和发展,为青年教师扣好教师生涯的第一粒扣子,为青年教师成长成才筑牢师德根基。

开展主题党日、专题组织生活会。组织开展系列党史学习教育活动,主要包括"创出精彩　追望大道"七一集体党日活动,"情系红色时代,致敬建党百年"微型党课大赛,思政课实践教学成果展演,"我为师生办实事"活动,集体观看庆祝中国共产党成立 100 周年大会,组织教师参观党史学习教育重要红色基地,举办"清风徐来,墨润廉心"书法大赛等系列活动,邀请"非遗传承人"带来党史剪纸课,"我为双高扛担当"活动以及党史知识竞赛等。承办党史学习教育重大活动,顺利举办以"学百年党史　品真理味道"为主题的全国高职院校宣传部部长暨马克思主义学院院长联席会议,围绕高水平高质量落实立德树人根本任务,深入研究、广泛交流提升高职院校宣传思想工作水平的方法、路径、经验。

(二)以奋进争先为导向,加强先进典型示范引领

组建师德宣讲团。各二级学院以党史学习为中心,组建"宁远"党史学习教育、望道红色研学、"红领"、红语青年宣讲团等 12 个宣讲团,在校内外广泛开展

师德师风先进事迹专场宣讲会,广泛宣传先进典型事迹,推广先进经验,引导全校教师自觉践行廉洁从教准则;"宁远"党史学习教育宣讲团依托义乌市社会组织学院开展了形式多样的党史学习进"六进"活动,其中"重走红军路　重温革命史"行走的党课活动取得了较好的效果;望道红色研学宣讲团则在陈望道故居开展了多次主题为"真理的味道有点甜"望道精神宣讲活动,在义乌市中小学中产生了较大反响;红语宣讲团已开展宣讲 10 余次,与义乌市妇联合作,把党史学习教育送入后宅街道、北苑街道等基层地区,共发布外媒新闻稿 6 篇,其中一篇获人民日报关注。

加强先进典型引领。召开师德师风报告会,邀请全国"最美教师""全国教学名师""全国师德标兵""全国高校辅导员年度人物""全国道德模范""全国优秀教师"等作师德师风专题报告。开展学校"十大标兵"评选活动,举行"十大标兵"、任教 30 年教师隆重的表彰仪式,充分发挥先进典型的引导、示范、标杆作用,倡导实干精神,激励广大教师崇尚模范、见贤思齐、争做标兵。组织教师观看师德典范影视剧展演,向全体教师推荐观看电视纪录片、电视专题片、"献礼中国共产党成立 100 周年"等师德典范影视剧、纪录片,营造尊师重教氛围。通过校园网、微信公众号、宣传展板、微视频等媒体形式开展广泛宣传,积极营造静心教书、潜心育人,为人师表、甘为人梯的良好氛围,形成真心关爱学生、严格要求学生、公正对待学生的良好师风、学风、校风。

(三)以制度约束为抓手,严守师德底线

健全师德长效机制。出台《教职工行政处分管理办法》《师德师风建设长效机制》和《负面清单制度》,明确师德师风红线,强化在各类教师评价考核和职务聘任中实施违反师德师风"一票否决制",探索师德师风建设与职称晋升、考核、绩效工资相关联的机制。深入落实师德师风负面清单制度,以"十大准则"为出发点,全面梳理学校师德方面可能存在的问题,对存在违反师德师风行为的,做到有诉必查、有查必果、有果必复。切实执行教师违反师德行为的惩处机制和问责机制,严格教育教学、学术研究、校外兼职等规范,对违法违纪行为严肃追究处理。严把教师选聘入口关,全方位审查拟聘用教师政治品德,实行思想政治素质和业务能力双重考察;严格师德鉴定和政治审查,在教师资格证认定和人才引进工作中突出师德鉴定,加强思想政治考察。

健全师德监督机制。开展教师队伍意识形态领域动态研判工作,做好危害教师队伍的安全稳定的隐患排查,把握教师思想动态,及时研究加强和改进师德

建设的政策措施,实现教职工意识形态领域平稳可控。设立师德师风投诉信箱,构建学校、教师、学生、家长和社会多方参与的师德监督体系,及时掌握师德信息动态,及时纠正不良倾向和问题,接受社会各界监督。坚持把警示教育作为师德专题教育的重要内容,以教育部网站公开曝光的违反教师职业行为十项准则典型案例和身边发生的负面典型为反面教材,各部门、学院以例会等形式开展集中学习活动,引导教师以案为鉴、以案明纪,打造多层次、立体式的师德师风监督体系,推动警示教育制度化、常态化。

(四)以暖心工程为依托,凝聚师生共识

以坚定立德树人初心为目标,开展教师"暖心工程"系列活动,凝聚发展共识,激发教师育人情怀。举办"校领导有约"活动,师生代表以座谈会的形式零距离沟通,共话学风教风建设,旨在搭建学校领导与广大师生现场交流的平台,引导广大师生积极参与学校民主管理,形成"聆听师生心声,贴近师生需求,关心师生成长,促进学校发展"的良好氛围。加强关怀平台的搭建和维护,注重人文关怀,对教师存在的困难给予帮助,对教师提出的子女教育、课外培训、文体活动等合理的诉求及时响应;注重心理关怀,建立完善教师心理健康教育体系,定期举办心理疏导、心理咨询、健康养生等专题讲座或主题活动,提升教师的工作满意度和职业幸福感;关心关怀困难教师,对身患慢性疾病教师给予关心关爱,了解他们的难处并帮忙解决,对考核落后的教师进行谈心谈话,剖析原因,明确突破方向,提高工作自信心。

三、思考与提升:践行师德为先,实施"四有四立"铸魂计划

"十四五"时期是我国乘势而上开启全面建设社会主义现代化国家新征程、向第二个百年奋斗目标进军的第一个五年,国家职业教育也已经进入提质培优、增值赋能、以质图强的历史关键时期。随着《中共中央　国务院关于全面深化新时代教师队伍建设改革的意见》和《教育部等七部门　关于加强和改进新时代师德师风建设的意见》等一系列改革举措和配套文件相继实施,对高校思想政治教育、师德师风建设等方面提出了明确要求。从学校内涵发展来看,实现学校高质量发展、高水平建设,关键在人才,这就要求高校师资队伍建设必须贯彻落实好相关政策,按照"师德为先、双师为要、引育并举、协同推进"的建设思路,全面强化师德师风建设,以"四有"标准为基石,培育教师"四立"情怀。

(一)强化师德师风全员化培养

贯彻师德师风第一标准,融入学校校风教风,创新载体推动教师培养立学、立德、立言、立行的"四立"情怀。落实《义乌工商职业技术学院师德师风建设长效机制实施办法》,坚持师德师风教育制度化、常态化、全员化,确保教职工政治理论学习和师德师风培训全员覆盖,落实好教职工政治理论学习每年不少于40学时。

(二)推进师德师风全过程考核

全面落实《新时代高校教师职业行为十项准则》,严格执行师德师风负面清单制度,构建教师师德师风"入口关—考核关—评聘关"全过程考核体系,将教师思想政治标准和师德表现贯穿到职前考察、岗前培训、职称评聘、绩效考核、岗位聘用和奖惩等环节,严格落实师德师风"一票否决制"。

(三)实现师德师风全方位浸润

开设"望道大讲堂",邀请专家学者、师德先进典型面向全校教职工开展师德师风专题报告会。继续开展"十大标兵"校级最高荣誉评选,倡导正气实干和创先争优意识。打造学校教师荣誉墙,激励教师向榜样学习,在学校事业发展中担当作为、修身育人。每年举办教师节庆祝典礼,开展新教师入职宣誓、任教三十年教师颁奖、教职工光荣退休仪式和先进典型表彰等活动。

四、总　结

师德师风建设是高校强化"不忘初心、牢记使命"意识,塑造新时代高素质教职工队伍,推进学校内涵式发展的重要实现途径。高校应以社会主义核心价值观为基本遵循,以立德树人为立足点,通过大学习大讨论大抓实效,找准并改进学校师德师风、作风建设中存在的突出问题,以活动促建设,以师德强技能,以作风塑形象,形成具有自身特色的师德规范和作风效能制度,进一步提高高校教师思想政治素质和业务能力,为推进学校内涵式高质量发展提供坚强的作风保障和队伍保障。

参考文献

［1］国务院.关于全面深化新时代教师队伍建设改革的意见［EB/OL］.（2018-01-20）［2022-06-01］.http：//www.gov.cn/zhengce/2018-01/31/content_5262659.htm.

［2］教育部等七部门.关于加强和改进新时代师德师风建设的意见［EB/OL］.（2019-11-15）［2022-06-01］.http：//www.gov.cn/xinwen/2019-12/16/content_5461529.htm.

［3］人民日报.习近平向全国广大教师致慰问信［EB/OL］.（2013-09-10）［2022-06-01］.http：//cpc.people.com.cn/n/2013/0910/c64094-22864548.html.

［4］人民日报.习近平：青年要自觉践行社会主义核心价值观［EB/OL］.（2014-05-05）［2022-06-01］.http：//cpc.people.com.cn/n/2014/0505/c64094-24973-220-2.html.

［5］人民日报.习近平在北京师范大学考察［EB/OL］.（2014-09-10）［2022-06-01］.http：//cpc.people.com.cn/n/2014/0910/c64094-25629944.html.

［6］人民日报.习近平寄语教师金句：要成为塑造学生的"大先生"［EB/OL］.（2018-09-07）［2022-06-01］.http：//cpc.people.com.cn/xuexi/n1/2018/0906/c42-1030-30276689.html.

［7］人民日报.习近平在北京大学师生座谈会上的讲话［EB/OL］.（2018-05-03）［2022-06-01］.http：//cpc.people.com.cn/xuexi/n1/2018/0906/c421030-30276689.html.

［8］新华社.习近平出席全国教育大会并发表重要讲话［EB/OL］.（2018-09-10）［2022-06-01］.http：//www.gov.cn/xinwen/2018-09/10/content_5320835.htm.

"清廉校园"建设背景下高职院校校内巡察工作质效提升研究

陈鸿珠①

[摘　要]巡视巡察工作作为党内监督的重要组成部分,党中央已将巡视巡察监督嵌入党和国家监督系统,融入国家治理体系,构建了横向到边、纵向到底的工作格局,目的就是实现党内监督全覆盖、无死角,确保上级决策部署落实落细落到位。本文以义乌工商职业技术学院校内巡察开展情况为研究对象,调研该校校内巡察的主要做法与成效及其面临的困难和问题,在此基础上提出"清廉校园"建设背景下高质量做好高职院校校内巡察的对策建议。

[关键词]"清廉校园"建设;校内巡察;对策建议

党的十八大以来,全面从严治党成为党加强自身建设的重要举措,一体推进不敢腐、不能腐、不想腐,这不仅是反腐败斗争的基本方针,也是新时代全面从严治党的重要方略。巡视巡察工作作为党内监督的重要组成部分,党中央已将巡视巡察监督嵌入党和国家监督系统,融入国家治理体系,构建了横向到边、纵向到底的工作格局。义乌工商职业技术学院根据上级要求,于2019年11月成立党委巡察办试点,开展校内巡察,并对做好新时期高职院校巡察工作进行了积极探索。

一、开展校内巡察的内涵意义

根据习近平总书记关于"党组织建立到哪里,巡视巡察就跟进到哪里"的重要讲话精神,为解决党内监督"最后一公里"问题,2020年浙江省明确省直机关

---

① 陈鸿珠,义乌工商职业技术学院巡察办主任、校纪委委员,研究方向为党风廉政建设。

和省属企事业单位要建立内部巡察机制,对下属单位较多、管理链条较长且巡视监督难以延伸覆盖的有关党组(党委)开展内部巡察。

(一)开展校内巡察是监督基层党组织贯彻落实"两个维护"的重要保证

"两个维护"作为党的最高政治原则和根本政治规矩,不是抽象的,而是具体的。当前,二级学院党组织对"两个维护"态度是鲜明的,但在具体落实上不同程度地存在"上热中温下冷"现象。比如,巡察发现有的二级学院在贯彻落实习近平总书记关于新时代教师队伍建设的重要讲话精神上有差距,对师德师风建设抓得不够严,产教融合校企合作的深度不够,对师生急难愁盼问题"高高挂起"。政治巡察就是把"两个维护"作为根本任务,通过深入基层,直接了解党的路线方针政策贯彻得是否到位、到底,查找和纠治对上级决策部署不敬畏、不在乎、装样子的错误表现,以及空泛表态、应景造势、敷衍塞责等突出问题,督促基层党组织和广大师生不断增强"两个维护"的政治定力和政治能力,以实际行动践行初心使命,保障"为党育人、为国育才"各项任务落实落地。

(二)开展校内巡察是推动全面从严治党向纵深发展的必然要求

党的十八大以来,全面从严治党成为党加强自身建设的一大关键举措,"全面"包含了内容无死角、主体全覆盖和劲头不松懈等三个层面的含义。巡视巡察是政治"显微镜"和政治"探照灯",是对党组织履行上级决策部署和全面从严治党各项任务的政治体检,目的就是坚持好、巩固好、维护好党的领导,督促基层党组织和党员干部自觉把思想和行动统一到全面从严治党的各项要求上来。从当前情况看,高职院校滋生腐败的土壤依然存在,招标采购、工程建设、科研领域违规违纪问题还时有发生。开展内部巡察,就是强化对领导干部的日常监督,经常性进行自我体检,便于校党委及时发现在全面从严治党中的难点、堵点、痛点,打通党内监督"最后一公里"问题,避免干部由"亚健康"变成"不健康",避免小洞不补、大洞吃苦,让广大师生感受到党的关怀就在身边、正风反腐就在身边,时刻绷紧法纪之弦。

(三)开展校内巡察是落实"以师生为中心"的价值取向的重要抓手

巡察工作是政治工作,必须坚持以人民为中心的价值取向,顺应人民对美好生活的向往。校内巡察,巡察组代表学校党委深入基层一线,与广大师生面对面沟通交流,听取意见建议,督促整改师生不满意的突出问题,厚植"以生为本"的理念,树牢"学生利益无小事"的观念和"为学生服务"的意识,推动二级学院和有关职能部门有效解决,切实把对上负责和对下负责统一起来,充分发动师生,让师生知晓巡察、接受巡察、参与巡察,做到民有所呼、我有所应。通过巡察推动解决师生关注的"小问题",赢得民心向背的"大政治",让师生获得感成色更足、幸福感更可持续、安全感更有保障。

(四)开展校内巡察是提升基层治理能力和治理水平的迫切需要

如何实施有效监督,是全面从严治党的重大课题,也是推进国家治理体系和治理能力现代化的重要任务。从巡察情况看,二级学院层面大都习惯于原有的管理模式,思维方式、统筹协调能力尚不能适应新任务新要求,存在战略思维能力偏弱、思路定位不够清晰、治理过程不够严实、管理不够精准到位、党组织作用发挥不够充分等问题,阻碍学院事业发展。开展内部巡察,主要目的就是着力发现和推动解决制度建设滞后,基层党组织"宽松软"以及领导班子治理能力和治理水平不足问题,督促二级学院党组织强化政治功能,增强教育防范功能,不断提升基层党组织的战斗力和凝聚力,切实巩固党长期执政的组织基础。

二、主要做法和初步成效

高职院校开展内部巡察是顺应全面从严治党阶段性工作的需要,目的是"早发现、早制止、早提醒",扎紧制度篱笆。义乌工商职业技术学院坚持制度先行,边探索边实践,从严从实开展政治监督,为"清廉校园"建设提供政治保障。

(一)完善组织架构,出台办法统筹推进

成立了以党委书记为组长的巡察工作领导小组,组建了以职能部门、二级学院党员中层干部为主的 15 名巡察组组长库和以会计、审计、法律、工程建设、思想政治等专业教师为主的 54 名巡察专业人才库。制订了《巡察工作办法(试行)》《巡察工作协作机制》《巡察工作三年行动计划(2021—2023 年)》等系列基础性、规范性文件,为巡察工作逐步走上常态化、规范化轨道开好局起好步。

(二)先易后难再深,咬定目标稳步推进

从 2019 年 10 月开始,试点开展首轮巡察,在金华市委巡察办的指导下分别对业务相对单纯的继续教育学院直属党支部和后勤资产管理处开展常规巡察和

专项巡察。2020 年上半年又选择中等规模的人文旅游、创意设计两个二级学院开展常规巡察,逐步积累工作经验。同时,坚持稳中求进的原则,统筹谋划全覆盖工作,原则上每学期开展一轮,一年安排两轮,实现在本届党委任期内对二级学院党组织巡察全覆盖。

(三)强化思想引领,因地制宜分类推进

每轮巡察动员会上,学校党委书记亲自动员部署,参会对象除了被巡察单位全体教师外扩大到全校中层以上干部。议程安排上增加交流发言内容,下一轮巡察动员会上安排上一轮巡察对象进行交流发言,用身边人身边事谈体会谈成效,提高广大师生对巡察工作的认同感。同时,利用巡察干部熟悉学校情况,在常规的个别谈话、集体座谈、查阅资料等方式方法的基础上,分别设计问卷内容对在校师生和毕业生进行线上线下问卷调查;针对不同层级谈话对象分别制作谈话提纲,使谈话内容更加务实管用。

(四)着眼师生利益,聚焦主责点题推进

巡察中始终坚持问题导向,坚持师生为中心的价值取向,紧紧围绕学校特点规律、主责主业和全面从严治党阶段性特征开展政治监督。如在首轮巡查后勤资产管理处时,对食堂运行管理情况进行重点关注,发现食材采购不规范、出入库管理松散等诸多问题。整改后已向食堂托管方收回学生食堂超额盈利款 54.73 万元,全额返还学生,切实维护学生权益。在二级学院巡察中,紧盯科研经费特别是横向课题经费管理使用问题,通过以点带面,开展了全校科研领域问题的专项整治,防范各类风险隐患,堵塞制度管理漏洞。

(五)落细清单管理,回访督办加压推进

巡察反馈后要求被巡察单位第一时间成立巡察整改工作领导小组,认真落实"清单制+责任制",严格对照反馈问题和整改要求,建立问题清单、任务清单、时间清单、责任清单等"四张清单",科学制订整改方案。两个月的整改期满后,巡察工作领导小组及时听取被巡察党组织主要负责人巡察整改进展情况汇报,并就尚未整改到位的事项进行原因分析,明确整改举措及完成时限。巡察办定期进行催办督办和"回访检查",确保问题整改清仓见底、全面清零。

截至目前,全校已开展四轮巡察,共发现面上问题 228 个,移交问题线索 4 条,提出意见建议 68 条。前三轮巡察反馈问题已整改 187 个,整改率 82.02%,

追责问责有关人员 56 人,健全完善相关制度 124 个,挽回经济损失 100 多万元。通过持续推进巡察,教职工对巡察工作的认同感逐步增强,接受监督、参与监督意识有了明显提高,风清气正的政治生态进一步彰显,清廉校园的政治基础进一步夯实,师生幸福感满意度进一步提升。

三、当前校内巡察面临的困难和问题

随着巡察工作的不断推进,校内巡察面临的困难和问题不断凸现,既有认识层面的问题也有操作层面的不足,需要在探索中实践,在实践中深化。

(一)把握政治巡察的内涵不够精准

高职院校内部巡察起步晚,广大教师对党风廉政建设工作的重要性、紧迫性认识不足,对政治巡察的认知几乎空白。工作中出现将政治监督混同于业务检查、党务检查、专项治理。巡察重点不够聚焦,监督内容泛化、发散,针对性、有效性不够强。

(二)落实巡察主体责任不够到位

单位主要负责人履行巡察主体责任仍有偏差,工作中仅仅停留在支持的层面,亲自抓、具体抓的力度不够,自觉接受监督、主动抓整改的意识还有待提高。个别单位存在过关心理,对重点问题处置态度不够坚决、措施不够具体,缺乏动真碰硬的勇气和魄力,"老好人"现象不同程度地存在。

(三)巡察监督质量和效果参差不齐

巡察走过场现象不同程度存在,个别报告既没有重点人、重点事问题线索,也没有师生最关心、反映最强烈的重要问题,特别是对"关键少数人"履职情况的监督不够有力,影响巡察的信誉和权威。当前校内巡察普遍存在"零来电、零来信、零来访"现象,如何精准发现问题,破解"熟人社会"监督难办法还不多。

(四)巡察监督与其他监督融合不够

目前"巡审结合""巡纪融合"的监督合力尚未形成,对涉及普遍性问题和矛盾集中、整改难度大的问题,有关职能部门重视不够、整改不力,甚至应付整改、虚假整改,协同配合不够有力,齐抓共管局面尚未真正形成。

(五)巡察规范化制度化建设任重道远

随着校内巡察的常态化推进,规范化、制度化建设摆上了议事日程,包括如何把巡察办作为党委工作职能部门建设,如何加强队伍建设,理顺组、办关系,发挥熔炉作用等问题日益突出。巡察干部抽调难、精力保证难、发现问题难等问题不断凸显,不会监督、不敢监督、不想监督问题不同程度地存在,影响巡察实效。

四、高质量做好校内巡察的对策建议

校内巡察必须坚持以习近平总书记关于巡视工作重要论述为根本遵循,全面贯彻巡视工作方针,切实发挥巡察作用,为"双高校"和"清廉校园"建设提供坚强的政治保障。

(一)坚持政治定位,精准把握巡察内涵

校内巡察是学校党委对所管理党组织履行职能责任的政治监督。要坚守政治巡察职能定位,坚持立德树人根本任务,聚焦"关键少数"和"两个责任"落实情况,坚持从问题看责任、从业务看政治,通过个别谈话、问卷调查等方式,把具体问题收集上来,再透过问题去分析被巡察党组织、"一把手"的履职情况,推动被巡察党组织解决制约学院高质量发展的主要矛盾、深层次问题,确保方向不偏、内容不散、蹄疾步稳,充分展示巡察工作的"政治力"。

(二)坚持问题导向,压紧压实主体责任

要始终坚持以师生为中心,关注师生的呼声和反应,把师生反映强烈的突出问题作为有效的切入口,查找二级学院党组织履行职能责任的偏差,不断增强巡察发现问题的针对性和实效性。各二级学院党组织负责人要把巡察整改的主体责任牢牢扛在肩上、抓在手上、放在心上,做到对巡察整改工作亲自部署、重大问题亲自过问、重点环节亲自协调。自觉把巡察整改融入日常工作、融入教学改革、融入管党治党、融入队伍建设中,紧紧扭住全面从严治党的"牛鼻子"。

(三)坚持分类施策,创新巡察方式方法

校内巡察必须突出学校特色,找准工作着力点。要着眼"十四五"事业发展规划,紧盯科研、社会服务、政府采购等重点领域和关键环节,深刻剖析问题根

源,深入查找制度漏洞,把推进"当下改"的举措和完善"长久立"的制度有机结合起来,健全一体推进机制。要及时梳理共性问题,制定有关措施,强化协同联动,形成工作合力,推动学院高质量内涵式发展。要把常规、专项、机动巡察和"回头看"贯通起来,打好"组合拳",创新打造巡察工作"校本色"。

(四)坚持"四责协同",加强巡察成果运用

要强化"一盘棋"思想,推进巡察与其他监督贯通融会,推动各类监督信息、资源、力量和成果的共享共用,切实提升学校治理能力和治理体系现代化效能。要进一步强化巡察成果运用,做细做实巡察整改"后半篇文章",形成整改闭环,对虚假整改、应付整改的要严肃追责问责,通过强化巡察成果的应用,激发学校发展的"新动能"。

(五)坚持"固本强基",强化巡察队伍建设

要注重校内巡察干部的培养,从巡察工作常态化的要求出发,将熟悉党务、纪检、宣传、财务等业务,具有较强发现问题、沟通协调、文字表达能力的干部充实到巡察队伍中来,配齐配强巡察力量,规范巡察干部抽调工作,解决人员抽调难问题,打造一支敢于斗争、善于斗争、政治过硬、本领高强的忠诚、干净、担当的巡察队伍。

参考文献

[1] 习近平.习近平总书记系列重要讲话读本[M].北京:学习出版社,2016:101-102.

[2] 吴利瑞,张荣国.全面从严治党视阈下的高校巡察工作路径探究[J].南方论刊,2019(10).

[3] 陈江华,邓叶芬,何琳.高校校内巡察制度的实践探索与发展路径研究[J].学理论,2019(4).

[4] 马春波,张栋梁.新形势下高校开展巡察强化政治监督的实践与思考[J].中国纪检监察,2019(3).

高职院校学风建设现状及清新学风路径探索①

虞吉辰②

[摘　要]学风是凝聚在教与学过程中的精神动力、态度作风,它依据不同学校的不同特点表现出独有的特色和丰富的内涵,是一种无形的精神力量,更是一所学校重要的无形资产,学风建设的水平高低直接关系到人才培养的成效。基于资料查阅、问卷调查、学生座谈等手段,结合本人高校工作经验,本文对当前高职院校学风建设现状进行总结(涵盖教学、思想教育和学生日常管理等方面),开展原因分析并提出清新学风体系的建设路径。

[关键词]高职院校;学风建设;路径探索

随着高等教育的迅速发展和规模的日益扩大,人们的注意力逐渐由数量、覆盖率等转向育人成效,重点聚焦于如何让学生在高校中真正地学到知识和技能,实现成长成才。学风作为高校精神内涵的重要展示,是教书育人最基础、最本质的需求,犹如学生成长的阳光和空气。一直以来,各高等院校无不在学风建设上投入大量精力,开展着永不停息的探索。尽管如此,当前各高校学风还是存在不同程度、不同层次的问题,如学生课堂纪律观念不强、学习目标不明、动机不纯、师生双向不满等情况,影响学生成长,制约高校又好又快发展。国内外对于高校学风建设均开展了相关探索,形成了具有建设性、可参照的文献。但鉴于高职院校与普通本科院校在结构功能、学校目标、办学理念、生源特点上存在较大差异,简单地模仿、复制本科院校学风建设模式是不可行的。因此,对高职院校学风建设开展路径探索十分必要。

---

① 本文已发表于 2022 年第 4 期《教学与研究》。
② 虞吉辰,义乌工商职业技术学院助教,研究方向为高校思想政治教育。

一、高职院校学风建设现状

高职院校由于办学体制所限,办学历史较短,基础相对薄弱,存在重硬件、轻软件,重数量、轻质量的现状,容易出现发展不平衡、不协调现象。随着"2019 年高职扩招 100 万"政策的实施,学生数量进一步增加,生源结构趋于复杂,个性化差异显著,学风建设中的"老问题"尚未解决,"新问题"接踵而至。

(一)学习主体意识不强,目标不清晰

通过一份面向在校生关于学习现状的调查问卷(问卷样本为来自电子商务、会计、应用英语、建筑装饰工程等专业的 500 名学生)发现,有 26％的学生上大学是为了提升自己的个人能力,40％的学生仅是为了获得大学文凭,12％的学生是为了满足父母的期待,6％的学生为了体验大学生活,11％的学生表示学习是为了建设祖国服务人民,但也有 5％的学生不清楚自己为什么学习。尽管绝大多数学生都有自己的学习目标,但"为父母学"的情况依然存在,主体意识缺失。学习动机也不够纯粹,利己性强,未能将个人发展与社会进步、国家富强有机结合。

(二)诚信意识缺失,行为失范

作为高校大学生,首先应做到学业诚信,但实际情况是作业抄袭、考试作弊等现象广泛存在,学生甚至司空见惯,并不以此为耻;在大学生阳光长跑过程中,代跑、替跑现象屡禁不止;提交虚假就业信息、个人简历,学业成绩造假,购买等级证书等,或是擅自违约,另谋高就等情况时有发生;此外,还存在恶意拖欠学费、不及时归还助学贷款等情况。综上,当前高校学生在学业、生活、就业等方面,均存在不同程度的失信行为,诚信意识、责任意识、契约精神不强。

(三)纪律观念淡薄,自控能力不强

部分学生存在纪律观念淡薄,漠视校规校纪的情况。不遵守课堂纪律,无故缺课、习惯性旷课;不遵守公寓管理相关规定,私拉乱接电线、违规使用大功率电器、夜不归宿;在日常学习生活中缺乏自我控制能力,缺乏上进心,行为散漫,沉迷游戏等娱乐活动。在最能吃苦、最该学习的阶段,选择舒适、安逸的"佛系"生活。

（四）课堂氛围沉闷，学生教师双向不满

课堂上缺乏师生互动，"低头族""手机党"大面积存在，上课期间不是睡觉便是玩手机。有的学生甚至连任课教师的名字和长相都不清楚。高校教师对学生的学习精神、学习态度也存在不满，有的教师对学生上课不听讲习以为常并放任自流。反观学生，他们觉得部分老师的授课模式单一，枯燥、填鸭式的知识灌输方法令他们无法忍受，由此造成他们无法调动自身能动性，对课堂提不起兴趣。

二、学风建设困境原因分析

高职院校的发展是一个螺旋式向前推进的过程，问题和困难的出现是合理的，也是必然的，我们应该以科学的眼光去看待。我们也应意识到，学风问题是复杂且将长期存在的，需要多方考虑、多维度切入，对学风问题的成因开展深入剖析。

（一）社会层面

改革开放以来，我国迈入经济发展的快车道。历经四十余载的奋力拼搏，我国 GDP 位居世界第二，人民生活水平显著提升。不少学生认为，即便不学习、不工作，家庭经济条件也足以保障其正常生活，甘愿做"啃老族"；伴随着互联网经济的飞速发展，"一夜暴富""一夜成名"的例子不在少数，"网红经济"等热词时常被推到风口浪尖，社会风气浮躁，许多人怀揣"暴富梦"投机取巧，追求"短平快"的成功秘诀；在某些社交软件、短视频平台上存在隐含不良风气及不正确的价值观导向的内容，使学生学习目标、学习态度、学习方式受到不同程度的影响。

（二）学生层面

高职院校的学生在学习态度、学习能力及个人综合素养能力方面存在先天不足，对学习的重要性认识不够，在大学前的学习阶段，成绩多数位于中下游，伴随着厌学、学习方法不好的情况；经历了节奏快、压力大的中学阶段，学生进入课业压力相对较轻、管理弹性变大的高职院校后，本能地出现"放松""躺平"的心态，由于自控能力的欠缺，容易出现"一泻千里"的情况；大学阶段的教学模式与

中学也存在较大差异,没有了中学阶段的"催着学"甚至是"逼着学",更多的是"我要学",学生往往抱着"60分万岁,多一分都浪费"的心态,放低自我要求。

(三)学校层面

教学内容和教学方法未"与时俱进"。随着高等教育大众化,高职教育受重视的程度大幅提升,被越来越多的人认可。为促进职业化教育健康发展,为国家培养更多专业人才,近年来,高职教育的教育教学改革力度不断加大。但受到传统教学理念、教学思想的影响,加之高职教育在我们国家起步较晚,受办学条件没跟上等因素的限制,当前开展教学的主要阵地依然在教室,授课以理论知识讲述为主。若教师的授课方法单一,单纯讲理论、谈概念,或是简单地配合PPT进行讲解,都难以调动学生的学习兴趣和积极性;学校管理制度滞后且执行不力。基于高职院校扩招的背景,生源数量增加,生源构成趋于复杂,学生的发展需求呈现多元化、特异化的特点,这对高职院校的管理水平提出了更高的要求。受限于制度陈旧化,在面对新问题、新情况时,简单地套用制度,模糊化、批量化处理将造成更多问题。此外,因学生整体素质不高、能力较弱而出现学生因学业不及格、违规违纪等原因无法毕业,或就业率不理想时,考虑到学校的生存和发展,以及学生和其家庭等因素,学校对规章制度"打折扣"执行,一定程度上助长了不良风气。

三、清新学风建设路径探索

清新学风的建设是一个系统的、复杂的大工程,涵盖教学、思想教育、日常管理等多个方面。基于高职院校学风问题的成因,破解学风建设困境的路径应是多切口、多角度、多层次的。

(一)科学制定学风建设总体规划

学风是大学精神的集中体现,是教书育人的本质要求,是高等学校的立校之本,发展之魂。高校须在对学风建设树立正确认识的前提下,明确学风建设内涵,确定建设内容。清新学风的形成与其功能的发挥,应当无处不体现学校的治学理念和校训精神,换言之,高职院校首先应明晰自身办学特色、治学理念,在总结学校发展经验的同时进行改革创新,并以此为指导设定本校的学风建设理念和内涵;其次,学风建设应系统、全面,切不可只聚焦其中一个环节,或只落实在一个模块,应从学生的学习、生活、工作多个环节入手开展规划;再次,学风建设的规划应群策群力,广开言路,面向全校教职工征求意见,一线工作者对于学风问题的感知往往更直接、更清晰,提出的解决思路或许更有效。学校可以将大众智慧进行汇总、整合,经校内外的专家论证后,制定一套最适合本校的建设方案。

(二)打破部门壁垒形成育人合力

学风建设绝不是一个部门、一个单位的事,"全员育人"才是出路。以学生资助对象(经济困难学生)为例,这部分群体往往伴随着心理问题、学业问题和就业困难,但高校各部门因职能不同、信息数据不互通等因素,只能在本部门业务范畴内对学生开展帮扶,容易导致帮扶缺位,出现"双困生""多困生",对学生健康成长造成阻碍。因此,要想推进清新学风建设,应打破部门壁垒,破除数据孤岛,将学生的需求、困难在最短时间内通过数据共享、部门联动的方式进行一次性解决,实现"全员育人"。

(三)革新制度,优化教学方法

提升学生治理水平、改善教学质量是清新学风建设的必要保障。当前高职院校在校生绝大多数都是"00后",相比"90后",在理想信念、价值追求、生活习惯等方面均存在明显差异,直接套用传统的说教式、灌输式教学方法是行不通的。教学部门应当从授课对象的需求和特点出发,因"人"制宜,大胆创新,科学制定教学内容并采用学生能接受、愿意学、喜欢听的授课方式,从根本上解决当前学生旷课多、课堂氛围差的问题。对学生日常管理制度要做到动态更新、通盘考虑,不仅要考虑到"00后",还要对社会扩招生群体进行特点分析。多数扩招生具有不同程度的社会阅历,心智更加成熟,部分学生会有更强的纪律观念、责任意识,学习目标更加清晰,行为更加规矩,但也会存在部分学生我行我素,校规校纪在他们心中或许"不值一提"的现象。学校制定、修订规章制度时,应充分、全面考虑制度的效度和广度,切不可简单地一刀切,"大笼统"更不可取。

(四)强化思想引领,端正师德师风

高等教育肩负着"为谁培养人、培养什么样的人、怎样培养人"的重大使命,这三个问题的答案,将是高等教育的行为准则、前进方向和最终目标,"有理想、有道德、有文化、有纪律"是我们对青年一代的期盼与要求。高校应当加强对学生的思想政治教育,包含爱国主义教育、诚信教育、理想信念教育等,将思政教育

融入大学阶段的全过程,提升对思政课、始业教育的重视程度;高校应加强师德师风建设,加强教师爱岗敬业、无私奉献思想的培养。守好"入门关",重视新进教师的政治考核,把好"考核关",将师德师风与绩效考核进行有机融合,给予正向激励。同时建立约束机制,划定"红线""高压线",将教师的行为限制在一定范围内,防止出现"跨越底线"的情况。

四、结　语

学风是一个学校的脊梁骨,是立身之本,体现了学校的办学理念、管理水平。学风建设的范畴不应仅局限于教学,而应涵盖学习、生活、工作等方方面面。高职院校的学风建设相较于本科院校,存在更多的挑战,也将有更多的机遇,清新学风的建设将从学生、学校、教师三个方面推进,开展系统规划、制度革新、思想引领。我们应意识到,这是一个长期的、复杂的大工程,唯有不忘初心、坚持不懈,方能取得最后的胜利。

参考文献

[1] 舍娜莉,梁芷铭.浅谈高校学风建设存在的问题与对策[J].教育与职业,2015(6):38-39.

[2] 王凤英.新时期影响高校学风的主要因素及对策研究[J].文化创新比较研究,2019,3(29):142-143.

[3] 李颂明,林丽娅.和谐校园视角下的大学生诚信教育[J].教育探索,2008(11):104-105.

[4] 韩萍,翟国静.高职院校学风现状及学风建设措施[J].河北工程技术高等专科学校学报,2014(4):58-62.

清廉财务建设实践探索

孙国亮　楼晗晓①

[摘　要]高校廉政文化是指由高校行政权力与学术权力的行使者主导,由校内广大师生推动与支持形成的,以"公廉、节俭"为核心内容的强烈的集体责任意识与内心诉求。本文从清廉财务的内涵,以及清廉财务建设的重要性、必要性方面开展介绍。结合实践,总结出从财经制度建设、财务运行机制、财务建设基石、监督与检查机制的形成等角度,探索清廉财务建设路径。

[关键词]高校廉政;清廉财务;建设探索

高校是培养人才的阵地,是建设社会主义精神文明、先进文化和构建和谐社会的能量场。当前,随着市场经济和高等教育事业的快速发展,高校规模不断扩张,办学层次日趋多样,所涉及的资金量越来越大,财务活动日趋复杂,业务空间不断拓展。高校财务工作要适应新形势、新要求,为学校事业发展发挥基础性、保障性作用。建成"清廉财务",不仅发挥好财务本身的监督功能,而且能够在党风廉政建设方面"有所作为",更能够成为高校教育事业健康发展的保障。

一、清廉财务的内涵

财务管理工作在高等学校中具有十分重要的地位,是高校管理工作的核心部分,承担着学校资金的筹集、分配、使用、管理、核算、监督、效益考核等重要任务,直接影响着学校教学、科研和其他各项事业的建设和发展,同时关系着师生员工和有关各方的切身利益。财务管理的科学和高效是一所大学应尽之责,也是树立学校良好声誉的重要标志。

---

①　孙国亮,义乌工商职业技术学院计划财务处处长、校纪委委员,副教授,研究方向为财务管理研究、党风廉政建设。楼晗晓,义乌工商职业技术学院计划财务处中级会计,研究方向为高校财务管理。

清廉财务的主要内涵就是从财务管理角度做好廉政建设。对高校来说,清廉财务是清廉校园的一部分。"清廉校园"建设是深化全面从严治党的政治要求,也是贯彻落实浙江省委关于"清廉浙江"建设和浙江省委教育工委关于"清廉教育"建设的必然要求。

二、清廉财务建设的重要性、必要性

著名思想家马克斯·韦伯认为,任何一项事业的背后,必然存在一种无形的精神力量。清廉财务的提出意味着财务文化的形成。

(一)清廉财务建设的重要性

有利于形成共同的认知,增强组织凝聚力。通过发挥财务整体的功能,既有利于财务个体的行为趋于和谐一致,实现团结协作,又能充分发挥财务个体的自主创新精神,齐心协力地实现组织财务目标。

有利于规范财务人员的行为,保障财务工作合规合法。财务文化对学校整体的财务目标取向起导向作用,从而有效地规范学校各种财务活动。

有利于协调部门内外工作,提高工作效率。高校财务部门是个综合性很强的职能部门,工作涉及面广,内引外联。因此,必须促进财务管理和决策的科学化、民主化、高效化,从而推动学校财务事业和其他各项事业不断发展。

(二)清廉财务建设的必要性

实施财务监督是《中华人民共和国会计法》(以下简称《会计法》)赋予会计人员的一项权利,同时也是应尽的一项义务。没有严格的会计监督,就不能确保会计核算的真实性、可靠性、合法性。

同时,2022年通过的《中华人民共和国职业教育法》中明确规定,"各级人民政府应当按照事权和支出责任相适应的原则,根据职业教育办学规模、培养成本和办学质量等落实职业教育经费,并加强预算绩效管理,提高资金使用效益"。

教育经费已经进入后"4%时代",高校的财政拨款越来越多,对财政资金的使用和监管必将更加规范和严格。国家已建立生均拨款1.2万元的制度,这对高校财务管理工作提出了更高要求:要严格按照部门预算、政府采购、国库集中支付、专项资金绩效评价等管理规定,管好、用好财政资金;提高财政资金的使用效益,不但是高校理财水平的体现,更是高校办学水平的体现。

三、清廉财务建设的实践路径

（一）完善清廉财经制度建设

建立健全高效的财务管理体系是在制度上控制财务廉政风险。以高校的实际情况为出发点，结合基本的财务情况，补充完善校内财经制度是建立清廉财务的基本保障。

为提高学校"双高校"建设执行绩效，严肃财经纪律，强化预算执行刚性，计划财务处牵头制定《义乌工商职业技术学院预算项目绩效运行监控实施细则》，对年初下达与年中追加的预算项目，含经常性与非经常性专项（包括市财政支持的双高经费、信息化专项等）、省补专项经费实施预算监控，对五十万元以上重点项目以及巡察、审计、监督检查和日常管理中发现问题较多、绩效水平不高、管理薄弱的项目予以重点关注，对十万元以上的采购项目予以专项监控。

为做好财务二级管理廉政风险防控，计划财务处制定了《义乌工商职业技术学院院校二级财务管理办法》，明确财权，完善二级管理工作流程；修订《义乌工商职业技术学院院校采购管理办法》，在三个旧制度的基础上，制定更适合学校业务发展现状的采购工作规程。

（二）强化内控，优化清廉财务运行机制

高校的财务部门是财务廉政风险的主导者，承担着防范财务廉政风险的主要任务和职责。高校财务部门应该在具体工作中把学校财务内控制度建设与廉政风险防范结合起来，监督和规范学校各类经济活动，健全财务内控体系，进一步提高学校财务管理水平。

防范廉政风险要求财务内控视角不能仅仅局限于某一个单项岗位或业务，应当包括整个活动的全过程。

在2020年内部控制建设评价工作中，一是明确内部控制领导小组、内部控制领导小组办公室、内部控制工作小组、内部控制评价与监督小组等内部控制机构建设；二是结合二级管理修订《内控手册》，推进工作的流程化和标准化；三是开展学校层面和业务层面风险评估，完善内控评价方案。在经费执行方面，计划财务处牵头成立预算监控小组，分析项目经费执行效能，提出预算调整方案报财政审批。

在更新信息化与现代化管理手段方面,计划财务处已启用财务报销实施预约财务系统,新增网上预约与薪酬模块功能,分类核算更加明晰。各二级学院经费指标、已用情况、指标剩余情况、项目资金拨付实施进度一目了然。

(三)压实责任,夯实清廉财务建设基石

在财务开展过程中,计划财务处应负队伍建设责任,各部门二级学院负责人负有"最终签字人"财经责任,全校教职工经费负有使用经办责任。

计划财务处队伍建设责任。一是加强财务队伍思想教育,作为一名财务工作者如何正确行使手中的权力,在大事上泾渭分明,小事小节上从严把握。二是进一步明确岗位责任,实质化运行 AB 岗机制,连贯业务处理流程信息化、系统化,各财经运行事项有迹可循、有责可查。三是落实财务内部牵制,2020 年度已实施预算编制、业务初审、资金支付初审等岗位轮岗,配备限额授权、全流程复审岗。将防范财务运行安全隐患落实到每一位计划财务处员工。四是优化作风,营造浓厚"清廉财务"建设氛围。敢于"红脸"面对,愿当"恶人",坚决挡住未完善前的"瑕疵项目",当好"清廉财务"建设的"把关人"。

各部门二级学院负责人"最终签字人"财经责任。学校推进校院二级管理,权力与责任同时下放。学校对二级学院财务工作实行"统一领导,集中核算,预算控制,经费包干,权责结合"的财务管理体制。部门与二级学院负责人是各自经费预算盘子第一负责人,是经费收支递交学校计划财务处与校领导前的"最终签字人"。

全校教职工经费使用经办责任。通过多载体、多形式加强宣传教育,使财经纪律深入人心。经办人是经济业务开展的第一道关口,不因财务审核、学校审计、专项督查等转移经办人的经办责任。

(四)形成常态化监督与检查机制

内部监督与外部监督紧密结合,构建和完善防控监督机制。

一方面,高校应当加强日常监督和内部稽核,充分发挥高校监察、内审部门的专门监督作用,建立监督和问责制度,确保责任到人,全程参与校内重大经济事项决策,对高校财务廉政风险形成事前、事中、事后监控的一整套体系,并定期向所在单位教职工公开单位经费收支情况。坚持财务公开和民主理财,将高校内审与监督功能落到实处。从近几年的工作情况来看,通过财务系统监控分析、计划财务处例会研讨、多部门专项业务分析会、专项督查等形式,有助于履行好

财务监督职能,不断提高工作效率。在政采云、零星采购业务审核等方面出台优化机制;在标后管理验收等环节,向经办部门提出整改意见,消除廉政隐患;在采购参数制作阶段,针对唯一性、随意性、说明书化的现象,要求重大项目进行参数论证;在会议费、培训费超标现象较为普遍方面,积极与审计局、财政局衔接沟通,制定《义乌工商职业技术学院会议费培训费管理补充意见》,在不违反财经制度前提下尽力保障学校事业发展;在横向课题经费上,杜绝不规范来源,把牢"入口",同时配合科研处制定《横向课题补充规定》,在规范的同时积极支持学校科研业务拓展;持续及时纠正办公设备超标购置,差旅费、住宿费超标准报销,无预算采购等行为;计财处每年保持信息公开120次以上,做到及时主动接受监督。

另一方面,高校应积极配合教育、财政、监察、审计等外部单位的定期和不定期检查,并公开检查结果,接受社会各方面的监督,对可能出现的问题防患于未然。计财处2021年配合学校巡察、审计、重点项目检查等凭证查询多次,抽调人员配合学校开展年内两次校内巡察工作,配合审计完成2016—2020年常态化审计数据报送工作。

对于已发现问题要及时进行纠正和整改,进一步提高高校财务管理水平。针对巡视提出的整改要求,积极开展自查自纠,做到常改常新。

参考文献

[1] 刘晓霞.事业单位财务管理与风险防控研究[J].行政事业资产与财务,2021(3):82-83.

[2] 曹云虎.事业单位财务管理风险与防范措施探讨[J].经济技术协作信息,2021(3):70.

[3] 周慧慧.试析基于风险防范的事业单位财务管理研究[J].财会学习,2020(9):69-71.

新时期高校清廉采购体系的建设

——以义乌工商职业技术学院为例

应国先[①]

[摘　要]随着国家对高等教育事业的投入力度不断加大，高校政府采购项目数量日益增多，金额日益增大，由此高校的政府采购活动中存在较多廉政风险点。本文以义乌工商职业技术学院的政府采购工作中存在的问题为例，针对招标环节和合同履约环节进行探讨，通过督促建立健全完善制度体系、内控机制等系统化工程，推动校园物资采购各重点环节全过程公开、透明、可追溯，有效防范廉政风险，为"清廉校园"建设保驾护航。

[关键词]阳光采购；合同履约；廉政

一、研究背景及意义

随着高等教育改革的深入，国家对高等教育事业的投入力度不断加大，物资、设备以及服务项目的采购量也在逐年递增，例如：优质校园建设过程中各实训室建设、智慧校园建设过程中的货物与服务采购，以及日常工作和科研产生的小额的零星采购项目等。

在越发活跃、频繁的采购活动过程中，我们发现存在着很多不理想之处。因此，本文专门就高校采购工作廉政风险防控进行研究，目的就是查漏补缺，进一步规范学校的经济运行秩序，加强对采购工作廉政风险防控的同时，保障采购执行效率，建设一个更加透明、公开、公正、安全、高效的阳光采购体系。

[①]　应国先，义乌工商职业技术学院采购中心主任，副教授，研究方向为职业教育研究与党风廉政建设。

二、高校政府采购中存在的问题

(一)采购流程问题

学校采购方式一般以公开招标、询价、单一来源、竞争性谈判和邀请招标为主,其中公开招标占绝大多数。根据自查结果,主要存在以下几个方面问题。

1. 资料把关不严

公开招标项目的采购资料通常分标前、标中、标后的资料。任意一个环节的资料错误都会影响采购执行。

评标专家是整个评标过程的主角,直接关系到招标的公平、公正。专家库的建立直接关系到整个评标工作能否顺利开展。例如,某一项目甲、乙公司的投标文件中发现有交叉使用公章的情况,但评标过程中却未被发现,这也使得该项目被不良供应商围标串标,失去了原本应有的公平性。尤其是学校评标专家库主要是以本校的教职工为主,专家库样本量不够大,更新不够快,而且在某些专业领域的专家缺乏的情况下,容易出现专家的擅长专业与评标项目不对口的问题,会影响评标的质量。这不仅仅会影响招标过程,同样也会对后续的合同履约验收造成一定的影响。

2. 招投标工作环节存在漏洞

招投标工作环节存在漏洞导致操作欠规范、围标串标,出现招标文件中的技术陷阱等问题。

一是评标操作不够规范。随着我国招投标工作的增多,人们对高校的招标流程与形式越来越熟悉。根据自查,我们发现一些供应商为了中标采用不正当的手段参与竞争,若干个投标人相互约定好投标报价,内定好中标人后再去参加投标,也就是围标串标行为。一个投标人以多个供应商的名义来参加投标,从表面上看是几家供应商同时参投,实际上是一个投标人在操纵、在围标,导致其手中"机会"大大增加,但这样的招投标就失去了原先公开、公平、公正的意义。

二是存在招标文件技术陷阱。通常项目负责人编制招标文件参数时,除了本身专业知识外,也会参考其他类似招标项目的参数或者咨询相关行业的供应商。当项目负责人咨询的供应商较少时,部分不良供应商会在参数中设置参与评鉴工作的专家及具体经办人员因专业原因难以发现的陷阱,而此类陷阱常常不能完全规避。

(二)采购合同履约问题

合同履约也是阳光采购过程中至关重要的一环,研究发现学校合同履约过程中存在的问题多集中在以下几个方面。

1.合同履约台账的缺失

合同的履约台账是记录合同执行情况的晴雨表,根据台账内容应当很清楚地看到该项目的合同履约的详情。因此,没有台账,会失去一部分对合同履约监管的抓手,如果涉及服务合同的续签考核,那么台账的缺失也会影响考核,使得考核趋于表面化、形式化。

2.合同履约考核欠优化

学校大多数服务类采购项目都设置了根据考核结果确认是否续签的续签条款,但是在实际履行过程中我们发现,其中有一部分的考核因缺乏合同台账,考核未能建立在台账之上,最终考核结果缺乏依据,形同虚设。

3.合同内容需加强规范

合同内容规范问题主要存在于一些货物类项目,部分项目的中标人明确在投标文件中承诺增值条款,可惜这些条款未在合同中体现。即使招标文件、投标文件也可以作为合同的组成部分,但这无疑会增加合同监管的盲区,部分教职员工在合同执行时只以合同为依据,对供应商的投标承诺的监管却有所缺失,从一定程度上说也容易造成国有资产的流失。

4.验收环节需进一步完善

验收环节是对招标项目履行结果的检验,直接关系到资金的实际利用效益。研究发现,部分采购项目使用单位派遣的验收人员和采购人或实际使用人不同,对项目不熟悉,验收时效率不高。另外,针对服务类项目,也缺乏足够完善的验收标准和方法。

三、构建新时期清廉采购体系的对策

义乌工商职业技术学院在构建新时期清廉采购体系方面做了多方探索,我们认为构建清廉采购体系要从制度、执行和宣传三方面入手,加强采购工作的规范性,最大限度规避存在的廉政风险。

(一)加强制度建设

1.结合校内情况修订了《零星采购管理办法》,进一步规范零星的、小额的采购流程规范和要求。

2.修订完善《采购合同管理暂行办法》,根据合同金额、类型、资金来源等划分合同性质和归口管理部门,并明确了合同管理单位建立完善的合同履约台账和监管合同履约的职责。

3.出台《义乌工商职业技术学院采购档案管理办法》,规范采购资料的存档规范,避免采购资料的缺失,也从侧面加强了学校采购工作的规范要求。

4.逐步建立《采购负面清单》。结合法律法规以及同级财政监管部门意见明确罗列了在公开招标环节禁止设立的条款,让各项目负责人在标前指定技术参数与评标办法时有相关依据可以查询。

5.定制《义乌工商职业技术学院采购标准化流程》,进一步规范校内采购制度和程序。在流程标准化的同时保障工作高效,确保操作便捷;在岗位上分责分岗,确保相互制约;在制度上只扮演组织者和管理者,确保廉洁自律。

6.逐步完善验收机制与方法,制订《验收管理办法》,通过完整细化的验收方案,严格按照采购合同开展履约验收,严格落实履约验收责任。

(二)规范执行流程

1.引入多家社会代理机构参与招投标工作。第三方的社会代理机构专业性强,各操作流程规范且经验丰富,将部分招标采购委托给社会代理可以极大地减少因操作不规范造成的风险。

2.举办校内评审专家业务培训会。增强评审专家工作责任意识和业务能力,提高评审质量,防止评标过程资料审核不严的现象发生。

3.加强对投标供应商的资格审查。预先排查围标、串标行为,将违规投标供应商情节严重者列入学校黑名单,且禁止该名单内供应商参投学校所有采购项目。

4.落实不见评标,除委托给社会代理的招标采购项目,其他项目也要完全实现不见评标,减少了潜在供应商和评审专家、采购工作人员的接触。

(三)加大宣传力度

在全校范围内进行政策公开与宣讲,针对新的文件组织召开文件解读会,旨在宣讲、答疑、解读文件内容。尽可能地加快文件从发布到落实的进程,保障制度的下达通顺。信息公开透明,尽可能做到信息先向全社会公开,保证多渠道信息畅通。

四、结　语

从政策上看,目前义乌工商职业技术学院已经初步建立了较为完善和规范的采购工作体系。然而实际采购活动过程中还是需要采购人员提高自身的思想觉悟和政治修养,提高服务意识,建立廉政文化氛围,营造风清气正的政治环境。加强采购相关工作人员对政府采购法律法规和相关业务理论的学习。严格遵照现有的法律法规、制度、流程规范地开展采购工作,建设透明、公开、公正、安全、高效的阳光采购体系。

参考文献

[1] 时慧.高校政府采购中存在的廉政风险及防控对策分析[J].经济师,2019(6):18-19.

[2] 王野,赵喜君,孟莹,等.浅析高校物资设备采购廉政风险防控[J].中国管理信息化,2019,22(6):217-218.

[3] 李沛新.高校招投标工作廉政风险防控研究[J].学术论坛,2016,39(11):87-92.

[4] 财政部关于进一步加强政府采购需求和履约验收管理的指导意见[N].中国政府采购报,2016-12-02(3).

[5] 杨柳,黄开胜,李美珍.构建"安全、高效、精准"的仪器设备采购工作体系[J].实验技术与管理,2020,37(4):245-248.

高校二级学院廉政文化品牌建设探讨

——以"清知廉行"品牌建设为例

肖绪信①

[摘　要]在探讨高校二级学院廉政文化品牌建设的意义的基础上,以"清知廉行"品牌建设为例,提出了高校二级学院廉政文化品牌建设应遵循的原则,进而提出高校二级学院廉政文化品牌建设在内容设计、组织实施和品牌宣传三方面可采取的策略。

[关键词]高校二级学院;廉政文化;品牌建设;策略

我国高校是培养社会主义建设者的主阵地,其治理水平的高低直接影响着国家人才战略的实施效果。因此,如何评判并不断提升我国高校的治理水平,是一项关乎国家未来和民族命运的大事。通常来讲,评判一所高校治理水平的指标是多维的,其中极为重要的一维就是是否存在腐败问题。相关资料显示,近年来高校腐败问题呈现出"案件数量大、涉案领域广、涉案人员复杂"等特点。中国裁判文书网收录的 2010 年至 2020 年涉及高校腐败的案件超 400 个,这些案件显示,高校腐败犯罪涉及的重点领域有科研、基建、校企合作、采购、招生等领域;涉案人员涵盖了校级、处级、科级领导和普通职员与教师。可见,高校腐败问题依然十分突出,高校反腐败斗争形势依然十分严峻,高校廉政建设之路依然任重道远。

一、高校二级学院廉政文化品牌建设的意义

高校廉政建设需要"标本兼治"。对那些群众反应强烈、社会影响恶劣、严重阻碍学校正常发展的腐败行为,纪检部门需要当机立断、重拳出击,依法依

---

① 肖绪信,义乌工商职业技术学院副教授,研究方向有高校廉政建设、高校党建、乡村旅游等。

规对当事人展开调查处理,让腐败分子得到应有的惩罚,同时,杀鸡儆猴,让其他人"不敢腐",这是"治标";通过制度建设、宣传教育、氛围营造等措施,加强廉政文化建设,构建风清气正的校园政治生态,润物无声,使全体教职员工在守法遵纪上高度自觉,达到"不能腐、不想腐"的目标,这是"治本"。显然,与"治标"相比,"治本"更具挑战性,需要全校各级、各部门思想统一,系统部署,步调一致,久久为功。在此背景下,高校二级学院如何结合自身实际加强廉政文化建设,将廉政文化做实、做细、做出特色,形成品牌效应,具有重要现实意义。

(一)抓实廉政建设的需要

应该说,我国高校对廉政建设历来都很重视,这从领导力量配备和组织机构设置就能初见端倪。高校一般都设有纪委,专门负责对本单位进行内部监督,而纪委书记则是高校领导班子的主要成员之一。党的十八大以来,高校对廉政建设的重视上升到新的高度,反腐败斗争得以持续强化,并取得了较大的成果。但如何进一步扩大战果,将阶段性胜利进一步转化为长效机制,让监督覆盖到更宽泛的权力范围,是非常值得探索的现实问题。鼓励高校二级学院在学校廉政建设的整体框架下,根据自身特色和实际情况打造自己的廉政文化品牌,让廉政文化在高校土壤中生根发芽、开花结果,这无疑是将廉政建设进一步抓实抓细的有益尝试。

(二)夯实廉政文化根基的需要

高校廉政文化建设是校园文化建设的重要组成部分,同时也是高校政治建设的有力支撑,其主要功能是构建风清气正的政治生态,营造清正廉洁的校园氛围,为学校事业发展提供坚强的政治保障。相关研究发现,高校廉政文化宣传教育的素材多采用历史上的廉政故事和人物,警示教育讲的也都是那些"犯错误的人",这对多数教职工而言多少有一定的距离感。如何通过系统设计将廉政教育宣传贯彻到专业建设、人才培养、课堂教学等各环节,让廉政文化根植于学院事业发展的方方面面,使全体教职工能全方位、全过程地感受到廉政文化的洗礼,达到警钟长鸣、人人敬畏规则的效果,这正是通过二级学院廉政文化品牌建设可能达成的目标。

(三)落实二级监管职责的需要

相关研究显示,在所统计的高校腐败案件中,涉案主体最多的不是校级领导干部,而是二级学院的领导干部。究其原因,这与高校实施院校二级管理的内部治理模式密不可分。诚然,二级管理为高校二级学院带来了更多的办学自主权,提高了二级学院的办事效率,提升了学校整体竞争力,但不可否认的是,实施二级管理后,二级学院在办学过程中的廉政风险随着办学自主权的提升而"水涨船高"。二级学院通过廉政文化品牌创建,可将廉政宣传教育和监督检查延伸到教育教学的各个领域、各个环节,比如,行政机构上可覆盖学院领导班子、各职能科室、各专业机构以及各基层党组织等;教师教学上可覆盖课堂教学、实训采购和班级管理等环节;学生学习上可覆盖上课出勤、诚信考试、遵规守纪等方面。

二、高校二级学院廉政文化品牌建设原则

高校二级学院作为高校内部基本构成单位,如何通过品牌建设将廉政文化融入二级学院事业发展中的各个环节,将廉政建设落到实处、取得实效、做出特色,需要遵循一些基本原则。笔者所在工作单位义乌工商职业技术学院人文旅游学院的廉政文化品牌——"清知廉行",便充分体现了高校二级学院廉政文化品牌建设原则。

(一)凸显廉政建设特色

廉政文化品牌凸显廉政特色,不仅体现在品牌名称上,还需要体现在品牌内涵和品牌内容上。"清知廉行"品牌名称上有"清"和"廉"二字,让人一看就知道与廉政建设相关。"清知廉行"的内涵由"清知"和"廉行"两部分组成,前者是指在思想认知上做到清廉,后者是指在行为实践上做到清廉。而在品牌建设内容上,"清知廉行"由"清知计划"和"廉行工程"两部分组成,前者以思想教育为主,后者以行动实践为轴,二者相互融合、互为支撑,共同构建了"清知廉行"品牌的主骨架。

(二)体现廉政教育属性

一方面,"清知廉行"作为一个廉政文化品牌,其主要的工作机制为通过营造一种良好的廉洁文化氛围,使清廉之风深植于集体每一位成员的脑海中,充分发

挥其"润物无声"的育人功能,让所有成员在内心深处建立起廉政风险"防火墙",自觉与贪污腐败划清界限。另一方面,"清知廉行"倡导惩前毖后、治病救人,对苗头性的违规行为进行及时的提醒与劝阻,力求将廉政风险扼杀在萌芽阶段,防止当事人滑落违法乱纪的深渊。"清知廉行"就是教育全体师生在清廉准则上做到知行合一,体现了显著的教育功能。

(三)与学院主体文化品牌相融

校园文化建设是高校工作的重要组成部分,其关键环节就是结合实际提炼出特点鲜明的文化品牌。笔者所在高校党委十分重视校园文化建设工作,提出"一院一品"的校园文化建设框架。笔者所在的二级学院人文旅游学院根据自身实际凝练出"知行合一、美美与共"的校园文化品牌。在此背景下,学院廉政建设工作围绕"知行"文化,根据廉政工作的特点,提出"清知廉行"廉政文化品牌,是对学院主体文化知行文化的进一步扩展和延伸。如此,学院廉政文化建设与学院主体文化建设一脉相承,相互融合,交相辉映。

三、高校二级学院廉政文化品牌建设策略

二级学院廉政文化品牌建设是一个系统工程,主要包含内容设计、组织实施和品牌宣传三个方面的工作。要想这项工程取得理想效果,需要在上述三方面精准运用相应工作策略。

(一)内容设计策略

1.要与品牌内涵相符合

"清知廉行"的品牌内涵由"清知"和"廉行"两部分组成。"清知",指在思想认知上做到清廉;"廉行",指在行动实践上做到清廉。通过宣传清廉文化、学习清廉事迹、举行警示教育等措施,使全体师生充分认识到清廉的价值、意义以及违反廉政纪律的后果,帮助全体师生牢固树立廉政意识,是"清知"内涵的具体化;通过制度建设、阳光管理、内部监督、责任追究等方式,使各项工作有章可循、公开透明,使权力得以有效监督,对违规乱纪行为及时查处,促使全体师生遵规守纪,是"廉行"内涵的具体化。

2. 要与纪委职责相结合

高校二级纪委的工作职责主要有纪律教育、政治监督、日常监督、谈话批评、受理信访、协助调查等,很多工作都是贯穿全年的常规性工作,廉政文化品牌建设如能将这些常规性工作囊括其中,就能起到事半功倍的效果。"清知廉行"建设中的"警示教育活动周",要求"在学习周中,举行一次廉政风险分析会,组织一次全院范围内的警示教育,各专业开展一次廉政主题研讨会,各班级开展一次诚信教育活动",充分体现了二级纪委的纪律教育这一工作职责。而"清知廉行"中的"正衣""亮剑"两大行动,则是二级纪委监督执纪功能的体现。

3. 要与常规工作相融合

廉政建设的重要性不言而喻,但如果抓得太紧,可能影响常规工作的开展,抓得过松,容易麻痹大意,起不到该有的效果,如何把握一个恰到好处的度,是非常值得探讨的问题。借助原有的工作机制,将一些常规工作融入廉政建设中,不因廉政建设工作而"另起炉灶",是"清知廉行"品牌建设的一个重要的工作思路。如将原本就有的师德师风教育、廉政风险排查、诚信主题班会以及制度建设等工作纳入"清知廉行"品牌建设体系当中,就充分体现了这一建设策略。

(二)组织实施策略

1. 覆盖全年,达到警钟长鸣

腐败的起点往往源自思想上细微松懈,或行为上偶犯小错,因此,廉政建设需要对组织内的成员进行持续不断的教育和提醒,让成员遵规守纪的那根弦始终处于紧绷状态。"清知廉行"中"清知计划"以一年为一个周期,第一季度和第三季度有"警示教育活动周"系列活动,第二季度有"廉政建设活动月"系列活动,第四季度有"国际反腐败日"系列活动,这些活动形式多样化,内容丰富,时间跨度覆盖了全年,使廉政教育的警钟长鸣。

2. 覆盖全员,做到全体受教

高校廉政建设的对象不仅仅是领导干部,也应该包括普通教职员工;不仅局限于教师群体,还应该囊括学生群体。"清知廉行"的"阳光工程"要求"严格实施'三公开'制度,让学院各项工作在'阳光'下运行,接受全院师生的监督";要求"'三重一大'及其他重要事关师生切身利益的决策过程,必须通过党政联席会议和党委会集体商议决策",一定程度上对领导的权力进行了约束和监督。"阳光工程"强调强化制度建设,让各项工作有章可循,最大限度地约束了普通教职工的行为。面向学生的廉政征文、廉政辩论会、诚信教育等教育活动,使廉政建设的对象扩大到学生群体。

3.覆盖全域,做到不留死角

高校廉政建设工作要实现,就要让工作的细枝末节延伸到高校工作的各个领域,包括教学、科研、招生宣传、学生管理、行政办公、社会服务等工作领域。"清知廉行"建设内容要求各科室、各专业机构每季度进行一次全面系统的廉政风险排查;要求每年对学院的制度建设进行梳理,切实推动制度的"废改立",让学院各项工作趋于规范化。同时,"清知廉行"建设方案还不定期对教师的课堂言行、横向课题使用、学生评奖评优、后勤物资采购等重点领域进行专项督查,力求做到监督不留死角。

(三)品牌宣传策略

廉政文化品牌建设的关键在于宣传。宣传工作到位,对内可以促成统一思想、形成共识,为品牌建设提供源源不断的内生动力;对外可以扩大影响、提升形象,为品牌的成长争取资源、拓展空间。因此,要在思想上重视品牌宣传,真正意识到宣传工作的重要性,并在此基础上合理运用宣传策略。

1.深入挖掘宣传素材

宣传首先要有素材,没有素材就相当于"巧妇难为无米之炊"。与其他领域工作相比,廉政建设工作领域的素材更为稀缺,主要是因为关于廉政的典型人物和典型事件都不太好找。从新闻属性来讲,反面典型更能吸引眼球,但这方面的素材往往因为纪律性而不便被宣传,而正面典型更是少之又少。因此,深入挖掘宣传素材,使品牌建设保持一定的曝光度,显得尤为重要。除了全面深入报道每一个廉政建设活动外,与廉政建设相关联的领域譬如制度建设、学风建设、师德师风建设等,也可作为廉政建设的新闻素材加以宣传报道。

2.全方位拓展宣传渠道

一般来说,宣传渠道分内部宣传渠道和外部宣传渠道。内部宣传渠道主要有组织活动、营造氛围、召开会议、报道内部新闻等形式;外部宣传渠道主要有户外媒体、网络平台、传统纸媒等。对于廉政文化建设而言,可拓展的宣传渠道有营造文化氛围、组织相关活动、积极利用网络宣传等。特别是在自媒体时代,要积极利用抖音、微博、微信公众号等新兴网络宣传平台,积极宣传品牌建设动态。

3.充分调动全员宣传积极性

高校教师是一个高学历、高文化程度的群体,具备新闻写作的能力和水平,这使动员全员参与品牌宣传具备了前提条件。高校普遍实行的二级管理,使得二级学院对教职工年度工作考核具有较大的自主权,这给调动全员参与品牌宣传提供了充要条件。具体做法是,将廉政建设宣传纳入年度考核当中,按照一定的比例确定分值大小,参与考核的教师每取得一项廉政宣传业绩(包括廉政新闻稿、廉政论文、廉政研究课题等),可以予以相应的年度考核加分,以此来调动全院宣传的积极性。

四、结　语

始终坚持中国共产党的领导,确保社会主义办学方向,是我国高校政治工作的首要目标,要达到这一目标,关键在于能否在组织内营造风清气正的政治环境,而廉政文化建设正是实现这一工作目标的有力抓手。对高校二级学院廉政文化品牌建设而言,设计合理的建设内容是前提,实施品牌建设方案是核心,做好品牌宣传是关键。在高校廉政文化建设中,如何创立一个合理的工作机制,将廉政建设与课堂教学、学生管理、财务管理、党建思政等工作巧妙结合,使廉政建设工作在开展其他常规工作的同时悄无声息地得以落实,达到既不影响常规工作的开展,又能起到警钟长鸣的效果,是高校廉政建设领域非常值得研究的课题。

参考文献

[1] 夏芯,许然.形形色色的高校腐败[J].廉政瞭望,2021(21):21-23.

[2] 彭新林.从400份裁判文书看高校腐败犯罪特点[J].廉政瞭望,2021(21):24-26.

[3] 杨贺元.创建高校廉政文化品牌基地之我见[J].现代教育科学,2011(3):50-52.

[4] 陈长生,胡大伟.融水共生:水利院校特色廉政文化品牌的构建[J].华北水利水电大学学报(社会科学版),2014,30(6):115-117.

基于"信义文化"的"清廉校园"建设路径探索

——以义乌工商职业技术学院经济管理学院为例

毛丽婷①

[摘　要]高校肩负着为党育人、为国育才的历史使命,"清廉校园"建设是实现廉政廉洁文化教育的有效载体,本文以义乌工商职业技术学院经济管理学院信义文化建设为例,将校园文化与廉洁文化相融合,开展校园文化品牌建设,将"清廉校园"建设与校园文化品牌建设相结合,深化廉政教育,培育廉洁文化,挖掘"以文化人"元素,建章立制,创新从严治党的载体,打造"清廉校园"建设,推动全面从严治党和反腐败工作向纵深发展。

[关键词]文化品牌;清廉校园;建设路径

习近平总书记在北京大学师生座谈会上的讲话中提到,"国有四维,礼义廉耻,四维不张,国乃灭亡"。可见,廉洁事关人心向背,事关党和国家生死存亡。习近平总书记在全国教育大会上还强调:"我国是中国共产党领导的社会主义国家,这就决定了我们的教育必须把培养社会主义建设者和接班人作为根本任务,培养一代又一代拥护中国共产党领导和我国社会主义制度、立志为中国特色社会主义奋斗终身的有用人才。落实好这一重大部署,中国特色社会主义高校大有可为。"因此,高校要加强廉洁文化建设,崇尚先进文化,弘扬传统美德,净化学校发展环境,牢固树立"以廉为荣、以贪为耻"的思想意识,更好地营造有利于人才培养的良好环境,为国家培养高素质人才。

一、"清廉校园"建设范畴

高职院校作为社会的一个特殊组织,既是防腐体系中的被监管者、受教育者,又是廉政文化的传播者。"清廉校园"作为高职院校党风廉政建设的抓手,应

---

① 毛丽婷,义乌工商职业技术学院助教,研究方向为高校思想政治教育。

包含廉政教育和廉洁文化建设两部分,因此,可以把"清廉校园"建设分为以下四个方面:清明政风建设、清净校风建设、清正教风建设、清新学风建设。政风清明,即压实全面从严治党主体责任,把政治建设放在首位,严明政治纪律和政治规矩,牢固树立"四个意识"。加强党员干部思想政治教育,提高教育治理能力,依法行政,狠抓作风建设。在学院内部构建"三信三义"的信义文化,强化政治纪律,优化政治生态,积极推进权力清单建设,让权力在阳光下运行,构建学校廉政建设长效机制。校风清净,即坚持正确的办学理念,依法治校体系完善,学校管理和服务规范,校园文化建设中体现清廉文化。学校是推行德治的重要阵地之一,理应成为全社会的道德高地。在建设清净校风中重点体现党对学校的领导,做好党的基层组织建设;把清廉教育融入党员发展、教育、管理全过程,推进党建与育人工作融合、与教育教学融合、与学校改革发展融合;推进校园法治文化建设,建立健全学校内部控制制度,加强对廉洁风险的排查;学校要转变管理理念,减少审批事项,增加服务项目,提高服务水平;把清廉文化作为大学生思想政治教育的重要内容;防止校外不良文化向校园渗透,坚决抵制宗教文化进入校园。教风清正,即师德师风建设中体现清白、廉洁、正直、奉献精神,全面营造清正教风,确保教师的道德、才学、作风、素养、从教状态端正,发挥清廉教育的主体力量。在教风清正建设过程中高职院校要严格按照教师从业标准选人用人,完善教师学习和培训机制,引导教师规范自身言行,完善教师管理机制,落实尊师重教机制。学风清新,即在全体学生中开展优良学风培养,把社会主义核心价值观融入国民教育,推动广大学生按照清廉的标准、诚信的态度、创新的精神投入学习。坚持德育为先,不断加强和改进大学生思想政治教育,加强学生日常行为规范的培养和教育;严格学业管理,优化学生服务。

二、信义文化概述

义乌,以"义"为名,是一片"尚义崇礼"的土地。义乌的"义"字,蕴含着丰富的内涵,因为义乌有几千年的"百善孝为先""孝乃天道、义行天下"的孝义文化,"江东子弟多豪杰,千古长城义乌兵,抗倭戍边保家园"的忠义文化,"望道百年风华,真理的味道非常甜"的马克思主义信义观,摇着"拨浪鼓"走南闯北、"鸡毛换糖"的商贸文化,"金鸹鸪、银鸹鸪,飞来飞去飞义乌"的开放文化,"守命共时,仗义正道;山海情深,义行天下"的抗疫互助道义文化,等等。

义乌工商职业技术学院经济管理学院"信义文化"中,"信"是指诚实守信、相互信赖的品行,即"诚信之品","义"是指正直和道义。以经商实践孕育形成的"勤耕好学、刚正勇为、诚信包容"为核心的义乌精神和以"开拓创新、敢为人先、诚实守信、以义制利、推崇法制、奉献社会"为特点的当代义乌商业文化精神成为文化建设的重要基础与源泉。信义文化,是通过深挖社会主义核心价值观、红色文化、地方文化、学校文化及专业文化中的信义基因,将信义从传统意义上的诚实守信、公平正义,丰富拓展为"三信三义"。信义文化的内涵就是有信仰、重信誉、守信用、尽忠义、讲仁义、尊道义,培育青年正确的价值观念和高尚的道德情操,培养新一代的财经商贸类高素质技术技能人才。围绕信义主题,开展"信义"文化节、"信义"大讲坛、"信义"课程等活动,进一步服务师生,加强文明素养培养;服务专业,加强职业道德培养;服务区域,加强社会美德培养。

三、"清廉校园"建设现状及问题

(一)建设体系不完善,工作开展缺乏系统性

当前,有些高职院校"清廉校园"建设就是上级部门文件下发后,在规定时间里做出方案,迎接上级部门检查,因此并没有真正把"清廉校园"建设作为一项长期坚持的工作,也没有形成一个完善的体系。

(二)认识模糊,主体参与度不高

受思维定式影响,大部分教师认为"清廉校园"建设是事关党员干部的党风廉政建设,而自己就是一位普通的教师,跟自己关系不大,没有认识到"清廉校园"建设和个人的关系,所以参与不主动;"清廉校园"建设通常是纪委牵头,职能部门配合,所以大部分教师并没有把"清廉校园"建设与日常的校园文化建设和教学管理联系到一起。对大学生来讲,他们对"清廉校园"建设的认识更模糊、片面,所以不关注、不主动参与。

(三)多理论宣讲,活动载体单一

很多高职院校虽然在党风廉政建设、师德师风建设方面做了很多工作,但现实中,通常是用会议的形式贯彻精神,用文件落实文件,使得话语的说服力、感染力、影响力不能发挥,并没有让理论深入人心。

四、基于"信义文化"开展"清廉校园"实践研究

(一)完善制度建设,将"清廉校园"建设纳入考评体系

在管理层面,建立健全党风廉政制度,在规章制度、评价体系、防控措施、问责机制等方面构建长效机制,确保"制度保廉",最终形成用制度管权,按制度办事,靠制度管人,强化预防和治理腐败的源头工作;在教师层面,认真落实廉洁从教责任制,培育敬业爱生的职业文化,引导他们廉洁从教,大力弘扬"学为为师,行为世范"的优良教风,提升教师职业道德、社会公德、家庭美德意识;在学生层面,加强廉洁立身教育,着力构建"道德育廉"长效机制,培育崇廉尚洁的学生文化。要想使"清廉校园"建设落到实处,最终还要把"清廉校园"建设寓于教育教学、科研、服务、学生管理和行政管理工作之中,坚持年初部署、年中检查、年底考核,确保建设落到实处。

(二)"四个融合"开展"清廉校园"实践研究

义乌工商职业技术学院经济管理学院主导开展清廉文化品牌建设,同时根据专业、地域特色,着力打造体现学校精神和办学特色的廉政宣传栏目和作品,打造有生命力、传播力、影响力的文化品牌,着力加强"清廉校园"与信义文化融合,完善多元素融入,使信义文化成为涵盖文化创意、文化交流、文化传播的优质文化阵地;与义乌发展高度融合,全方位地将信义与育人融合,通过信义文化塑造新一代的财经商贸类高素质技术技能人才。

1. 融合"党风廉政建设",筑牢拒腐防变底线

要落实党风廉政建设责任制,督促落实全面从严治党主体责任与学校领导干部班子成员"一岗双责",将业务教育与廉政教育同部署同推动,开展以案促改、观看警示教育宣传片,形成震慑效应,营造不敢腐的政治氛围,以多种形式实现反腐倡廉建设理论学习和现场教育相结合,提升干部队伍廉洁从政的意识。另外,要对党员干部和师生员工进行正确的权力观、政绩观教育。

2. 融合"师德师风建设",形成风清气正育人氛围

2018 年教育部制定了《新时代高校教师职业行为十项准则》,提醒教师要把爱心当作开启智慧的钥匙,把廉洁当作铸造师魂的力量。新时期廉政教育和师

德师风建设相结合,要求每位教师具有人格魅力,用自己的言行来影响学生,用自己的爱心去感化学生,必须时时事事塑造好自身,以德施教、以德育人。作为高职院校,要大力培育教书育人、管理育人、服务育人的先进典型和师德楷模。同时重视宣传,组建"红领宣讲团",挖掘本校教师的动人故事,深入街道、社区、校园等开展"六进"联动式宣讲,以共同富裕、服务奉献、青春成长、党史学习、发展成就、创业精神等主题宣讲,让更多有理想信念、有道德情操、有扎实学识、有仁爱之心的老师,专注于培养德智体美劳全面发展的社会主义建设者和接班人。

3. 融合"信义文化建设",提升学生廉洁素养

良好的校园文化可以让师生沐浴清风、感悟清风,切实发挥清风润心田的作用。校园文化建设中开展信义文化系列活动,可强化行动引领,切实抓好思想政治教育。围绕信义主题,打造极具文化底蕴与服务功能的"一墙一廊一室一地"(信义校友墙、文化长廊、宣讲室、创业基地)阵地模式,形成融合思想引领、道德教化、文化传承、创新创业等多功能一体化的文化传播"重要窗口",营造可视、可感的信义文化氛围。以微信公众号为矩阵核心,形成"两微一网一抖"(微信、微博、网站、抖音)的媒体传播矩阵,构建良好媒体生态,"融"成"文化宣传"一盘棋。制作推出"信义"系列文化产品,做好表情包系列;继续深入挖掘"经牌"师生典型,重量级媒体推送宣传;积极宣传学院文化,唱响主旋律,在省级以上媒体做好宣传报道,以美育人,以文化人。

4. 融合"课程思政建设",夯实课堂育人主阵地

课程思政改革紧紧围绕"培养什么人、怎样培养人、为谁培养人"这个根本问题,落实立德树人根本任务,构建"三全育人"新局面。开设信义大讲坛、"经牌"学子微宣讲活动,在课程思政中融入理想信念教育、社会主义核心价值观教育、红色文化及中华优秀传统文化教育、创新创业及职业素养教育,使信义文化入耳入脑入心。打造信义课程,深入探索课程思政教学规律,让信义文化"走"进课堂,多维度增强课程思政实效,增强知识传授与价值引领的有机融合。培养学生勤奋学习、刻苦钻研、追求真理、崇尚科学的品质;培养学生敬廉崇洁、诚实守信、履约践诺、知行统一的人格;提升学生遵守国家各项法律法规和校纪校规,志存高远,信念坚定,自觉维护国家利益和民族团结,不参与任何影响国家统一和社会稳定的活动的思想意识。

参考文献

[1] 陈凤英.高校廉洁文化建设探析[J].哈尔滨学院学报,2022,43(4):134-136.

[2] 兰伟彬,常经营.高职院校开展"清风校园"建设的路径探索[J].决策探索(中),
2021(11):74-75.

[3] 朱印华,郑骏.突出"三加强六结合" 全力打造"清廉校园"——以金华广播
电视大学(浙江商贸学校)为例[J].职业,2020(26):42-43.

[4] 陈厥祥.以文化人:打造"清廉校园"创新研究——以浙江医药高等专科学校
为例[J].现代商贸工业,2020,41(7):147-149.

[5] 孟复.新时代大学生廉洁教育研究[D].武汉:华中师范大学,2020.

新媒体时代下职业院校大学生廉洁教育现状研究^①

——以义乌工商职业技术学院为例

钟逸舟^②

[摘　要]新媒体技术的迅速发展,对大学生的日常学习和生活产生了非常重要且深远的影响,尤其对大学生的思想、价值观的影响更为直接。其中,新媒体技术的发展给大学生的廉洁教育带来新的机遇和考验。新媒体时代的优势让大学生廉洁教育有利于加强国家政治建设,有利于改善高校学生整体素质,实现高校廉洁教育的教育目标,为国家培养高素质人才,有利于创设良好的校园文化,提高学校发展质量。新媒体时代存在的不足要求大学生廉洁教育要充分发挥思政课堂的作用,促进职业院校廉洁教育模式创新,营造良好的社会廉政大环境。

[关键词]新媒体;大学生;廉洁教育

随着社会形态的不断变化和革新,新媒体技术的迅速发展,大家所熟悉的微博、微信、QQ 等移动客户端越来越成为人们日常生活中的必需品,尤其对当代大学生的日常学习生活和思想意识产生重要及深远的影响。新媒体条件下信息传播的开放性使得许多消极思想、不良思潮等不断冲击着大学生还未成熟的廉政观。引起网络热议的各类学术造假事件、校园贿赂事件、教授品行不端事件等等都对新媒体时代下的大学生廉洁教育带来了非常大的考验。同时,中国政府一直高度重视腐败问题,为了更好地解决腐败问题,中共中央结合了新时期反腐倡廉工作需要在 2005 年 1 月颁布了《建立健全教育、制度、监督并重的惩治和预防腐败体系实施纲要》(以下简称为《实施纲要》),其十六字方针中指

---

① 本论文系作者主持的 2020 年义乌工商职业技术学院廉政建设工作专项研究课题"新媒体时代下大学生廉洁教育的研究"(MT20JK553001)的阶段性成果,并已发表于 2020 年第 4 期《太原城市职业技术学院学报》。

② 钟逸舟,义乌工商职业技术学院讲师,研究方向为高校思想政治教育。

出要注重从源头上预防和遏制腐败的发生,除了对已有的腐败问题和现象进行惩戒和整治以外,绝对不能忽视廉洁教育的重要作用,《实施纲要》指出:"在大学阶段要教育大学生自觉遵守法律法规和社会道德规范,切实增强反腐倡廉的自觉性。"

全国各大职业院校都承担着为国家各个行业输送德才兼备人才的重要使命,各行各业的顶尖人才、管理人才和党政机关、企业的领导人才等都将从庞大的大学生群体中诞生,要想发挥好大学生在国家廉政建设中的重要作用,必然要对这一群体进行廉洁教育,让他们明白什么是腐败、开展廉洁教育的意义,并积极探索新媒体时代下有效开展廉洁教育的途径。

一、新媒体时代下廉洁教育的优势和劣势

(一)优势

新媒体技术的迅速发展让我们来到了新媒体时代,这项技术极大地拓宽了大学生廉洁教育的传播平台和路径,也极大地丰富了大学生廉洁教育的教学内容和形式,让大学生可以通过许多不同的方式来认识廉洁教育。新媒体是一种全面、多元化的传播方式,利用数字技术,通过计算机网络、无线网络等渠道,以电脑、手机、电视等为终端进行信息传递和交互,不限地域、时空,具有很强的开放性、实时性和交互性。正因为新媒体的几大优势,更能够充分发挥大学生廉洁教育的主体作用。新媒体时代下各类信息资源的开放、传递方式的便利,使得廉洁教育突破了时空距离的限制,无须通过传统课堂的灌输式教学,而是通过微信、微博、QQ等自媒体进行互动式传播就能达到良好的教学效果。此外,因为新媒体传播内容的广泛性、趣味性和多样性,能够激发学生的求知欲,充分展现当代大学生的学习能力,有利于大学生自发地对廉洁教育进行探究、思考和学习,更能够激发他们的学习主观能动性,自觉增强廉政意识,真正发挥廉洁教育的作用。

(二)劣势

新媒体技术的发展的确拓宽了廉洁教育的平台、内容和形式,但是新媒体传播信息速度快、内容无禁忌,这也给大学生廉洁教育带来了弊端。由于大学生的人生观、价值观、廉政观都处在发展和成熟的阶段,他们并不能够很好地辨别廉

洁文化中的精华和糟粕。首先,网络上存在的一些错误观念、负面思想甚至是虚假的信息都可能将他们带离正轨,助长腐败之风。比如,近些年来网络直播风靡全社会,其高收入的信息最容易吸引大学生,同学们往往会被直播高收入所吸引,如果本人没有正确的价值观,终会做出一些令人不齿的行为。其次,网络的便捷也会成为大学生偷懒的方式,海量的数据资源让他们过分依赖并放弃独立思考,他们享受着不劳而获的快感,殊不知自己已经成为弄虚作假之人,这也是新媒体发展给大学生廉洁教育带来的阻力之一。另外,大学生对于腐败的认识仅仅只停留在个别现象,并没有清晰具体的概念。比如,各大新媒体客户端所展示和涉及的腐败问题往往集中在"贪污受贿""学术造假""学生考试作弊"和"学生干部利用职位优势谋取特权"等方面,那么大学生会狭隘地将以上问题认为是腐败行为,而忽略了其他方面的问题,该现象也表明大学生对于腐败的内涵和本质的认识亟待提升。除此之外,新媒体具有较强的娱乐性,大学生在日常生活中更多的是利用它进行社交、游戏、购物等,缺乏利用新媒体工具关注社会政治问题的意识,尤其是对于腐败问题的监督意识,这会成为实施廉洁教育的困难和阻碍。

二、新媒体时代下大学生廉洁教育的意义

(一)有利于推进国家廉政建设

新媒体时代下积极开展廉洁教育,是针对我国政治建设、廉政建设进入新的发展时代提出的治本之策。国家的发展环境一直在发生变化,发展理念也一直在发生变化。面对国内外发展形势,针对我国政治建设中的突出矛盾和问题,紧跟时代的廉洁教育是为了不断提高党的领导水平和执政水平的必经之路,是一场关系国家政治全局发展的深刻的教育改革。习近平总书记在十八届中央政治局第五次集体学习中强调:"坚决反对腐败,防止党在长期执政条件下腐化变质,是我们必须抓好的重大政治任务,必须要大力加强反腐倡廉教育和廉政文化建设,要抓紧思想理论建设、道德建设等方面,以理论的坚定保证行动的坚定,以思想上的清醒保证用权上的清醒,不断增强宗旨意识,保持高尚品格和廉洁操守。"充分体现了我党坚决反对腐败的坚定政治立场,以及肯定廉洁教育在国家政治建设、领导干部队伍建设、党风廉政建设方面发挥的独到作用。

(二)有利于为国家培养高素质人才

2008 年,中共中央纪委、教育部和监察部共同颁布《关于加强高等学校反腐倡廉建设的意见》,要求进一步加强高校反腐倡廉建设,突出思想教育,加强对大学生的廉洁教育,深入开展校园廉政文化建设,引导大学生树立正确的理想信念,提高思想道德素质,增强抵御腐败的能力,形成正确的职业观。

新媒体时代下,大学生逐渐成为社会中最活跃的主体,在信息多元化、文化多元化的环境下,各种各样的思想开始交锋,大学生思想活动的独立性、多变性、差异性开始凸显。大学时期是一个人形成人生观、价值观的最佳时期,这一时期的德育教育显得尤为重要,会对大学生个人的未来发展产生深远的影响。大学生作为社会主义的接班人、建设者,他们这一群体在社会中的优势将逐渐体现,也毋庸置疑将成为中国未来发展的中流砥柱,所以廉洁教育是他们人生中必不可少的一部分,因为廉洁教育的效果将通过未来几十年的国家风貌和发展来展现。因此,开展廉洁教育有利于促进当代大学生坚定理想信念、夯实思想基础,有利于培养他们正确的廉洁意识,有利于提高他们的思想、政治、文化等多方面的素养,帮助他们正确认识腐败问题,正确对待腐败问题,积极抵制各类腐败行为,自觉养成严于律己、廉洁奉公、积极向上的良好品格。习近平总书记在 2017年全国高校思想政治工作会议上强调,立德树人是大学的立身之本,是对人才培养的根本要求,所以,在大学生中开展廉洁教育也有利于高校实现人才培养目标。

(三)有利于创设良好的校园环境和提高高校发展质量

新媒体时代下,各式各样的文化冲击着大学生的日常生活,在校园内对全体师生进行廉洁教育非常重要。大学的校园并不是象牙塔世界,尤其在现代数字信息高速发展的现代社会,大学校园俨然成了一个小型社会,一个社会要想和谐稳定地发展,其前提一定是社会中的人能够和谐相处,所以要开展廉洁教育,教育每一位大学生做到诚实守信、严于律己、廉洁自律,久而久之廉洁教育就能够起到正确的价值观引领和行为规范的作用,能够在校园内形成良好的校园文化氛围。温家宝同志曾说过,社会和谐稳定发展的重要因素有三个:政府廉洁、经济发展和社会公平。同理,学校要想获得高质量的发展,也有三个重要因素:校园清廉、校园竞争公平和学生素质综合发展。三个要素中摆在首位的是廉洁问题,只有廉洁问题迎刃而解,校园中的竞争才会变得愈加公平,学生才会自觉地形成正确的价值观。因此,进行廉洁教育不仅有利于创设良好的校园文化氛围,而且能够不断促进高校自身发展,提高社会影响力,在社会中起到正向价值引导作用。

三、新媒体时代下大学生廉洁教育现状分析

为了更好地开展大学生廉洁教育,笔者采用了电话采访和问卷调查相结合的方法,对义乌工商职业技术学院的在校大学生进行了一次"大学生对廉洁教育的认知程度"的调查,一共发放了 300 份问卷,其中有效问卷 295 份,回收率达98%。以下是根据问卷内容和访谈内容作出的分析。

(一)思想意识方面

调查中,在"您认为您所在学校需要进行廉洁教育吗?"问题中,88.5%的同学认同学校是半个社会,有一定必要进行廉洁教育,仅有 3.8%的同学认为非常需要进行廉洁教育,甚至还有 7.7%的同学认为校园环境十分单纯;在"你认为学校的思想道德教育对你的影响大吗?"问题中,32.3%的同学认为没什么感觉,62.1%的同学认为自己受到启发,自身道德修养有所提高;在"您对身边腐败现象的态度是什么?"问题中,5.5%的同学觉得可以接受这些行为,但自己绝对不会成为这样的人,50.2%的同学觉得无所谓,40.9%的同学非常鄙夷这种行为;在问及"你选择考公务员的目的是什么?"时,51.4%的同学是为百姓做实事谋福利,33.3%的同学是为了追求权力和地位。从以上这些问题的回答,我们可以看出,新媒体时代的大学生对廉洁有自己的认识,并且有一定的社会责任感,但是在职业追求的价值观上还存在一定的偏差。

(二)日常行为规范方面

问卷围绕大学生的日常行为规范设计了题目,谈及"您对大学生逃课的行为认同吗?"73.2%的同学认为逃课只是一件小事,不在意,只有 24.6%的同学认为此种行为不可取;在"校园中你认为哪些行为最违背廉洁的初衷?"问题中,73.2%同学认为考试作弊、贿赂老师同学和挪用社团经费的行为都是不可取的行为,但也有 21.8%同学认为考试作弊不能称为不廉洁;在问题"你认为自己在平时是否是一个诚实的人?"中,48.5%的同学认为自己一直都是很诚实的人,51.1%的同学表示偶尔会不诚实。从这些问题中我们发现,大学生容易忽略自身的一些细节行为带来的不良影响,换言之是对个体行为缺乏自我约束,规则意

识有待提高,并且存在一定程度的利己主义。由此可见,大学生虽然有一定的廉洁意识,但是对廉洁的概念认知还不够全面,容易被个人眼前的利益所蒙蔽,未能意识到个人不良行为将会造成不良的后果。

(三)新媒体使用方面

调查中发现,100%的大学生每天都会高频率地使用 QQ、微信、微博等移动社交客户端,几乎没有人使用传统媒介。63.2%的同学会使用新闻类 App(例如今日头条、腾讯新闻、网易新闻等)浏览新闻,仅有 5.8%的同学表示有习惯通过浏览人民网、新华网关注国家官方新闻。在浏览新闻的过程中,更多的学生喜欢浏览社会热点新闻、引发社会争议的新闻,面对这些新闻,89.8%的同学没有考虑过新闻事件的真实性,并且在微博浏览此类信息的同学有 70.2%会采取转发的方式进行传播。我们可以发现新媒体时代,广泛的信息无时无刻不在冲击着大学生的思维和认识,他们由于心智不成熟,很难辨别信息的真假和好坏,很容易被社会不良之风牵着鼻子走,所以我们一定要重视新媒体在廉洁教育中的重要作用,引导大学生理性地使用各类新媒体平台。

四、新媒体时代下有效开展廉洁教育的对策

(一)把握思政教育主渠道,加强思想道德修养

大学生廉洁教育是思想政治教育的一部分,这项教育工程不是短期的,而是一项长期乃至终生的教育工程。为了切切实实地进行廉洁教育,一定要发挥好思政课堂的主渠道作用,将廉洁教育作为思政课堂的重要内容之一,并且将廉洁教育和思政课的基础理论知识相结合。将践行社会主义核心价值观与廉洁教育相结合,把社会主义荣辱观作为廉洁教育的内容来引导大学生自觉实践。将诚信教育和廉洁教育相结合,诚信是道德的基本内容,是做人的基石,所以廉洁教育的基础务必要从诚信教育开始,并且将大学生日常生活中常见的不诚信行为(例如考试作弊、论文抄袭、竞选贿赂等)作为实际案例进行有针对性的教学,要让他们明白诚信对个人发展的重要性。将理想信念教育和廉洁教育相结合,理想信念是精神之钙,如果精神上缺钙,就会得软骨病,会导致政治上变质、道德上堕落,所以要加强对大学生的爱国主义教育,帮助大学生树立远大理想,坚定信念,只有这样才能在各种诱惑面前坚定立场,在关键时刻坚如磐石。将廉洁教育

和社会公德、职业道德和家庭美德相结合，帮助大学生树立良好的社会责任感，具备廉洁自律、克己奉公的职业观。

（二）丰富和创新廉洁教育方式

"95后""00后"的大学生是个性张扬、思维活跃的一代。传统的课堂教学已经很难让他们保持高度的注意力，并且教学产生的学习效果比以往大大降低。新媒体带来的便捷性、广泛性，让我们必须要丰富和创新廉洁教育形式，利用学生特点开展趣味有效的教学活动。例如"清风校园"诗歌朗诵大赛、廉洁专题辩论赛、廉洁主题征文大赛等。在新媒体时代下，更应该充分发挥新媒体的传播作用，如今在手机上观看各类微视频已成为大学生日常的必做项目，尤其是"抖音"成了大学生群体中的网红 App。对此可以精心策划专题的廉洁教育趣味小视频，通过抖音让大学生利用碎片化的时间学习和感悟廉洁。此外，可以让学生们利用微信制作廉洁主题的系列推文，利用 Flash、PPT 等软件创作反腐小动画等等；可以让他们通过资料收集、参与制作的过程逐渐加深对廉洁的认识，并且切实地融入实际生活。

（三）抢占新媒体主渠道，营造良好社会环境

新媒体时代下，微博、微信、QQ 已成为大学生日常社交、娱乐的重要平台，同时微博和微信也成为新媒体时代各大官方媒体发布信息和传递思想的重要渠道和平台。大学生们也喜欢在这样的平台上畅所欲言，聊国事、聊八卦、聊学业，谈论社会百态。在言论自由的新媒体平台上我们能够真正了解学生内心的想法。为了能够真正实现广泛又有效的廉洁教育，就必须抢占新媒体平台信息传递的先机，在各大社会热点新闻或者时政新闻中加强正向观念意识的引导和教育，适时融入廉洁教育的相关内容，让各大新媒体平台成为廉洁教育的传播平台，正能量的传播能手，创设健康、向上、正面的网络舆论环境，营造良好的社会环境，利用其强大的感染力和辐射力，让大学生随时随地感受到廉洁教育，自觉提高廉洁教育学习的主动性，自觉增强反腐倡廉的意识。

参考文献

[1] 乐园.建立健全教育、制度、监督并重的惩治和预防腐败体系实施纲要[J].实践,2005(3):5-6.

[2] 中纪委驻教育部纪检组,监察部驻教育部监察局.深入推进高等学校反腐倡廉建设——《关于加强高等学校反腐倡廉建设的意见》起草背景和主要内容[J],中国高等教育,2008(21):9.

[3] 关于在大中小学全面开展廉洁教育的意见[N].新华日报,2007-06-29.

[4] 李红权,张春宇.大学生廉洁教育:目标、现状与对策[J].黑龙江高教研究,2011(10):119.

[5] 刘二荣."90后"大学生的廉洁教育研究[D].青岛:中国海洋大学,2013.

[6] 王耀辉.论高校廉洁教育与大学生全面发展[J].湖北教育(领导科学论坛),2011(1):35-37.

[7] 何慧,刘红波.浅谈当代大学生廉政教育的重要性[J].企业家天地(理论版),2011(5):107-108.

[8] 王志健.关于加强大学生廉政教育的思考[J].山西高等学校社会科学学报,2007(11):102-105.

[9] 孙学刊.新媒体时代提高大学生廉洁教育实效性的对策[J].安顺学院学报,2014(16):6.

[10] 吴晓琳.新媒体时代大学生廉洁教育研究——以淮安市高校为例[J].云南社会主义学院学报,2014(4):189-190.

[11] 刘和贤,张传航.对大学生开展廉洁教育的重要性和必要性[J].天津职业大学学报,2005(3):63-64.

[12] 唐子政,何抒然.对当代大学生廉政教育的现状和路径的思考[J].皖西学院学报,2009(4):21-24.

高职院校采购员岗位廉政风险点
及其防控措施研究①

楼岩宁②

[摘　要]高职院校采购员承担着学校每年大量的货物类、服务类及工程类的采购工作,与各利益相关体接触频繁,这势必造成该岗位存在廉政风险点。本文从采购员岗位廉政风险点、采购员岗位廉政风险防控流程、采购员岗位廉政风险防控措施等三方面进行论述。

[关键词]采购员;廉政风险点;防控措施

一、采购员岗位廉政风险点

(一)申报审批风险点

采购员利用岗位之便,擅自变更供货单位、采购方式,未经审批擅自更改物资规格;未严格按照采购协议或合同约定,擅自增加物资种类和数量;事前与供货商频繁接触,对供货单位有倾向性或对物资要求有排他性;采取各种方式和手段,回避政府采购或由学校采购中心组织而自行采购。

(二)采购实施风险点

利用岗位之便违规妨碍招投标采购;自行采购未按有关规定组织公开招标、询价、竞价;违规故意将评标专家信息透露给相关利益群体;不严格执行合同,当供应商不按合同约定履约时,未按规定程序进行合同变更。

---

① 本文已发表于 2020 年第 17 期《人文之友》。
② 楼岩宁,义乌工商职业技术学院助理实验师,研究方向为高校政治教育。

(三)货物验收风险点

货物已满足验收条件但未及时组织验收;专业性较强的物资未请该领域的专家参与验收;将未达到中标文件参数要求的货物鉴定为验收合格;验收时发现货物虽已达到中标文件参数要求,但实际使用时却无法与原有设备(或软件)兼容或兼容有难度,致使采购后货物无法正常使用,不及时向相关部门反馈而自行鉴定为验收合格;货物验收合格后未及时办理固定资产入库手续。

(四)资金拨付风险点

预付款项占合同总金额比例不合理;未合法合规使用票据,无法保障票据安全;违规使用现金交易、私人账户交易;未按合同约定支付货款,故意提前或滞后支付货款从中谋取利益。

二、采购员岗位廉政风险防控流程

(一)申报审批廉政风险防控流程

重要采购项目需进行专家论证,经采购申报单位主要负责人、后勤处处长、计划财务处处长和分管申报部门校领导、分管后勤处校领导、分管计划财务处校领导及按采购金额由校长审核签字后报后勤处,不得在草拟采购物资技术参数时对供货单位和物资要求带有倾向性或排他性。临时急需采购项目要从严审批并向上级主管部门提出申请,不得越权审批。学校招投标领导小组、后勤处、采购申报单位根据学校领导和上级主管部门批复的采购方式,组织实施采购工作,不得回避政府集中采购和学校自行采购。

(二)采购实施廉政风险防控流程

上级批复由学校自行组织的采购项目,校采购中心根据学校的授权,严格按照发布采购信息、制定招标文书、审查投标商资质、开标评标定标、公布招标结果等程序组织实施,防止采购员违规介入物资采购招投标活动。根据招标结果,校采购中心组织相关人员审查合同内容;校采购中心与供货商签订采购合同,防止采购员违规签订采购合同;采购合同发生变更时,校采购中心督促采购员严格按照变更程序变更合同。

(三)物资验收廉政风险防控流程

校采购中心管理人员严格按照物资验收程序和规定,根据招标采购合同进行验收,并形成验收报告,不得故意省略物资验收工作环节或排斥所在单位专家参与货物验收。物资验收小组对发现的质量问题要进行追究,要求对方进行整改,不得故意放弃学校经济损失追诉权利。校采购中心要督促采购项目负责人及时办理固定资产入库手续,加强固定资产日常管理,不得非法转移或侵吞国有资产。

(四)资金拨付廉政风险防控流程

校采购中心根据采购工作完成情况和采购合同约定条款提出付款意见,防止职能部门监督缺位导致未按合同约定支付款项。采购部门配合计划财务处对采购工作相关材料进行复核,根据验收报告和付款申请审批情况办理付款手续,防止提前或滞后支付款项,特别是一些根据合同约定在质保期满后才支付尾款的项目。

三、采购员岗位廉政风险防控措施

(一)加强组织领导

严格按照物资采购法规,健全、完善学校招投标领导小组工作体制机制,强化领导小组职能,严格执行物资采购的各项政策法规,全面履行物资采购管理职责,逐步加强物资采购廉政风险防控工作,推进依法采购。建立由校采购中心、纪委监察处、计划财务处、审计处等部门参加的物资采购廉政风险防控联席会议制度,加大协同监管力度,形成监管合力。

(二)强化从业教育

不定期开展理想信念、采购相关法律法规等教育,明确道德和法律的界限,从而提高采购员的思想水平和抗腐败能力。不定期开展采购专业知识培训,不断增强采购员的专业知识,增强职业认同感。不定期开展廉政教育,针对采购不同时间段出现的不同廉政问题来确定反腐倡廉的教育内容,可以采用讲座、座谈会、学习会等形式进行。

(三)规范采购行为

建立和完善各项采购制度并严格执行,明确工作程序,防范采购风险。对于采购项目,做到未经审批一律不得实施;同时,完善申报审批、公开招投标等各类采购配套制度,更好地保障各项采购制度的执行;建立采购员责任追究制度,明确责任义务,规范采购员的采购行为。完善事前审批、事中监督、事后管理,制定严格规范的采购流程,进一步加强对高校采购活动的内控管理,实现规范化采购、阳光化采购、透明化采购。

(四)推进信息化管理

建立采购信息系统,将采购的各个过程比如采购立项、采购需求上传、采购合同签订、验收、货款支付等各个环节都纳入系统并进行痕迹管理,通过共享这些信息,从而实现资金拨付监管、程序流程控制、全程跟踪防控,降低物资采购工作廉政风险。加强采购档案的管理,将项目论证报告、招投标文件、合同、验收报告单等能反映采购流程信息的资料归纳成档,确保档案资料的可控和有效利用。

(五)提高监察效能

充分发挥外部监察机构的监察作用,对采购工作的各个环节进行监督,从而更好地规范采购员的采购行为。例如,可以邀请学校纪委监察工作人员介入招投标评标会、验收会等,从而对可能出现廉政风险的苗头性和倾向性问题,提前进行教育和警示。加大对采购员违规采购行为的排查力度,一经查出严格按照有关规定给予处罚,情节严重的移交司法机关处理。

参考文献

[1] 冯欣.高校政府采购内部监督机制存在的问题及解决对策[J].财经界(学术版),2016(20):155-156.

[2] 覃汉良.开展廉洁风险防控管理的实践与思考[J].企业科技与发展,2017(4):171-174.

[3] 季宇.政府采购货物和服务招标采购管理[J].产业创新研究,2019(11):140-147.

高校班主任党风廉政风险防范管理研究①

王丹萍②

[摘 要]加强高校班主任的党风廉政风险防范管理在班级思想政治教育、日常管理和育人方面有重要的意义,但目前,高校班主任工作中存在学生转专业、选人用人、评奖评优、项目申报、纪律处分等多类风险点。针对上述风险点,本文提出有针对性的措施以加强高校班主任党风廉政风险防范管理,在班主任队伍中形成"为生、务实、清廉、奋斗"的新风。

[关键词]班主任;党风廉政;风险防范

近年来,高校中易发生党风廉政风险的重点向选人评优、教学育人、学生管理等方面转移,因其具有较强的隐蔽性、多样性和变异性,往往不被重视,很难被发现。高校班主任作为班级管理的重要指导者和参与者,涉及班级管理的方方面面,其中存在诸多的党风廉政风险点。长期以来,班主任队伍的党风廉政风险排查一直不被重视,因此,对高校班主任党风廉政风险情况进行排查,有针对性地提出相应措施应成为高校党风廉政风险防范的重要内容。

一、加强高校班主任党风廉政风险防范管理的重要意义

(一)加强班主任党风廉政风险防范管理,是开展班级思想政治教育的根本保障

班主任作为大学生思想政治教育的骨干力量,肩负着在思想、生活、学习上引领学生的职责。"其身正,不令而行,其身不正,虽令不从。"加强班主任党风廉

---

① 本文已发表于 2020 年第 23 期《青年生活》。
② 王丹萍,义乌工商职业技术学院讲师,研究方向为高校教育管理。

政思想教育,提高党风廉政意识,有利于明确党风廉政风险点,降低或规避党风廉政风险,从而保障班级思想政治教育。

(二)加强班主任党风廉政风险防范管理,是班级日常管理的重要保证

有权力就有产生腐败的可能。高校班主任作为班级管理的重要指导者和参与者,在学生转专业、选人育人、评奖评优、纪律处分等方面有一定的权力。班主任在日常管理中若无法做到廉政,就无法树立威信,无法营造班级内部团结和谐的氛围,更无法实现班级健康可持续的发展。

(三)加强班主任党风廉政风险防范管理,是高校班主任发挥育人作用的关键

大学阶段是青年学生走向社会的关键时期,在"全员育人、全过程育人、全方位育人"的过程中,班主任是一股不可或缺的重要力量。加强班主任党风廉政风险防范管理,有利于学生从进校到毕业全程得到公正的指导,在带动家庭育人方面也有一定的积极作用。

二、高校班主任的党风廉政风险点

当前,高校面临诸多党风廉政风险,其形式多而点散,其中班主任存在的风险点往往较为隐蔽,不易发现。下面我们就高校班主任在班级管理方面存在的党风廉政风险点进行挖掘。

(一)学生转专业风险点

新生入学后,势必存在部分学生不太满意录取专业,希望能够转到其他专业。现存不少不按要求、不符流程转专业的情况,如新生一入学就转专业、不同学制之间转专业。虽然在这个流程中,班主任只是其中一环,但也存在诸多风险点,如新生一入学就转入其他专业,在第二学期补办转专业申请时,班主任未把好关,随意审核通过;如学生符合专业条件,班主任利用职权设置关卡,收受利益才让学生通过。

(二)选人用人风险点

从新生入学到毕业几年间,班主任面临许多选人用人的情况:选择班委、寝室长、学生会干部、社团干部、双选会代表等。选择班级内部学生干部时,班主任

有相当大的决定权,这就不乏部分学生与家长会和老师"打招呼",这是极易涉及的一个风险点。班级学生在竞选班级外学生干部时,虽然班主任没有决定权,但是有审核权,若有心设置障碍,学生也寸步难行。

(三)评奖评优风险点

学生在校期间,需要经历入党积极分子、预备党员的推荐,三好学生、优秀班干部、家庭经济困难资助的评选等环节,这些环节或多或少需要经过班主任的审核签字,其中不乏一些学生及其家长为了某些奖项与机会而给班主任送上一些利益,这是极其常见的一个风险点。另外,在评选过程中,有些班主任可能并未收受好处,但是评选不按流程、不公开、不透明。一方面,评选难免失之偏颇,另一方面,也容易落人口实。在涉及金钱的一些资助和奖学金中,部分老师为了让更多的人获得补助,让申报的同学将钱拿出,进行平均分配。这样虽然出发点是好的,但是不符合规定,也会让部分同学觉得自己的利益被瓜分,这都不利于班级的团结稳定。

(四)项目资助风险点

目前,国家和学校对于家庭经济困难学生的资助力度加大,除了直接的补贴外,还会有一些发展性资助的项目供大家申报,用以帮助学生在校期间的学习和成长,而这些项目一般不会人人有份,会有一定的名额,在评选过程中,班主任可能存在为了完成任务,通知不全,只告知个别同学的情况;或为了快速完成工作,评选过程中不公开、不透明,存在班主任"一言堂"的情况。

(五)纪律处分风险点

学生在校期间,缺勤、迟到、晚归、违规违纪等情况需要班主任审核把关。如学生未请假而无故缺勤、迟到,有些班主任为了自己班级考核排名靠前,故意瞒报、漏报,长此以往,请假制度形同虚设,对学生没有任何约束力。

三、高校班主任的党风廉政风险防范措施

高校班主任加强党风廉政风险防范管理是推进全面从严治党的重要环节,而针对当前高校班主任存在的党风廉政风险点,可以从以下几个方面进行防范。

(一)加强对班主任党风廉政风险防范工作的重视

一方面,高校领导应加强对班主任党风廉政风险防范管理,不可因其问题小、发现难而轻易放过,坚决杜绝党风廉政风险防范形式化。另一方面,班主任自身应提高党风廉政风险防范的意识。高校有必要增加班主任队伍的岗前培训,使其对国家法律法规及学校的政策规定有正确的认识,同时要对班主任存在的党风廉政风险点进行剖析,避免班主任们误入雷池。

(二)完善相关考核、管理制度

高校领导层应加强引导,大力推进学校内部控制相关制度的制定,全面推动对学校各项工作的审视。相关部门应结合班主任工作实际对其中的条款进行深化与细化,增强制度的可操作性,减少制度本身存在的漏洞和风险点。如班主任考核制度中对班级缺勤的扣分可以做相应的调整,或者相关部门可以安排专人进行缺勤登记,或与任课老师进行核实。

(三)加强全过程监督

相关部门在监督班主任工作时,应加强全过程监督,考核班主任工作时不应仅要求呈现结果,更应加强对其工作布置和过程的痕迹化考查。针对一些风险较高的工作,全面的监督是对班主任队伍更好的保护。

(四)严格按照规程办事

高校班主任在进行班级日常管理的过程中,要严格按照学校相关制度办事,按给定条件进行发展、选拔、评选和考核,有疑问之处不可随意处置,应及时询问相关部门;杜绝私情,坚决不收受学生及其家长礼品、礼金,不该拿的钱一分都不要拿,不该说的话一句都不要说,不该做的事一件都不能做。

高校班主任党风廉政风险防范管理,是为了在班主任队伍中形成"为生、务实、清廉、奋斗"的新风。"为生"指的是班主任要有全心全意为学生的意识;"务实"指的是班主任应该真抓实干,引领班级形成求真务实的风气;"清廉"强调班主任自身廉洁用权,守住底线;"奋斗"指的是班主任要敢于担当,在全程育人上不懈努力。

参考文献

[1] 傅卫东.高职院校清廉校园建设现状及路径研究[J].金华职业技术学院学报,2020(3):13-16.

[2] 吴诚斌.谈开展廉政风险防控着力促进教育教学管理[J].辽宁师专学报(社会科学版),2019(4):123-125.

[3] 王金涛.班主任师德师风建设培训的现状分析[J].学校党建与思想教育,2015(22):71-72.

[4] 赵淑明,刘集平.高校二级管理模式下廉政风险防范机制构建[J].江西电力职业技术学院学报,2015(12):24-29.

[5] 吕守华,宋洪艳.高校后勤廉政风险防范工作的实践与思考——以华中农业大学后勤集团为例[J].当代经济,2013(24):122-123.

高校校企合作领域廉政风险分析及对策研究①

朱静娴②

[摘　要]党风廉政文化是体现社会主义先进文化的重要代表,也是廉政建设和文化建设的结合产物。在新时期背景下,高职院校进行党风廉政文化建设是必然要求,也是实现高职院校新发展的基础条件。全面落实党风廉政文化建设工作,能够有效弥补学校的诸多不足之处,完善学校的管理机制,有效营造学校廉政文化氛围,提升师生的综合素质,这对提升学校整体教育质量具有重要的意义。基于此,本文对高校校企合作领域廉政风险及对策展开研究,仅供参考。

[关键词]高校;校企合作;廉政风险;对策

在校企双方的协同发展下,学校不仅提高了专业教学质量,而且为社会和企业培养出了大批优秀的、具有较高专业能力的技术型人才。另外,在政府政策的辅助下,学校和企业作为校企合作的两个主体,应不断完善校企合作机制,促进校企双方长期有效的协同合作,达到互惠互利的双赢局面。

一、校企合作人才培养模式改革的意义

校企合作人才培养模式与传统的人才培养模式的差别主要表现在两个方面:第一,传统人才培养模式主要通过学校为社会培养各个专业的人才,企业只能被动地从已经毕业的学生中选取自己所需的人才。而采用校企合作培养人才的模式之后,企业可以根据自身的需求主动参与到人才培养中,与学校一起制订人才培养的具体方案,并参与到人才培养的管理中。第二,采用新的校企合作人

---

①　本文已发表于 2021 年第 17 期《时代教育》。
②　朱静娴,义乌工商职业技术学院讲师,研究方向为党建与廉政教育。

才培养模式,学校也能够最大化发挥自身的优势,并且通过优化协同育人的组织模式为新工科的人才培养提供可靠的组织保障。所以,开展校企合作人才培养模式,无论是对企业还是对学校,在人才培养上都具有一定的理论价值和实践意义。

二、高校校企合作领域廉政风险分析

(一)廉政文化建设的重视度不足

在高职院校中,领导者肩负着重要的责任,需要对诸多事宜进行决策,直接影响着高职院校的未来发展。根据现阶段党风廉政文化建设现状来看,不少领导及管理人员对该项工作未给予高度重视,他们将精力主要放在教学评估、专业建设以及提升就业率等方面。另外,有些领导在看待学校发展问题上比较浅层次,还没有认识到党风廉政文化建设的重要意义,从而弱化了廉政文化建设的地位。除此之外,也有一些高校领导受到社会不良风气的影响,进而出现了腐败思想,未能坚持组织纪律的原则,利用自己的职权牟取不当利益甚至走上犯罪道路。高校一旦出现领导的经济案件、刑事案件,将会严重影响学校的社会形象,不利于学校的长远发展。

(二)育人方向定位不够明确

校企双方负责人对校企合作人才培养模式的认知还停留在浅层的设计层面,目前所采取的也是单一化的合作模式,缺乏更加丰富多样的合作形式。

三、高校校企合作领域廉政风险对策

(一)弘扬廉政文化

每年组织党风廉政宣传教育月系列活动,根据学校政治生态分析研判情况和信访情况以及上级精神和当前形势精心策划设计,通过“清廉大讲堂”纪律规矩主题宣讲、“清风走廊”廉政文化主题展板、“新发展阶段与全面从严治党制度创新”理论研讨会等发挥“以文化人”作用。每年举办廉政文化作品征集活动,面向全校师生征集廉政主题书法、绘画、摄影、短视频、漫画、海报设计等作品并组织评比、集中展示。重要节庆前通过邮箱向全校师生发布廉洁过节海报,推进廉政文化融入师生工作、学习、生活的细微处。从"四史"中汲取养分,用好红色资源,传承红色基因,结合"不忘初心、牢记使命"主题教育和党史学习教育,引导全体党员加强党性修养,夯实思想根基,自觉筑牢拒腐防变的思想防线。

(二)通过学生活动拓展廉政文化建设路径

一百年前,一群新青年高举马克思主义思想火炬,在风雨如晦的中国苦苦探寻民族复兴的前途。一百年来,在中国共产党的旗帜下,一代代中国青年把青春奋斗融入党和人民事业,成为实现中华民族伟大复兴的先锋力量。新时代的中国青年要以实现中华民族伟大复兴为己任,增强做中国人的志气、骨气、底气,不负时代,不负韶华,不负党和人民的殷切期望。传承红旗渠精神和廉政文化基因成为培育大学生廉洁意识的必要途径。一是开展主题党日、团日活动,将红旗渠精神更好地融入高校廉政文化建设中,并推动主题活动体制化,在实际活动中更好地发挥青年党员、团员带头引领作用。二是选举"廉洁大使"开展廉洁特色文化品牌活动,以红旗渠精神为引领,以开展学生活动的方式,促进高校廉政文化建设。三是打造具有校园特色的品牌主题活动,将红旗渠精神融入廉政文化教育活动中,实现与高校思政教育的高度契合,以润物细无声的方式开展大学思政教育活动,有效推动高校廉政文化建设。

(三)从观念上认同,实现从要求到自觉的行为内化

党风廉政建设对高校辅导员提出了要求和标准:为民、务实、清廉。为民,以学生为本,做好人才培养,培育大学生全面成长成才,言行一致,潜移默化。务实,要从大局出发,从学校实情出发,从学生需要出发,从社会需求出发,结合教育发展规律和我国国情,把教育工作落到实处。清廉,要做到两袖清风,公正公平,唯才是举,要时刻把中央八项规定、六项禁令放在心中,时刻对照自身行为是否与党风廉政的要求相符合,"照镜子、正衣冠、洗洗澡、治治病",认清自己角色定位和权力底线,认清服务和教书育人的本质,认清为人师表的行为标准,反对形式主义,反对官僚主义,反对享乐主义,反对奢靡之举,使廉洁奉公始终贯穿高校管理层、教师层、学生层,形成上下联动、互相监督,真正做到自重、自省、自警、自励、自律、自觉,谨言慎行,防微杜渐,慎始慎终,使"廉"字从知到信、到行。高校辅导员的职业特殊性关联管理层和学生层,上传下达,有交通枢纽的作用,在廉政建设中,将理念入心入脑,为践行提供保障。

（四）以制度为本优化高校领导的廉政理念

第一,对廉政制度进行系统化建设,充分体现科学性以及程序性,确保建设的规章制度具有可行性,要立足于学校的实际情况进行建设。对于一些重大事宜需要集体决策,还要对干部任免程序制度进行完善,以此来保证办事程序的公开性以及权力行使的规范性。第二,建立完善的监督机制。对廉政文化进行建设时需要成立专职监督部门,建立监督反馈机制,针对违法乱纪现象需要严肃处理,并且需要建立党风廉政目标责任考核制度,使得各级组织机构以及工作人员都能够明确自身的职责,做好廉政评价工作。第三,针对人事制度也需要进行合理调整,在源头上预防腐败问题,采用责任追究机制以及奖惩机制,以此来规范领导干部的管理行为,在制度的约束下防止腐败问题的出现。

四、结束语

改革开放的纵深发展给高校带来了多元文化,机遇与挑战并存。高校辅导员作为思想政治教育的骨干力量,政治强、业务精、纪律严、作风正、拒腐抗变能力强,应自觉抵制失范行为,做到"两个维护",营造风清气正的校园生态环境。辅导员在大学生成长成才全面发展过程中承担着多重角色,兼具组织者、实施者、指导者的身份,直接影响学生的培育效果。作为高校管理干部的后备力量,辅导员廉政风险防控成为廉政文化的重要组成部分,是检验反腐倡廉结果的内容之一,举足轻重。

参考文献

[1] 彭国刚.新时期加强高校廉政文化建设与育人工作[J].时代报告,2020(9):99-100.

[2] 冷贝贝,姜子亮.论高校党风廉政建设中心理契约效应的构建途径[J].时代报告,2020(9):28-29.

[3] 颜奇英,王国聘.新时代高校廉政生态建设刍论[J].学校党建与思想教育,2020(18):87-89.

[4] 李加美.加强高校廉政文化建设的思考[J].河北农机,2020(9):94.

[5] 刘小夕.高校廉政风险防控研究[J].对外经贸,2020(8):108-110.

清廉校园视域下高职院校实训基地建设路径的研究①

丁　宁②

[摘　要]随着市场经济的发展,国家对高等教育愈加重视,不断增加财政投入,高职院校抓住机遇纷纷扩大规模,实训基地建设如火如荼。与此同时,因权力寻租空间越来越大,高职院校实训基地建设面临着诸多来自廉政方面的挑战。本文将从清廉校园视域对高职院校实训基地建设路径进行研究,为其可持续健康发展提供理论指导建议。

[关键词]清廉校园;高职院校;实训基地;建设路径

随着经济社会的不断发展,国家对应用型人才的需求越来越大,高职院校不断扩大规模,各类实训基地建设如火如荼。在实训基地不断增加和扩张的过程中不可避免地会出现权力寻租空间,在基建维修工程、仪器设备采购、学生顶岗实习等领域出现了不少典型案例,阻碍了清廉校园建设。正处在一个新历史起点的高职院校,需要不断丰富清廉校园建设内涵及形式来面对新情况和新挑战,实训基地党风廉政建设将是其中重要的一环。

一、高职院校实训基地建设中的廉政问题

(一)校内实训基地工程建设方面

校内实训基地工程建设涉及两块内容:一是实训室新建改造;二是实训室日常修缮。权力寻租空间可以出现在工程建设的各个环节,主要包括工程招投标、发包分包、施工、监理、验收、预决算和工程款支付等。工程项目负责人利用零星修缮总金额较小、不需要公开招投标的漏洞,直接决定工程的发包对象。大额基

---

①　本文已发表于 2020 年第 9 期《佳木斯职业学院学报》。
②　丁宁,义乌工商职业技术学院助理实验师,研究方向为党建及廉政建设。

建工程招投标过程中,出现在程序或招投标材料上动手脚,导致中标人是利益相关者的情况。在工程质量监督、验收方面,项目监理等相关人员接受承包商的行贿,对偷工减料问题睁一只眼闭一只眼。

(二)实训设备、服务等采购管理方面

高职院校会投入大量经费用于实训仪器设备、软件、耗材、相关服务的采购。采购前论证不充分,采购中监管不到位,都为采购人员提供了较大的权力寻租空间。论证不充分,导致采购了"僵尸设备""僵尸软件"。高价采购的设备和软件因为师资力量不足或没有使用场地而束之高阁,造成资源浪费严重。监管不到位,导致采购过程中出现采购人员收回扣、设备耗材公为私用、外出实践活动变成公费旅游等现象。该领域廉政问题的特点是处于权力末端的采购人员通过"蚂蚁搬家"的手段隐蔽地操作。

(三)学生顶岗实习管理方面

高等职业教育事业的发展要求完善职业教育和培训体系,不断深化产教融合、校企合作。高职院校为了谋求自身发展,抓好教育质量,积极寻求与企业合作建立紧密型实训基地。学生通过学校与企业合作建立的校外实训基地进行顶岗实习,在实际操练中获得职业技能。这本是一件双赢的好事,顶岗实习负责人却利用企业和学生信息不对称,做出了将实习学生充当低技术含量的"廉价"劳动力;侵占、克扣学生的顶岗实习报酬;收取企业以学生实习名义支付的"人头费"、中介费等行为,损害了实习学生的利益。

二、高职院校实训基地建设廉政问题的成因分析

(一)经济大环境的发展提供滋生土壤

随着我国经济的平稳快速发展,国家财政收入不断增加,相应的财政支出也在增加。教育部发布的 2019 年全国教育经费统计快报显示,2019 年全国教育经费总投入为 38866 亿元,比上年增长 7.57%。其中,国家财政性教育经费为 31373 亿元,比上年增长 7.36%。教育经费总投入在学前教育、义务教育、高中阶段教育、高等教育和其他教育上的分配占比分别为 5.65%、7.21%、45.29%、15.84%、26.01%。教育经费投入的增加使得各种公共资源的获取更加便利,各

大高职院校纷纷扩大实训基地规模,实训仪器设备数量增长迅猛。经济发展的大环境为高校廉政问题提供了滋生土壤,这点在基建修缮和设备采购领域尤为明显。

(二)思想道德滑坡片面追求经济利益

随着经济社会的快速发展与改革的不断深化,人们受西方文化的影响较大,社会主义主流价值观受到冲击,开始片面强调所谓的"个人自由",从而忽视了与"个人""自由"相对应的"国家"和"义务"。在这样的文化背景下,教育工作者个人理想信念动摇,价值观发生偏差,纪律意识和规矩意识不强。另外,从目前高职院校的教育现状来看,学校的教育目标是"学生毕业后能找到一份好工作"。长此以往,学校在某种程度上变成了一个"加工厂",批量生产思想匮乏、机械操作的"应用型人才"。功利主义气息浓厚,人文气息淡薄,在这样环境中的教育工作者成为整个教育"产业"中的经济活动参与者,他们只看重对经济利益的追求,极易在巨大的利益诱惑下走上歪路。

(三)管理监督制约机制乏力助推壮大

我国高职院校以行政管理为主要管理模式,实行的是党委领导下的校长负责制,权力相对集中,特别是重要岗位、重要领域的权力运行存在较大的寻租空间。学校内部设立的纪检监察部门和审计部门因为行政管理的性质发挥不了实质的监督作用,存在不愿监督、不敢监督,较真碰硬底气不够、勇气不足,执纪问责力度不够等问题。甚至部分高职院校监察队伍人员是兼职的,很难集中精力,他们被动应付工作,一些执纪检查、监督介入都很难落实到位。管理体制的不完善,监督机制的乏力,手握权力的教育工作者便会钻现行体制的漏洞,谋取利益。

三、高职院校实训基地建设廉政问题的解决对策

(一)推进基层党组织建设,抓好党建工作

党的基层组织是党风廉政建设的"第一战线"。党委书记履行学校党风廉政建设的"第一责任人"职责,校长对学校行政系统履行党风廉政建设负总责,二级学院领导班子对本学院的党风廉政建设承担主要领导责任。通过党风廉政建设责任清单制度、述责述廉制度、监督检查制度,将党风廉政建设的责任压力延伸

到基层党支部。从严推进基层党组织建设,抓好党建工作是高职院校实训基地清廉校园建设的根本保证。

通过研究制订对基层党组织"一把手"的监督、考核机制,强化基层党组织党建工作与中心工作深度融合。党员领导干部要履行好岗位职责,依规依纪狠抓紧抓党风廉政建设,抓到点抓到位,完善责任传导机制;要强化风险研判,定期梳理分管领域的廉政风险点。学校纪委要强化追责机制,把纪律和规矩立起来、严起来。通过党风廉政建设,为学校实训基地建设可持续健康发展提供坚强有力的政治保障。

(二)完善管理监督体制建设,严抓重点领域

目前,高职院校大多已推行二级管理体制。在学院内设立党风廉政监督员,加强对人、财、物资源和权力比较集中的重点岗位和重点领域的监督,并对关键岗位人员实行轮换管理,可以有效防范廉政风险。

第一,加强基建项目管理和监督。科学合理地制订实训基地建设规划和方案,并组建专家团进行必要性和可行性论证。建立健全基建项目审批制度,大力推行基建项目全过程审计。坚持实训基地建设项目按规定立项报批,新增项目或项目内容发生变更必须严格按照相关程序操作。招投标工作应当遵循公开、公平、公正、诚实信用的原则依法进行,任何单位和个人不得以任何方式非法干涉招投标工作。工程项目监理应选用资质良好的第三方机构来担任。

第二,加强设备、服务采购管理和监督。严格执行政府采购有关规定,建立健全采购审批制度。加强对预算外零星采购项目的全过程监管,超出一定额度的项目必须进行市场询价。完善邀请招标、竞争性谈判、询价采购和单一来源采购程序,严格审核供应商资质,防止暗箱违规操作。严禁在采购活动中违规收受各种名义的回扣、手续费。服务的采购应加强事中监管。规范教学仪器设备等资产的使用、报废,易耗品和低值耐用品的领用等环节的管理,应提高使用效益,防范公为私用。

第三,加强顶岗实习管理和监督。根据国家相关文件精神和学校自身实际情况进行顶层规划,做到层层落实责任、层层压实工作。安排顶岗实习前,严格审核合作单位的资质、诚信状况等相关情况,同时对合作协议内容如实习岗位、工资薪酬等方面进行明确。实习过程中,学校要加强过程监管,安排指导老师不定期下企业了解学生实习情况,保障学生的基本权益。实习结束后要进行"回头看",对存在问题的企业要及时取消再合作,并列入黑名单。

(三)加强党风廉政教育,守牢廉政底线

制度的构建和完善可以弥补廉政问题产生的漏洞,但要想长远地防治,我们更要重视教育的力量。党风廉政教育是党的教育工作的重要组成部分,是搞好党风廉政建设的一项基础性工作,也是推进教育、制度、监督并重的惩治和预防体系建设的重要内容。

第一,加强对领导干部的廉政教育。开展领导干部任前廉政谈话。坚持经常性教育和集中开展廉政主题宣传教育相结合。提醒领导干部加强学习,保持进取之心;正确对待权力,保持警醒之心;守牢廉洁自律的道德"高线"、纪律规矩的"底线"和不触碰法律法规的"红线"。督促领导干部明确责任、主动担责、尽心履责,加强落实党风廉政建设主体责任和"一岗双责",把党风廉政建设工作与业务工作结合并推进发展。

第二,加强对学校重点领域、重要岗位工作人员的廉政教育。坚持示范教育和警示教育相结合、自律与他律相结合,开展法律法规、党章党规等内容的教育,树立遵纪守法观念,增强廉洁自律意识。加强廉政风险防控教育,针对廉政风险点的类型和范围,进行有针对性的专项教育,让重点领域、重要岗位的工作人员深刻认识工作中存在的廉政风险,并对其所处岗位的风险点进行对照排查,做到早发现、早预防。

第三,加强师德师风建设。把廉洁教育和诚信教育贯穿师德师风建设的各个环节,提高教师的职业品德修养和廉洁自律的自觉性。大力开展表彰和树立先进工作者典型等宣传教育活动。积极对照师德师风负面清单开展警示教育和整改落实活动。开展师德师风相关系列活动如读书分享会等,作为深化师德师风建设的良好载体,加深教师对职业道德观念和理论的学习,引导广大教师以德立身、以德立学、以德施教。

(四)营造廉政文化氛围,打造"清廉校园"

廉政文化是廉政建设的重要内容,为风清气正的政治生态提供强大的精神支撑。廉政文化建设是新形势下高职院校清廉校园建设和党风廉政建设的有效载体和重要抓手。

第一,充分拓展廉政文化的宣传阵地。推进融媒体平台建设,实现校园网、官方微信微博、校报校广播电台校电视台融合发展,并在此基础上丰富宣传内容,从而增强廉政文化的吸引力和感召力。组建以崇廉尚廉为宗旨的社团来传

播廉政文化,为师生们了解和树立廉洁意识提供学习、交流和提高的平台,进一步助推"清廉校园"建设,营造风清气正的校园文化氛围。

第二,积极开展各项廉政文化实践活动。组织开展师风师德学习讨论会,开展反面典型案例警示教育,进一步增强教职工师德师风意识。积极开展廉政文化课题研究,在研究中深入了解廉政文化内涵,创新廉政文化建设路径。通过举办朗诵会、辩论赛、知识竞赛、微视频大赛、书画比赛等形式的活动,让师生们在丰富多彩的活动中加深对廉政文化的认识,促进广大师生成为"清廉校园"建设的参与者与建设者。

第三,精心打造实训基地廉政文化。在实训基地开设廉政文化小广场,在实训基地走廊张贴廉政文化宣传标语,在实训室内墙张贴结合各专业特点的规范性标语,潜移默化地达到廉洁教育的目的。将校纪校规、实验实训守则、实验操作规程、职业素养等内容融入学生实验、实训中,形成独特的实验室廉政文化,成为实验指导教师、学生以及实验技术人员的行为规范。

四、结　语

实训基地建设是高职教育教学基本建设的重要组成部分,是高职院校改善办学条件,彰显办学特色,提高教学质量的重点。实训基地建设过程中暴露出的廉政问题是阻碍其可持续健康发展的"拦路虎",其重点领域集中在基建修缮工程、设备服务采购、学生顶岗实习三方面。究其原因主要是外部经济大环境影响、内部教育工作者的思想道德滑坡、学校的管理监督机制乏力等。通过推进基层党组织建设、完善管理监督体制建设、加强党风廉政教育、营造廉政文化氛围等措施深入推进清廉校园建设,使学校纪律规矩更加严明、党风政风更加清明、师风学风更加清新、政治生态更加清明,从而使高职院校实训基地建设得以持续蓬勃发展,更好地发挥育人功效。

参考文献

[1] 王伟忠.高校腐败行为与廉政建设研究[D].重庆:西南大学,2011.

[2] 徐佳.高职院校内部控制存在的主要问题及对策研究[J].企业导报,2015(6):77-78.

[3] 冯守辉.十八大以来高校重点领域典型案例分析[J].经营管理者,2016(24):292.

[4] 林燕.廉洁教育进实验室的路径——以高职高专药学类专业为例[J].教书育人（高教论坛），2017(6):48-49.

[5] 许明爽.高职院校廉政风险防控存在的问题、原因和解决路径[J].公关世界，2020(16):88-89.

[6] 洪峰.当前高校腐败现状剖析——基于90个高校腐败案例研究[J].法制与社会，2019(26):56-57.

[7] 傅卫东.高职院校清廉校园建设现状及路径研究[J].金华职业技术学院学报，2020(2):13-16.

[8] 张馨尹.浅析高职院校学生顶岗实习管理工作[J].中小企业管理与科技（中旬刊），2020(2):118-119.

[9] 王桂英.提升高职院校廉政文化教育针对性实效性探索[J].办公室业务，2020(3):51-52.

加强高校辅导员廉洁工作的几点思考①

金航军②

[摘　要]高校辅导员廉洁工作是高校作风建设的重要组成部分,加强高校辅导员廉洁教育是思想政治教育的重要环节,也是提高辅导员政治素养的内在要求和拒腐防变的重要举措。本文从清廉从业的内涵及意义、角色定位,"廉洁从业"的必要性,"廉洁从业"风险点,腐败的成因分析和加强"廉洁从业"的措施等五方面来谈谈对于加强高校辅导员清廉从业的思考。

[关键词]高校辅导员;廉洁工作;教育

为深入学习贯彻习近平新时代中国特色社会主义思想和党的十九大精神,全面落实全国高校思想政治工作会议精神以及中央关于党风廉政建设工作的新部署新要求,教育部对全国各高校提出了一系列廉洁从教的新要求,全国所有高校都开展了一系列廉洁教育的相关活动。高校辅导员是开展大学生思想政治教育的骨干力量,是高校学生日常思想政治教育和管理工作的组织者、实施者和指导者。下面笔者就高校辅导员清廉从业的内涵及意义、高校辅导员角色定位与"廉洁从业"的必要性、高校辅导员廉洁从业风险点、高校辅导员腐败的成因分析、加强廉洁从业的措施等五方面谈谈对于加强高校辅导员清廉从业的思考。

一、高校辅导员清廉从业的内涵及意义

"廉洁"一词最早出现在战国时期伟大诗人屈原的《楚辞·招魂》一文中,原文为:"朕幼清以廉洁兮,身服义而未沫。"后东汉著名的学者王逸在《楚辞·章

---

①　本文已发表于 2020 年第 32 期《魅力中国》。
②　金航军,义乌工商职业技术学院助教,研究方向为高校思想政治教育。

句》中注释道:"不受曰廉,不污曰洁。""廉洁"即不接受他人馈赠的钱财礼物,不让自己清白的人品受到玷污。

教育部颁布的《普通高等学校辅导员队伍建设规定》对辅导员提出了"德才兼备,乐于奉献,潜心教书育人,热爱大学生思想政治教育事业"的要求。辅导员是高等学校教师队伍和管理队伍的重要组成部分,具有教师和干部的双重身份,其双重身份决定了其双重职责,高校辅导员不仅要在平时的课堂中传授学生相关课程知识,如大学生心理健康教育、大学生职业生涯规划等,还要有一定的学术研究引导,同时作为行政管理人员还要完成学生日常思想政治教育。因此,辅导员作为高校的重要组成部分,深刻落实辅导员的廉洁教育,对于高校廉政建设工作而言是非常重要的。高校教师要做到为人师表,除了具备专业素养之外,还需严格地行使自己应有的权利,不断提高自身思想道德水平。如果一个辅导员做不到在工作和生活中保持廉洁,那么如何去教育和他们朝夕相处的学生呢?正所谓:"其身正,不令而行,其身不正,虽令不从。""廉洁从业"教育能从根本上加强师德师风建设,使辅导员具备应有的素质,提高辅导员综合素养和道德修养,从而塑造出"学高为师,身正为范"的真正的圣德贤师。

二、高校辅导员角色定位与"廉洁从业"的必要性

从萌芽、产生、发展的过程来看,高校辅导员制度具有与生俱来的中国特色。据有关资料介绍,1952 年国家提出要在高校设立政治辅导员,随后清华、北大等高校请求试点,并被不少高校效法。1961 年的庐山会议出台专门文件,提出在高校设立专职辅导员并得到实施。再到后来的教育部 24 号令《普通高等学校辅导员队伍建设规定》对辅导员这一特定角色进行了精准定位,高校辅导员"教师"和"干部"的双重身份决定了其就应该是"廉洁从业"的主体。

就所扮演的角色而言,高校辅导员这一职业群体所坚持的是"育人为本、德育为先"的理念,其教育重点在于影响、感染和熏陶,主要内容包含理想信念、爱国主义、公民道德、素质教育在内的思想政治教育,其目标是"辅学生成长,导学生成才,圆学生梦想"。辅导员的一言一行都会影响着高校学生,只有做好学生日常行为的榜样,提升学生廉洁的意识,才能让高校学子远离污浊之气的熏染,引导学生树立正确的人生观和价值观,提升人才培养质量,促进大学生更好地成长和成才。因此,高校辅员"廉洁从业"具有必要性。

三、高校辅导员"廉洁从业"风险点分析

高校辅导员"廉洁从业"风险点主要有以下三点。

(一)行政风险点

辅导员在整个高校教师队伍中直接面对学生家长,并具有"干部"特性。在学生日常教育管理中直接从事与学生切身利益相关的工作,如学生入党推优、奖学金评定、各类荣誉评定、助学金贫困生的评定、学生干部的选拔等等。由于辅导员在这些事务中的意见和建议举足轻重,所以它们成为辅导员行使行政权力的重要体现。大部分辅导员还担任大学生心理健康教育、职业生涯规划、形式与政策等课程的教学,因此在学生考试成绩评定上也存在一定的权力。

(二)经济风险点

部分学生或是学生家长为了让自己或孩子在评奖评优、入党、学生干部选拔上取得一些便利,会采取请客吃饭或是送礼等方式贿赂辅导员。近日就有网友举报说,安徽合肥某高校一辅导员利用学生入党、企业奖学金、国家奖学金等向学生索贿。他将奖学金给特定的学生,然后让学生取出部分现金给辅导员。有学生称这名辅导员曾经打电话给学生家长,暗示要钱。

(三)学术风险点

由于高校辅导员的工作考核、职称评聘、行政晋级等与自身的薪资待遇挂钩,少数辅导员会铤而走险,在申报材料中造假,主要表现为填写虚假业绩信息和科研成果造假,极易产生学术腐败。

四、高校辅导员存在腐败的成因分析

很多辅导员从学校毕业后就直接走上了辅导员岗位,开始从事学生管理工作,他们年龄还小,刚刚步入社会,涉世未深,社会阅历尚浅,导致在思想和认识方向上不够成熟,受到拜金主义、享乐主义等糖衣炮弹的诱惑,有些年轻辅导员的共产主义信念不够坚定,那么犯错误的行为是难以避免的。辅导员的工作累又烦琐,负责学生工作的同时还需要担负一部分党务工作,承担着比其他行政人

员更大的压力。在有些高等学校中,流行着这样一种观点:辅导员的工作是繁杂无意义的,对于学校的工作贡献较小,不需要很多的工作含金量,只要是个认真工作的人,都能够胜任这个岗位。与工作的付出相比,辅导员的工作缺乏认同感使辅导员内心产生巨大的反作用力。

"奋斗所争取的一切,都同他们的利益有关。"有的高校对辅导员队伍建设关注度不高,部分辅导员感到付出与回报不对等、发展无望就会从其他途径攫取利益。

五、加强高校辅导员廉洁从业的几点措施

(一)加强政治信念教育

各高校可以结合教师的历史使命、社会责任针对年轻辅导员开展权力观、政绩观、世界观、人生观和价值观教育,积极探索与年轻人特点相适应的廉洁教育方式,帮助辅导员树立为国家培养高素质人才的信念。

(二)加强职业道德教育

习近平总书记曾指出:"学生正确价值观、崇高理想信念的树立,关键靠教师。在坚定中国特色社会主义理想信念、确立和践行社会主义核心价值观方面,广大教师必须当好表率、做好示范。难以想象,一个道德败坏、素质低下、理想信念缺失的教师,能培养出德智体美劳全面发展的社会主义接班人。"因此,加强辅导员的职业道德教育对辅导员廉洁工作也有较大的帮助。

(三)加强政策法规教育

高校辅导员可以认真学习并领会与大学生思想政治教育、与辅导员职业相关的政策文件、法律法规,通过对这些法律法规的学习,辅导员能够认识到自己可以做什么,不能做什么,不做违权之事,履行义务之责。

参考文献

[1] 孙台维.高职院校辅导员廉洁从教职业道德建设的思考[J].济南职业学院学报,2014(5):13-15.

[2] 包家官.社会视角下高校辅导员"廉洁从教"应然性探析[J].中国农业教育，2014(4):25-28.

[3] 蒋立峰.新时代高校辅导员队伍专业化专家化路径探索[J].思想理论教育，2019(4):91-94.

[4] 刘姝.关于高校辅导员廉洁从业的几点思考[J].科教文汇(中旬刊),2017(12):132-133.

[5] 王彬彬,文粉娟.高校辅导员廉洁从业风险防控的路径探究[J].高校辅导员学刊,2014,6(6):11-14,27.

[6] 张庆,张虎.从辅导员视角谈将廉洁教育融入大学生日常教育的必要性[J].智库时代,2018(32):88,90.

[7] 甘锦琛,韦宁照.加强高校辅导员廉洁自律教育的几点思考[J].知识经济，2016(20):171,173.

高校资助育人工作模式探析①

——权利义务相统一的有偿资助模式研究

邢诗淇②

[摘　要]高校资助工作是高校工作的一大重点,而目前高校资助工作的重点已逐步转化为解决学生资助中不平衡不充分的矛盾。现阶段无偿资助模式仍为高校资助模式的主流,有着诸多弊病:容易增加学生的"等、靠、要"思想,不利于学生自立自强意识的增强;资助金额一次性发放,缺乏后续有效监管,追偿机制形同虚设;资助方式简单粗暴,不利于学生全方位发展。为此,本文通过一则从无偿资助转化为有偿资助的案例进行分析。从案例分析可得,有偿资助模式可帮助学生实现全方位发展,培养其自立自强的意识,推动高校资助的可循环发展进程。为此进一步建设高校有偿资助模式,可通过:逐步减少无偿资助在整个资助体系中的比重;实行义工制、积分制管理模式,提高资助对象的社会责任感;创新开拓校内外勤工助学模式,提高有偿资助模式在高校资助体系中的占比,以此实现立德树人、资助育人的目标,也让学生在获得资金扶持的同时,学会感恩与回馈。

[关键词]资助对象;权利义务相统一;有偿资助;无偿资助;资助育人

随着新时代国家经济实力的逐步提升,我国社会的主要矛盾已转变成为人民日益增长的美好生活需要和不平衡不充分的发展之间的矛盾。高校资助工作的重点也逐步转化为解决学生资助中不平衡不充分的矛盾。如何优化高校资助工作,使其更加公平,是目前高校资助工作的主要方向,也是一大难点。

---

①　本文已发表于 2020 年第 7 期《教育考试与评价》。
②　邢诗淇,义乌工商职业技术学院助教,研究方向为高校思想政治教育。

一、高校资助工作现状

近年来,我国逐步建立了多元化的资助体系,但这一体系仍旧处于不平衡不充分的状态之中。助学金、学费减免、困难补助等赠予式的无偿资助模式仍为高校资助模式的主流,而这种资金赠予等"输血式"的资助模式作为高校资助工作中的主要形式,往往会带来诸多高校资助工作上的不利因素,增加工作中的困难。

(一)助长学生等、靠、要的思想,不利于学生自立自强意识的增强

高校资助工作中,很重要的问题在于我们该资助谁,怎么资助,资助后这笔钱是否用到实处。无偿资助模式往往会让学生觉得接受国家的资金赠予是理所应当的,因为自己家中经济条件不好,所以自己有权利享受国家、社会、学校给予的资助,学生心中缺乏必要的感恩回馈意识,甚至因此产生倦怠心理,每天就等着资助金来作为生活费,更有甚者将所获得的资金用于购置高档手机、化妆品等。这就让其余学生对学校资助对象的标准产生疑惑,有损学校的公信力,增大了学生管理难度。更有甚者,在进行资助对象认定申请时,他们认为如果这些购置高端奢侈品的学生也符合资助标准的话,以自己目前在校的生活情况,更应该获取这笔助学金,一种在学生中间比穷、比惨的反向风气由此产生,违背了高校资助工作的本心和初衷,给高校的资助对象认定工作带来极大的困难。

(二)资助金额发放后缺乏后续有效监管

在无偿性资助模式下,资助金的发放多属于一次性行为,高校老师很多时候无法对资金用途进行有效把控。目前高校中缺乏关于各类资助金的后续管理制度和有效监管制约机制,而大学生心智还不够成熟,自控能力不强,很多学生在收到资助金后,无法合理规划用途,往往会造成资助金滥用的情况,进一步加剧学生"等、靠、要"想法,造成学生责任感减退,不利于学生的健康成长。更有部分学生为了短时间改变目前经济情况,受外界蒙骗,助学金刚到手便被骗子欺诈一空,而学生羞于启齿,愈发自责,一蹶不振。与此同时,虽然很多高校在助学金评定的同时增加了助学金追回制度,凡是不符合有关成绩、表现等情况,学校有权追回相应资助金额,但往往效果不佳。由此可见,过高的无偿资助模式比重已给

高校育人工作造成诸多不利影响,不符合高校为国家培养全方位发展的合格接班人的使命任务。

(三)资助方式简单粗暴,不利于学生全方位发展

无偿资助模式在一定程度上确实可以在短时间内解决学生的经济困难,但过多的物质帮扶却容易造成精神引领的匮乏,导致学生产生一种不劳而获的偏差价值观,不利于学生梦想和理想信念的培养。有部分学生原本在大学期间计划通过兼职活动,以劳动来赚取自己的生活费,而助学金发放模式将其置于温室中保护了起来,于是这部分学生失去了为改变自身现状而在逆境中奋力拼搏的冲劲。可见,在高校资助工作过程中,多以无偿资助的工作方式开展,无疑会影响高校资助工作的可持续发展,影响学生自身的全面发展,削弱其斗志。

二、一则有偿资助模式下的案例分析

乐乐(化名),目前为学院 2019 级学生,家庭经济困难,父母离异,家中父亲欠有大量外债,无力支付学费。入校后,学院第一时间掌握了该生家中的有关情况,以发放助学金的形式对其开展了资助。乐乐在获取助学金后虽然暂时解决了学费的难题,但因为家中突遭变故,心情低落,一蹶不振,原本美好的大学生活也让其提不起兴趣,甚至出现了多次迟到旷课的情况,意志消沉。这样持续下去可能会导致心理问题。

为此,我们针对乐乐的这一情况对其采取了以下措施。

(一)以勤工助学模式代替直接赠予

疫情期间,为了贯彻落实国家疫情防控的有关政策,学校增设多个勤工助学防疫岗位,用以督促在校学生每天进行健康打卡。学院将乐乐招聘为疫情防疫员,通过以工换酬的方式培养其"有付出才有回报"的意识,同时通过让其担任疫情防疫员这一岗位,拓宽其社交面,与同是防疫员的同学一起工作,结交更多朋友,打开社交圈子。针对乐乐意志消沉、沉默寡言的现状,我们通过要求其担任疫情通讯员,每天给相关同学打电话督促打卡,增强其沟通能力和表达能力。针对乐乐经常晚睡晚起的情况,我们为其规定了值班签到签退的纪律要求,每天按

时前往老师办公室报到,培养其良好的作息习惯。经过一段时间的工作后,乐乐的作息成功调整了回来,旷课迟到的情况没有再发生过。

(二)以义务劳动、志愿服务积分制对资助对象进行后续资助监管

改变之前一刀切、一次性的助学金发放模式,实现助学金发放的权利与义务相统一。在乐乐担任疫情防疫员期间,我们与乐乐做了一项约定,以百分制为单位,每参加一项校内外活动或志愿服务活动计五分,以一学年为单位,根据其年末最后的得分情况,对其申请的困难补助进行相应的按比例发放。积分制实施的这一段时间,乐乐积极参加校内外各类集体活动。乐乐告诉我们,虽然一开始他是为了积分逼迫自己去参加,但到后来这种压迫感逐渐消失,他开始享受参与集体活动的乐趣,活动参与也由被动变为主动,没满一年他便达到了百分制的积分要求,为此我们还为其签发了表扬卡,乐乐的干劲更足了。在后期举办的各类展会志愿者招聘中,虽然没有了积分的制约,他也依旧乐此不疲地参加,也在各类活动中找到了许多志同道合的朋友。原来那个沉默寡言、沮丧低落的他不见了,现在的乐乐积极阳光,是同学们眼中的"开心果",也是老师们的好帮手。

(三)以发展性资助为契机帮助资助对象点燃梦想的火种

学校为了促进学生全面发展,实现资助育人,为国家培养全面型人才,激发学生自身的潜能,鼓励其积极追寻梦想,特开设发展性资助项目申报。我们在了解到乐乐今后的目标是成为一名教师后,积极鼓励其申报发展性资助项目,考取教师资格证书可为其报销部分费用,凭考取的教师资格证给予资金奖励,这无疑解决了乐乐的后顾之忧,促使他积极投身到教师资格证的备考之中。学院同时为其配备相应的指导老师,帮助其建立合理的备考方案,并定期对其备考情况进行检查,确认项目是否可以继续进行,及时帮助引领乐乐成长。自从有了自己的目标与方向之后,乐乐对自己的未来充满了信心。

三、权利义务相统一的有偿资助模式构建

(一)逐步减少无偿资助在整个资助体系中的比重

各类无偿资助在高校资助体系中若占比过重,容易导致资助公平性减弱,引发诸多资助上的难题。因此,我们需要提高各类权利义务相统一的发展性资助

项目、助学贷款、勤工助学岗、能力帮扶等有偿性资助在高校资助工作中的整体
比重，最大限度保证资助的公平性，提高资助模式的全面性，优化资助结构。除
了保留对于特殊困难群体的保障性补助外，应尽可能地把其余的无偿性资助进
行转化升级，创设一系列门槛条件如学生学习成绩、奖惩情况、社会实践情况、能
力素质等。学生通过履行一定的义务从而获得享受助学金的权利，以此为契机，
激励学生全面发展。

（二）实行义工制、积分制管理模式，提高资助对象的社会责任感

为促进学生全方位成长，高校应积极搭建服务平台，要求资助对象在一定时
间内获得相应的义工时长或一定分值的活动积分才可以获得相应的资助金。将
学生参与各类校内外活动的情况，纳入各类奖助学金的评审条件之中。开展丰
富而多样化的活动形式：在敬老院、福利院、医院等公益机构进行志愿服务，组织
学生担任各大展会活动的志愿者，开展打扫公共区域卫生等美化环境的体力活
动，积极邀请有才能的学生资助对象为主讲人，进行知识讲座、资助政策宣讲等
各类公益活动，从而在原本的无偿资助金中加入有偿元素，实现资助形式的优化
升级。同时学校可以结合义工制、积分制开展各类形式的感恩主题活动，培养学
生的感恩意识、奉献意识。

（三）创新开拓校内外勤工助学模式

勤工助学岗位的设置是高校资助体系中的重要组成部分，学生可以通过勤
工助学提前感受职场氛围，为步入社会做好准备，但勤工助学的资助体系往往在
高校整体资助体系中占比较少，很大的原因是高校内部勤工助学岗位数量有限，
不能满足绝大部分资助对象的岗位需求。岗位工作内容较为单一，工资报酬较
低，对学生发展具有一定的局限性。因此，高校可以尝试与校友企业、校企合作
企业等进行对接，运用社会的力量，拓展高校资助工作的阵地，将勤工助学与企
业实习相结合，加大勤工助学岗位供给，提升学生参与量与参与度，提高学生的
实践能力和管理能力，培养学生的责任意识，实现学生、学校、企业的三赢。

参考文献

[1] 项家春,金捷."三全育人"视域下高校资助育人工作体系创新[J].芜湖职业
技术学院学报,2020,22(1):63-66.

[2] 陈哲明,燕允学."三全育人"视域下高职院校资助育人工作探析[J].文化创新比较研究,2020,4(9):105-106.

[3] 陈少华.对高校学生资助工作中反腐倡廉建设的思考——以河西学院为例[J].河西学院学报,2015,31(3):125-128.

新时期高校重点领域廉政风险防控分析与策略研究

——以 Y 学院为例①

袁朝辉　　周　润②

[摘　要]新时期,推动高校党风廉政建设是全面从严治党的重要部署,而高校重点领域风险防控是规范高校权力运行的重要举措。本文阐述了新时期开展重点领域廉政风险防控的必要性和意义,分析了当前高校重点领域廉政风险的问题。针对这些问题,本文研究提出了廉政风险防控策略,旨在预防高校腐败滋生,扎实推进高校党风廉政建设取得新成效。

[关键词]高校;重点领域;廉政风险防控;策略

2021 年新年伊始,习近平总书记在十九届中央纪委五次全会上强调,为建设更加强劲有力的中国共产党,必须持续全面从严治党,即扎实稳步推进党风廉政建设和反腐败斗争任重而道远[1]。

从中央纪委国家监委公布的 2020 年度全国范围内审查的党纪政务违纪数据来看,全国党纪政务立案 61.8 万件,处分 60.4 万人,其中高校涉及的人数相比 2018 年的 28 件和 2019 年的 24 件有所下降,但是高校也已经不再是一个密封的空间,"象牙塔"也是全面从严治党走向纵深的重要。

一、新时期高校开展重点领域廉政风险防控的必要性

(一)开展高校廉政风险防控是推进全面从严治党的必然要求

党的十八大对全面从严治党做出了全局战略性部署要求。习近平总书记在十九大报告中强调指出,坚持全面从严治党是我党一项长期任务,必须常抓不

---

①　本文系义乌工商职业技术学院 2020 年度廉政建设专项课题,课题编号:LZ2020009,课题名称:新时期高校重点领域廉政风险防控。

②　袁朝辉,义乌工商职业技术学院讲师、硕士,研究方向为高校党风廉政建设;周润,义乌工商职业技术学院讲师,研究方向为计算机信息技术、高校思政教育学。

懈。全面从严治党的"全"是覆盖全国范围内的所有党组织,要求党内将近9000万中的每一个党员廉洁自律。高校作为高等人才成才的摇篮,在发展科学知识的同时,承担着服务经济社会的发展等重要职能,开展清廉校园建设意义更为重大[2]。高校党组织作为党的基层组织,是贯彻落实党风廉政建设责任制的有力执行组织,是全面落实、推进从严治党的基石与力量源泉。全面从严治党的"治"不仅体现在对腐败问题的查处,也要求各个领域在源头上预防腐败[3]。高校自主引进人才、财务管理自由,加之现在大多数高校职称晋升下放,使得"人、财、物"等关键领域权力过于集中,自主性大,容易滋生"以权谋私、滥用权力"等腐败行为[4]。因此,推进高校全面从严治党必须在重点领域开展廉政风险防控,能够有效降低腐败行为。

(二)开展廉政风险防控是推进"清廉校园"建设的重要内容

党的十九大把教育确定为"中华民族伟大复兴的基础工程"。教育工作历来是人民群众关心、关注的重点,教育系统清廉建设责任重大,任重道远。开展"清廉校园"文化建设是高校建立"风清气正"和反腐倡廉的有效手段[5]。2021年浙江省开展浙江省清廉学校示范校认定工作,将"清廉校园"建设作为校园建设的一项重要指标。"清廉校园"建设,引导师生树立诚实守信、懂规守纪、崇尚廉洁的价值理念,播撒廉洁自律种子,培育教书育人的良好环境,防范高校腐败问题的发生。开展廉政风险防控工作与"清廉校园"建设二者是同根同源,相辅相成,其目的都是不打折扣地夯实建设高校党风廉政责任制。因此,开展廉政风险防控是推进"清廉校园"的一项密切相关的内容,是高校"清廉校园"文化建设强有力不可分割的组成部分。

(三)开展廉政风险防控是规范权力运行的重要举措

廉政风险防控是高校通过采取一系列的制度、机制等举措提前排除、挖掘出重点领域藏匿的"风险点",及时打好"预防针",从而防止和减少高校重点领域腐败问题的发生。定期梳理重要岗位的权力和职责及存在的廉政风险点,进一步明确行使权力人的责任,并强化对权力的监督,可以让权力运行更加公开透明。通过对廉政风险防控的研究,进一步制定廉政风险防控的相关制度,可以让高校在招生录取、基建工程招投标、职称评聘和干部选拔等领域更加规范和公平,做到从源头上预防腐败。

二、新时期高校重点领域廉政风险存在的类型

通过调研、走访,对高校可能存在的廉政风险进行分门别类总结分析,布控防范策略,特别是重点领域和关键环节要严防死守。当前,高校存在的廉政风险类型主要有以下五大类:思想道德、外部环境、制度机制、业务流程和岗位职责。而高校的廉政风险主要集中表现在制度机制、业务流程和岗位职责这三类[6]。与此三类风险紧密相关的工作领域,例如后勤基建、招标采购、人才引进、科研经费使用等,均是腐败的高发区,需要引起高度重视,进而重点排查、防控[7]。

三、新时期高校重点领域廉政风险问题产生的原因剖析

原因 1:制度建设的"单一化"

高校通常是"党委领导下的校长负责制",这种机制导致在实际运行过程中,权力过度集中于部分领导干部手中,"三重一大"(重大事项决策、重要人事任免、重大项目安排和大额资金使用)的决策议事机制浮于表面,监督管理没有起到实质效果[8]。因此,在涉及事项讨论、决策时,可能含有较大的个人主义的主观臆断,缺乏集体讨论、论证和广泛性的各抒己见的民主商议,容易滋生腐败。

原因 2:高校权力的"自主化"

出于学校办学特色发展的考虑,政府简政放权,高校实行"自主化发展",高校有相对较大的自主决策权,使得各高校均有一套独立运行的管理体制。这样的机制,一方面有利于高校充分行使自己的管理权,有一定的自我管理空间,有利于办学特色的形成与发展,但是也带来了廉政风险问题。随着外部对其制约、管理较少,学校自主决策事件增多,行使特权的机会增加,这样的"自主化"环境较大可能引发廉政风险,需要高度重视,予以防范。

原因 3:廉洁文化的"形式化"

近年来,各大高校都在积极构建"清廉校园"文化,开展了"插莲话廉"、以"红"养廉、"校园廉洁文化月"和"廉洁文化主题日"等丰富多彩的廉洁自律主题活动。但这类廉洁活动师生兴趣低和参与度不高,根本原因是活动未得到师生

的认同,因此没有起到实质效果。有相当一部分师生将廉洁活动视为一种负担,随大流参与完成任务,没有发自内心对廉洁的信仰、敬畏与追求。高校清廉文化建设对行政作风、师德师风和学风没有产生较大的改变。

四、新时期高校廉政重点领域廉政风险防控策略

(一)建立"查、协、防、控"四位一体的廉政风险防控体系

一是要构建廉政风险预警机制。前移廉政风险防控端口,要求相关部门及二级学院定期自查本单位廉政问题、风险苗头和分析应对策略,并上报学校纪委。学校纪委通过综合分析确定风险等级,对风险等级高的岗位或领域,通过"查、防、控"三个环节,编印了《职能部门、二级学院廉政风险点及防控措施手册》,以此来布防针对性强的风险抵制措施。

二是要加强重点领域的监督。协同组织部、人事处、审计处等部门加强对"人、财、物"的监督。制定并执行重点领域关键环节监督办法、关键岗位人员轮换管理办法,对重点领域和关键环节进行常态化督察,校纪委监督职能要全过程渗入基建工程、招标采购、教科研经费、招生录取、干部选拔等领域的所有环节。同时定期开展廉情分析,通过召开党风廉政建设情况分析会,及时存在的问题,建章立制填补漏洞,以制度建设巩固长效机制。

三是要加强党员干部警示教育。腐败源自理想信念的堡垒坍塌。加强廉政风险防控必须从根源处着手。要坚持"四早一防"为先的原则,即对发生在党员干部身上的苗头性问题,要做到早发现、早预警、早教育、早查处,防止小问题酝酿成大错误。要开展党员干部任前廉政谈话,扣好党员干部廉洁从政的"第一粒"纽扣。要定期组织党员干部观看警示片、参观警示教育基地等廉洁自律教育活动,教育引导教师以案为鉴。编印党员教师违纪违法警示录,组织教师进行学习,以身边事教育身边人,起到良好警示效果,树牢党员干部的纪法意识。

(二)压实党风廉政建设责任制

党风廉政建设是推进高校全面从严治党的重要基石。加强廉政风险防控首先要压实主体责任。学校党委纪委制定"四责协同"机制,纪委做好责任制度督查检查,构建横、纵至边界的全覆盖责任体系。如学校每年伊始固定召开全面从严治党暨"清廉校园"建设会议,部署当年党风廉政建设的重要任务和对应的时

间节点。与学校直属二级部门党政负责人签订党风廉政建设责任书,督促制定主体责任清单,给校领导班子成员发送《责任分工报告书》。同时实施廉政建设项目化,对项目牵头部门一开始就下发《任务函告书》,明确任务和考核指标;年中发送《落实党风廉政建设责任制建议书》,反馈纪委检查发现的问题和整改指导意见;年末召开落实党风廉政建设主体责任和履行"一岗双责"汇报会,压紧压实主体责任。

其次是要落实"一岗双责",逐层逐级压实责任制。教师按照工作岗位与职责,明确自己在落实党风廉政责任制中应承担的责任。同时将党风廉政责任制向各学校二级部门拓展延伸,将目标责任制上而下传导至每一位教职员工,形成双责(党风廉政责任和目标责任)部门全覆盖、人员不漏一人的责任体系。

最后是要加强党风廉政建设考核。基于学校《党风廉政建设责任制》考核方法,做到严惩与奖励并重。同时也可以发挥考核指挥棒的作用,通过考核推进党风廉政建设与业务工作同谋划、同部署、同推进,以强化考核为抓手压实各单位党风廉政建设工作。对在党风廉政建设中出现严重问题的单位和个人,实施评奖评优、职位晋升等事项"一票否决"制,形成"不能腐"的制度震慑。

(三)强化"廉洁教育"入脑入心

推进"清廉校园"建设是做好廉政风险防控的有效途径。学校每年开展"清风五月"党风廉政教育系列活动,倡导以德立身、以德立学、以德施教的价值观念。组织开展"立德树人"主题系列活动、师德楷模报告会、新教师师德第一课等,以春风化雨的方式倡导教师遵守师德师风各项要求;组织开展师生同讲廉政故事、廉洁主题党日等活动,提升教师廉洁意识,筑牢师德师风防线。同时加强党风廉政教育研究,将学校教师近年来公开发表的关于教育管理、日常监督、专项监督等清廉校园建设相关的论文汇编成《新时代高职院校清廉校园建设的实践与思考》论文集,激励教师进一步加强清廉校园建设的理论研究,并及时将研究成果转化为推动清廉校园建设的实际行动。

五、结论

高校党风廉政建设需要关口前移,加强重点领域廉政风险防控,对高校重点领域易引发的风险点进行严密部署,布防。当前,在全面从严治党纵深推进视域下,各高校要对廉政风险防控领域中的权力分散制衡、制度落实执行情况和工作流程规范等重要环节给予高度重视。学校党委、纪委齐抓共管,上下级部门联动,同级部门互动比拼,建立完善的"四位一体"廉政风险防控体系,对重点领域或者关键环节可能滋生的腐败要重点关注,严防死守,防患于未然。要通过建设廉政风险防控机制,形成"不敢腐、不能腐、不想腐"的良好态势,通过监督执纪常态化、权力制约制度化、廉政教育全员化、廉洁文化入脑化,营造风清气正的政治生态和崇尚廉洁的校园环境,为学校教育事业发展提供制度保障。

参考文献

[1] 刘文光.落实全面从严治党战略部署 开创国企正风反腐新局面[J].冶金企业文化,2018(2):38-39.

[2] 许建平,雷永贵,李娅.新时代下推进高校廉政风险防控工作的思考[J].扬州职业大学学报,2019,23(2):58-62.

[3] 李振佳.高校廉政风险防控体系建设探析[J].鞍山师范学院学报,2019,21(3):105-108.

[4] 韦薇.高校采购廉政风险防控机制研究——以S省省属高校为例[J].市场周刊,2022,35(5):12-15.

[5] 卢加元.国内高校重点领域廉政风险防控机制研究现状述评——基于CNKI的文献分析[J].高校后勤研究,2018(2):78-80.

[6] 黄亮.我国高校纪检监察与财务、资产、审计多部门联动机制构建初探——基于内部治理体系视角[J].中国总会计师,2019(6):153-155.

[7] 曾明,郑旭旭,章辉腾.治理结构、权力机制与高校腐败——基于117个高校腐败案例的分析[J].廉政文化研究,2015,6(2):41-52.

[8] 李影.高校内部控制机制对风险防控的作用机理[J].合作经济与科技,2022(14):130-131.